Hohenheim

Lothar Späth

Deutschland zwischen Wunsch und Wirklichkeit

Herausgegeben von Stefan Kaletsch

Hohenheim Verlag
Stuttgart · Leipzig

Satz: Satz & mehr, Besigheim
Druck und Bindearbeiten:
Ludwig Auer GmbH, Donauwörth
Printed in Germany
ISBN 3-89850-124-8

Inhalt

Vorwort des Herausgebers

Seit Jahrzehnten gehört Lothar Späth zu den herausragenden und bekanntesten Persönlichkeiten aus Politik und Wirtschaft. Seine scharfsinnigen wie scharfzüngigen Kommentare, die stets um Allgemeinverständlichkeit bemüht sind, stellen eine Bereicherung, ja eine wichtige Ressource für eine Gesellschaft dar, die sich in turbulenten Zeiten neu orientieren muß. Späths geistige Unabhängigkeit und der hierdurch ermöglichte Pragmatismus seiner Lösungsvorschläge läßt die Menschen, die schließlich nicht nur an der Analyse der Probleme, sondern auch an Ansätzen zu deren Beseitigung interessiert sind, aufhorchen.

Den Bogen von den theoretischen und eher abstrakten Grundlagen einer offenen Gesellschaft, welche ebenso vom Wettbewerbs- wie vom Solidaritätsgedanken getragen wird, zur alltäglichen, konkreten wirtschafts- und sozialpolitischen Handlungsebene zu schlagen, ist ein schwieriges Unterfangen, das nicht zuletzt umfangreiche Kenntnisse und vielfältige Erfahrungen in fachlicher Materie sowie in menschlichen Belangen erfordert. Lothar Späth hat die Gabe, diesen Übergang zu meistern, und er setzt sie auch nach seiner aktiven Zeit als Ministerpräsident von Baden-Württemberg und als Vorstandsvorsitzender der Jenoptik AG ausgiebig ein.

Es ist geradezu ein Markenzeichen seiner Reden und Schriften, daß er sich niemals allein in der theoretischen Aufarbeitung einer trockenen Thematik verfängt, sondern den Bezug zum Bürger und dessen Alltag herzustellen weiß. Dabei sieht er die Gesellschaft nicht nur als Ansammlung von Bewohnern eines Staatsgebietes, sondern begreift sie eher als einen Organismus mit eigener Seele, die stets eine wichtige Rolle bei der Genesung spielt. Die vielleicht besten Beispiele dafür sind die hier abgedruckten Beiträge „Deutschlands stille Depression“ und „Deutschlands Kapitulation vor der Wirklichkeit“.

Ich hatte das Vergnügen, für das vorliegende Buch eine Auswahl der interessantesten Späth-Kommentare zusammenzustellen, die in den vergangenen 20 Monaten im „Handelsblatt“ als wöchentliche Kolumne erschienen sind. Die ungewöhnlich große Resonanz, welche die Kolumne bei den Lesern – auch bei Politikern – immer wieder erfahren hat, beförderte die Idee, Späths zahlreiche Anregungen in Form einer konzentrierten Veröffentlichung festzuhalten. Ich habe die leicht überarbeiteten Beiträge verschiedenen Generalthemen zugeordnet, die meiner Einschätzung nach in der aktuellen Gedankenwelt des Autors einen festen Platz einnehmen. Auf diese Weise soll dem Leser bei der Verarbeitung des reichhaltigen Stoffs eine zusätzliche Orientierung gegeben werden.

Ich bin dem Hohenheim Verlag dankbar, der durch seine flexible und spontane Mitarbeit eine außergewöhnlich zeitnahe Veröffentlichung ermöglicht hat. Auf diese Weise kann das vorliegende Buch nicht nur als Dokument der heißen Phase der bisherigen Reformdiskussion gelten, sondern beinhaltet eine Fülle von hochaktuellen Themen, die Deutschland noch lange begleiten werden. Wer das Buch gelesen hat, wird die aktuellen politischen Debatten vielleicht anders wahrnehmen als zuvor. Unterhaltsamkeit ist überdies garantiert.

Stefan Kaletsch

Deutschland braucht Reformen

Deutschlands Denker demonstrieren

Während der Kanzler in den eigenen Reihen um eine Minireform kämpft, versucht der beherzte Wirtschaftswissenschaftler Meinhard Miegel das große Rad anzukurbeln. In seiner Initiative „Der Bürgerkonvent" flimmern aktuell „Werbespots" über den Bildschirm, die uns an die Grundlagen unseres Wohlstands erinnern sollen und daran, daß wir vor dreißig Jahren begonnen haben, von der Substanz zu leben. In den Spots sieht man nicht den gehobenen Zeigefinger, sondern sie versuchen den Bürgern auch Emotionen wie Stolz auf die wirtschaftliche Leistung nach dem Krieg und Mut für einen erneuten Aufbruch einzuhauchen. In der Hoffnung, Deutschlands Bevölkerung den Zusammenhang zwischen Leistung und Wohlstand zurück ins Bewußtsein zu rufen, startet Miegel den letzten Versuch „auch ohne Katastrophe umzusteuern, um den Abstieg zu vermeiden".

Wenn es der Regierung nicht gelingt, ihre Führungsverantwortung wahrzunehmen und das große Rad zu drehen, um die Deutschen auf Kurs zu bringen, dann bleibt auch hier nur die Eigeninitiative. Altkanzler Helmut Schmidt äußerte sich in ähnlicher Weise wie Miegel: Deutschlands Vordenker gehen demonstrieren. Vielleicht kann auf dem direkten Weg tatsächlich mehr erreicht werden als über einen Marsch durch die Institutionen, auf dem man von Ideologiemonstern langsam aufgefressen wird. Der Wirkungsgrad eines direkten Appells an Herz und Vernunft wurde viel zu lange unterschätzt. Jetzt bemüht sich Kanzler Gerhard Schröder, im Eiltempo alles nachzuholen. Doch sein Ruf erstickt bereits innerhalb der eigenen Partei. Und seine Glaubwürdigkeit in der Bevölkerung ist nach Jahren der Orientierungslosigkeit wahrscheinlich zu gering geworden.

Seit dem Offenbarungseid seines Finanzministers spricht Schröder von ökonomischer Substanz, die der Sozialstaat benötigt und die es zu retten gilt. Richtig ist, daß wir seit langer Zeit nicht nur von der rein ökonomischen Substanz leben. Dahinter stecken auch die Einbußen in Bildung, Wissenschaft und Forschung sowie Kunst und Kultur. Hier hatten die Deutschen ihre Stärken, die stets Plattform für den wirtschaftlichen Erfolg war. Sie sind dabei, sie zu verlieren. Was wir aktuell erleben, sind daher nur die Vorboten. Gelingt es uns jetzt nicht, den Anfängen zu wehren, werden wir die Kurve nicht mehr rechtzeitig kriegen.

Materieller Wohlstand, wie er in Deutschland erreicht wurde, ist darüber hinaus kein Selbstzweck, sondern das Ergebnis individueller Freiheit, Entfaltungsmöglichkeit und Chancengleichheit. Dies beabsichtigte unsere Verfassung.

Die Väter der Sozialen Marktwirtschaft hatten nicht im Sinn, die Menschen zu ihrem vermeintlich eigenen Wohle zu gängeln. Das genaue Gegenteil war der Fall. „Hier ist mit Fug und Recht an jeden einzelnen die Gretchenfrage zu stellen: Hat denn das Eindringen des Staates, der öffentlichen Hand und der sonstigen großen Kollektive in das menschliche Leben – hat die damit verbundene Aufblähung der öffentlichen Haushalte und die wieder dadurch bewirkte immer größere Belastung des einzelnen Staatsbürgers nun wirklich zur Vermehrung seiner Sicherheit, zur Bereicherung seines Lebens und zur Minderung der Lebensangst jedes einzelnen beigetragen?“ Diese Frage, die man zum gegenwärtigen Zeitpunkt nicht treffender formulieren kann, stellte vor fast einem halben Jahrhundert der legendäre Wirtschaftsminister der Sozialen Marktwirtschaft den Bürgern der blutjungen Republik. Ludwig Erhard würde sich im Grabe umdrehen, wenn er sehen könnte, was aus dem Sozialstaat geworden ist. Er warnte immer wieder eindringlich vor dem gefährlichen Weg in den Versorgungsstaat, „an dessen Ende der soziale Untertan und die bevormundete Garantierung der materiellen Sicherheit durch einen allmächtigen Staat, aber in gleicher Weise auch die Lähmung des wirtschaftlichen Fortschritts in Freiheit stehen wird.“

Die Soziale Marktwirtschaft, auf die wir Deutschen immer stolz waren, ist in ihrer Konzeption nicht das, was ihr so mancher in heutiger Zeit gerne andichtet. Soziale Marktwirtschaft darf nicht mit Versorgungsstaat verwechselt werden. Mit dem Ruf nach Solidarität wird gern an das soziale Gewissen appelliert und mißbräuchliche Maßnahmen zum Schutz dieser oder jener Bevölkerungsgruppierung, Unternehmung oder Branche gerechtfertigt. Gewöhnlich bekommt derjenige am meisten, der am lautesten schreit. Per Brieftasche löst Vater Staat die Probleme seiner Kinder. Das reicht von vermeintlichen Rettungsaktionen einzelner Betriebe bis hin zur endlosen künstlichen Beatmung ganzer Museumsindustrien.

Andere, die gerne auf die sogenannte Hilfe des Staates verzichten würden, bevormundet man und nimmt ihnen damit die letzten Chancen. Das fängt beim Kündigungsschutz für ältere Menschen an und endet bei der vorschnellen Tarifangleichung Ostdeutschlands.

Als unsozial hat sich auch die Eigendynamik des Beamtentums und des ihm nahestehenden öffentlichen Dienstes erwiesen. Die enorme Aufblähung seit Bestehen der Bundesrepublik läßt sich in vielen Fällen nur mit der pausenlosen Auflage von Selbstbeschäftigungsprogrammen erklären, die uns zu allem Überfluß einen Gesetzes- und Paragraphendschungel beschert haben.

Alle diese Fehlentwicklungen konterkarieren das Prinzip der Eigenverantwortung und somit auch die Grundlage der Sozialen Marktwirtschaft. Politiker glauben, sich am besten dadurch profilieren zu können, daß sie das Trugbild vom starken Vater Staat schüren und es großzügig bedienen. Ich hoffe, sie irren sich! Wir müssen begreifen, daß ein Staat nur so stark sein kann, wie es die Leistung seiner Bürger erlaubt.

Der harte Weg zum Gipfeltreffen

Das ist schon eigenartig. Die Berater der Regierung machen die Regierung ratlos. Erst sind Gerhard Schröder und seine Minister den Weg der Bündnisse gegangen. Inzwischen haben sie eingesehen, daß diese, sobald sie über Überschriften und Allgemeinplätze hinausgehende Vereinbarungen treffen sollen, an den mächtigen Interessenvertretern scheitern. Jetzt beruft die Regierung zunehmend Fachleute in ihre Kommissionen mit dem fatalen Ergebnis, daß die Sachverständigen darauf hinweisen, daß die Reformschritte, die sich die Regierung zutraut, nicht ausreichend sind und die Probleme weder im Bildungs- noch im Sozialbereich und auch nicht auf dem Arbeitsmarkt noch weiter verdrängt werden können. Bei Bildung, Wissenschaft und Forschung zeigen sich nachhaltige Zukunftsdefizite des Standorts Deutschland. Die Sozialsysteme müssen nicht nur in Zweijahresabständen „geflickt" werden, sondern bedürfen der fundamentalen Umgestaltung. Und auch die oberflächliche Behandlung mit den Wundersalben von Doktor Hartz in den Jahren 2003 und 2004 halfen bei der Belebung des Arbeitsmarkts nicht.

Der Kanzler erkennt, wie gefährlich es ist, das längst fällige Umstrukturierungskonzept für die Bundesrepublik Deutschland vorzulegen, für das eigentlich der Name Agenda 2010 reserviert sein müßte. Nun versucht die Regierung die Gipfelstrategie statt der Bündnisstrategie. Sobald ein Problem größerer Art zu lösen ist und die Regierung ohne Oppositionsmitwirkung im Bundesrat nicht vorankommt, macht sie den Vorschlag eines Gipfeltreffens. Die Opposition, die in der Regel schnell erkennt, daß die von der Regierung vorgesehenen Einschnitte nicht ausreichen, übernimmt logischerweise nicht den Part, noch dramatischere Vorschläge zu machen und damit der Regierung zu helfen, die mildere, aber schlechtere Lösung durchzusetzen. Und was soll ein Gipfeltreffen, das den Eindruck erweckt, nach einer langen, mühsamen Bergbesteigung sei den Beteiligten der Erfolg beschieden, sich am Gipfel zu versammeln und damit einen schwierigen Weg abzuschließen. Man hat eher den Eindruck einer Inszenierung beizuwohnen, in der man den mühsamen Aufbau von Basislagern und den langen schwierigen Weg trickreich zu umgehen versucht, indem man mit dem Hubschrauber gemeinsam auf den Gipfel fliegt, dort ein Gipfelfoto macht, um damit eine Bergbesteigung nur vorzutäuschen.

Doch das geht nicht auf! Die Regierung muß ihre sprunghaften Einzelaussagen zu einem Konzept zusammenfügen, von dem unabhängige Fachleute endlich sagen können, daß es den objektiv meßbaren Anforderungen Rechnung trägt. Erst dann können die Bundesregierung und die sie tragenden Parteien die Opposition auffordern, ihre Konzepte dagegen zu stellen. Wenn dann nach Meinung der Fachwelt auch diese den sachlichen Notwendigkeiten entsprechen, wird man überrascht feststellen, daß der Spielraum für politische Unterschiede und Akzente ohnehin minimal ist. Und nur dieser Sachzwang wird die politischen Kräfte zusammenbringen.

Wie es jedoch nicht geht, zeigt das folgende Beispiel aus der Bildungs- und Hochschulpolitik: Als Reaktion auf die PISA-Studie überrascht die Bundesregierung mit einem Bund-Länder-Programm, zu dem der Bund vier Milliarden Euro den Ländern und Gemeinden zusagt, für die er in seinem überschuldeten Haushalt keine Deckung hat. Kurze Zeit später senkt der Bund deshalb seine Mittel an der Gemeinschaftsaufgabe Hochschulbau, wobei er nach der Verfassung – im Gegensatz zur Finanzierung von Kinderbetreuungseinrichtungen – zur Hälfte zahlungspflichtig ist. Das führt zwangsläufig dazu, daß nicht nur diese Kürzung dem Bildungs- und Wissenschaftsstandort Deutschland verloren geht, sondern derselbe Betrag noch einmal, weil die Länder ja dann ihre Investitionen auch entsprechend kürzen.

Wer glaubt, in der Agenda 2010 das Maßnahmenpaket des Bundes zu finden, das in den nächsten Jahren den Bildungs- und Wissenschaftsstandort Deutschland im internationalen Wettbewerb an die Spitze führt, der irrt. Er findet statt dessen ein vorher angedeutetes bescheidenes Investitionsprogramm „Zukunft, Bildung und Betreuung“, für das der Bund eigentlich nicht zuständig ist. Es folgt eine allgemeine Abhandlung über Kompetenzstandards und das Angebot des Bundes an die Länder, sie bei der Gründung einer nationalen Agentur zur Entwicklung und Evaluation von Kompetenzstandards finanziell zu unterstützen. Eine mitreißende Zukunftskonzeption ist das nicht. Was sollte auf einem Regierungsgipfel also außer Allgemeinplätzen ausgetauscht werden? Und solange die Regierung sich weigert, bei der Frage des Kündigungsschutzes, dessen Veränderung alle Fachleute fordern, Farbe zu bekennen, ergibt auch ein Arbeitsmarktgipfel keinen Sinn.

Ein Gipfel, bei dem die Bergsteigerstiefel von den Gipfelstürmern erst im Hubschrauber angezogen werden, hilft nicht. Die Bürger wollen sehen, wie die Politiker in mühsamer Arbeit die Basislager aufbauen. Und um diese wind- und wetterfest zu machen, müssen alle Parteien ihre Reformfähigkeit und ihren Mut, die große Herausforderung in Angriff zu nehmen, praktisch unter Beweis stellen. Da hilft auch nicht der Spott über den schlechten Zustand des Basislagers des Konkurrenten. Man bedenke: Bergsteigen ist ein sehr anstrengendes und leises Geschäft, und der Fotoapparat liegt ganz unten im Rucksack.

Deutschland kämpft gegen den Abstieg

Kürzlich war ich in der schönen Schweiz und diskutierte mit Unternehmern aus Österreich über Europa, die Osterweiterung und die Globalisierung.

Der sachverständige und aktionsfreudige österreichische Finanzminister Karl-Heinz Grasser, der ebenfalls geladen war, erläuterte seine neu beschlossene lang- und mittelfristige Finanzpolitik unter der Überschrift: „Offensive 3-Säulen Strategie". Darin bekamen wir unter anderem zu hören, daß „Österreich 2003 besser als die Eurozone" war. Das wirtschaftliche Wachstum sei doppelt und die Arbeitslosigkeit nur halb so hoch wie der EU-Durchschnitt. Obwohl das doch gar nicht schlecht klingt, senkt Österreich im Gegensatz zu Deutschland nun im Hinblick auf die EU-Osterweiterung seine Unternehmenssteuern auf 25 Prozent (ohne Gegenfinanzierung), um im Wettbewerb um Investoren und Unternehmensansiedlungen mit den entsprechenden Sätzen in Ungarn (16 Prozent), der Slowakei (19 Prozent) und der Schweiz (24,1 Prozent) die Wachstumsdynamik nicht auszubremsen.

Dabei ist sich Grasser sicher, gerade gegenüber den mitteleuropäischen Nachbarländern klar im Vorteil zu sein. Die Schweiz etwa hat den Nachteil, kein Mitglied der EU zu sein, und Deutschland ist mit 39,58 Prozent (Körperschafts- plus Gewerbesteuer) wohl auch kein ernsthafter Wettbewerber mehr. So sieht man es auch in der Diskussionsrunde. Hinzu komme noch Österreichs schnellere Steigerung der Forschungsquote in Richtung drei Prozent des BIP. Erreicht wird das beispielsweise durch eine neue Forschungsprämie im Steuersystem. Ein weiterer Grund, sich für Österreich als Standort in Mittel- und Osteuropa zu entscheiden, ist eine attraktive Gruppenbesteuerung. Klare Sache also!

Doch was ist mit den hohen einmaligen Investitionszuschüssen in den neuen deutschen Bundesländern? So lautet ein „zaghafter“ Einwand aus dem Auditorium. Aber das sieht der österreichische Finanzminister zu Recht nicht als Problem an. Die Investoren denken langfristig und die langfristige Berechenbarkeit der österreichischen Politik überzeuge.

In meinem Vortrag hatte ich schon ziemlich besorgt auf die gemeinsamen Probleme von Deutschland und Österreich im Hinblick auf die Niedriglohn- und Niedrigsteuersituation in den EU-Beitrittsländern hingewiesen und mir zur Vorbereitung die Entwicklung der Pro-Kopf-Einkommen in Kaufkraftstandards der jetzigen EU-Mitglieder angesehen. 1992 lag Österreich mit 18 790 Euro auf dem zweiten Platz. 2003 ist es von Irland und Dänemark überholt worden und mit 26 910 Euro auf den vierten Platz abgerutscht. Deutschland lag 1992 noch mit 17 980 Euro auf Platz drei hinter Österreich. Im Jahre 2003 sind wir jedoch mit 24 050 Euro auf Platz 11 (von insgesamt 15 Plätzen) verdrängt worden. Wenn aber Österreich mit seiner vergleichsweise guten Plazierung so energisch an die Reformen seiner Steuer- und Sozialsysteme herangeht – unbeirrt von der auch dort durch den Reformeifer verursachten Wahlniederlagen im regionalen Bereich –, wie viel höher und ambitionierter müßten dann die deutschen Anstrengungen sein? An bedrohlichen Erkenntnissen fehlt es hierzulande nicht. Inzwischen sorgt sich die IG-Metall darüber, daß deutsche Unternehmen Zehntausende an Arbeitsplätzen aus der IT-Branche nicht nur in Indien, sondern auch in Osteuropa aufbauen, wovon sich jeder in Bangalore, Prag und Bratislava überzeugen kann. Leider brauchen wir deshalb mangels Bewerber auch keine Greencard mehr.

Über Abwanderung klagte auch der Präsident der Fraunhofergesellschaft. Nicht zuletzt, weil Deutschland weniger als andere europäische Länder für Forschung ausgibt, gingen viele qualifizierte Forschungskräfte in die USA. Damit auch die Unternehmen mehr Geld in Forschung investieren, schlägt er steuerliche Anreize für Innovationen vor

– eben genau das, was die Regierung Österreichs jetzt einführt.

Und dann versichern Kanzler Schröder und der SPD-Vorsitzende Franz Müntefering stolz und standhaft, daß an den beschlossenen Reformen nichts zurückgedreht werde. Doch das klang bei der Vorlage der Agenda 2010 noch mutiger. Anstatt den Status quo als das Maximum der Zumutbarkeit zu zementieren, müßten die Reformen zügig fortgeführt werden, bis wachsender Reformwille und Zukunftsbegeisterung eine eigene Dynamik entfalten. Jetzt atmen schon alle auf, nur weil der Parteitag von den Drohungen, eine neue linke Partei zu gründen, verschont geblieben ist und die Gewerkschaftsführer lediglich erklärt haben, sie seien unzufrieden, daß nicht Teile der Reformen zurückgedreht würden. Es hätte ja alles viel schlimmer kommen können. Ob so die notwendige Aufbruchstimmung entsteht?

Da gerade wieder einer der letzten größeren Betriebe in den neuen Bundesländern geschlossen wird und von Neuansiedlungen in der letzten Zeit wenig zu hören war, gleich noch die Frage an den Ostbeauftragten der Bundesregierung, Manfred Stolpe: Gibt es da irgend etwas Neues? Etwa ein Forschungsinfrastrukturprogramm oder eine Forschungsprämie? Oder stimmt gar die Behauptung, daß die Mittel der Investitionszulage gar nicht vollständig abgerufen werden, weil es an Interessenten fehlt? Es ist nicht zu übersehen: Deutschland kämpft gegen den Abstieg. Ähnlich den abstiegsgefährdeten Fußballclubs bleibt uns vorerst wohl nur die Hoffnung, daß die wachsende Bedrohung noch einmal ungeahnte Kräfte freisetzen wird.

Melancholische Kapitulation vor der Wirklichkeit

Den aktuellen Zustand der politischen Diskussion in Deutschland kann man wohl kaum treffender bezeichnen als mit den Worten Renate Köchers vom Institut für Demoskopie Allensbach: „Melancholische Kapitulation vor der Wirklichkeit“.

Die Versuche der großen Interessengruppen, sich wehklagend den Reformnotwendigkeiten zu entziehen, werden immer zaghafter. Das läßt sich nicht zuletzt damit begründen, daß die ersten Maßnahmen, welche die Krise erzwungen hat, ihre Wirkungen am Arbeitsmarkt zeigen. Zwar ist bislang nicht die Rede vom Abbau der Arbeitslosigkeit. Beim derzeitigen Nullwachstum kann natürlich keine Nachfrage nach neuen Arbeitsplätzen entstehen. Jedoch läßt die Dynamik des Abbaus der Arbeitsplätze nach. Und das ist allein der Flexibilisierung der Arbeitszeiten zu verdanken. Durch unvergütete Mehrarbeit ebenso wie durch Arbeitszeitverkürzungen mit Lohnanpassung nach unten – zwei Strategien, welche sich auf den ersten Blick zu widersprechen scheinen – werden die notwendigen Anpassungsspielräume geschaffen.

Das vor langer Zeit bei Volkswagen eingeführte Modell der Absenkung von Wochenarbeitszeiten (Vier-Tage-Woche) gegen Lohnabschlag wird nun auch von der Deutschen Telekom, dem Energieversorgungsunternehmen EnBW, dem Autobauer Opel und einer zunehmenden Zahl weiterer Unternehmen als Alternative zur Massenentlassung angeboten. Bei der öffentlichen Hand etwa – vor allem den Bundesländern und Kommunen – wird die Rückkehr zur 40-Stunden-Woche vorbereitet und ist schon teilweise realisiert. So können mittel- und langfristig durch die Reduzierung von Neueinstellungen Steuergelder eingespart werden. Je nach Lage ist die Strategie der Arbeitszeitverlängerung auch die angepaßte Lösung für Unternehmen. Über die hierdurch reduzierbaren Lohnstückkosten kann gegebenenfalls die verlorene internationale Wettbewerbsfähigkeit zurückgewonnen werden. Außerdem können Engpässe an hochqualifiziertem Fachpersonal vermieden werden. Heinrich von Pierer, der frühere Vorstandsvorsitzender von Siemens, prangerte vor diesem Hintergrund die 35-Stunden-Woche als „die reinste Vergeudung von Wissen“ an.

Unter allen Ansätzen erweist sich die Flexibilisierung der Arbeitszeit erwartungsgemäß als erfolgreichstes Leitmotiv. Und während an der Diskussionsfront noch unnachgiebig um eine kleine Lockerung des Kündigungsschutzes gestritten wird, schreitet unter stillschweigender Duldung der Gewerkschaften die Flexibilisierung des Arbeitsmarktes voran. Am rasantesten geschieht dies bei den sogenannten Minijobs. Nach neuesten Erhebungen sind hier weitere 600 000 Jobs entstanden. Seit ihrer Wiedereinführung sind das – statistisch bereinigt – unter dem Strich 1,5 Millionen Arbeitsplätze mehr im Niedriglohnbereich. Dagegen werden etwa solch zweifelhafte Konzepte wie das groß angepriesene Mittelstandsmodell „Kapital für Arbeit“, das mit einem Einsatz von 576 Mio. Euro gerade einmal 8027 Stellen geschaffen hat, lautlos verschwinden.

Auch die Reformdiskussion gewinnt langsam realistische Inhalte. In der Diskussion über die Anrechnung von Studienzeiten für die Rente etwa verzichtet man offenbar auf Schönmalerei und falsche Versprechen. Die Chance, daß Studenten nennenswert im Rentenalter von der Studienzeit profitieren werden, ist faktisch nicht gegeben. So tun wir gut daran, jungen Leuten zu helfen, indem wir ihre Berufschancen durch Förderung der Bildung und Forschung erhöhen, statt ihnen einen vagen marginalen Rentenanspruch zu versprechen. Da könnte man ja gleich Studiengebühren zur Rentensicherung erheben. Die Studenten selbst zeigen Verständnis für diese Entlastungsmaßnahme.

Insgesamt zeichnet sich ein Stimmungswandel ab. Beispielsweise signalisieren immer mehr Unionsländer, trotz großer Finanzierungsprobleme, ihre Zustimmung zur vorgezogenen Steuerreform. Und Angela Merkel hat erkannt, daß dies ein Thema ist, das am besten ohne Parteizwang (was ist da die Gewissensfrage?) im Bundesrat entschieden wird. Je früher klar ist, daß die dritte Stufe vorgezogen wird, desto besser ist es für die schwach keimende Aufbruchsstimmung. Und wenn Edmund Stoiber seine Ankündigung, im nächsten Jahr die Staatsausgaben in Bayern um zehn Prozent zu kürzen, tatsächlich durchsetzt, kommen Verwaltungsreformen zustande, denen sich die anderen Länder nicht verschließen können. Stoiber weiß, nichts ist besser als das gute Beispiel. Und Merkel weiß, daß die Union gute Ergebnisse bei den Meinungsumfragen nicht durch Nörgelei, sondern nur dadurch erzielen kann, daß sie die Regierung durch klare Aussagen und Konzeptionen vor sich hertreibt. Der Steuervorschlag von Friedrich Merz, das Sozialkonzept von Roman Herzog und ein optimistischer, offener Parteitag einer angriffslustigen CDU sind wichtiger als die Punktewertung bei den zähen und komplizierten Verhandlungen hinter den verschlossenen Türen eines Vermittlungsausschusses.

Und der Kanzler? Der weiß auch, daß das Lied, welches einige in seiner Partei anstimmen, „wir reformieren ein bißchen, um die harten Reformpläne der Union zu verhindern“ einer Regierungspartei in einer solchen Krisensituation keine Chancen bringt. Renate Köcher behält Recht: Nur über die, wenn auch melancholische Kapitulation vor der Wirklichkeit kann eine neue Zukunft beginnen. Hoffen wir das Beste.

Das Jahr der Entscheidungen

Gerade noch vor dem Jahreswechsel (2003/2004) haben Bundestag und Bundesrat einen Kompromiß über das erste gemeinsame Reformpaket gefunden, und bei genauer Betrachtung besitzt dieser auch alle Schwächen, die ein solches Schnellverfahren provoziert. Aber er ist besser als nichts und zeigt, daß in unserer Demokratie auch unter schwierigen Mehrheitsverhältnissen zumindest Kompromißlösungen möglich sind. Ein Punkt, der keinesfalls so selbstverständlich ist, wie es manchem frustrierten Staatsbürger im Moment erscheinen mag. Deshalb und wegen der insgesamt besseren Nachrichten aus der Weltwirtschaft wächst bei den Deutschen unter dem Strich die Zuversicht. Nachdem im Dezember 2002 nur noch 31 Prozent der Deutschen dem neuen Jahr mit Hoffnungen entgegen gesehen hatten (dem schlechtesten Wert seit 1950), waren es im Dezember 2003 immerhin schon 38 Prozent der Bundesbürger. Daß diesen 38 Prozent der Befragten laut Allensbach 53 Prozent dem Jahr 2004 mit Befürchtungen und Skepsis entgegenblickten, zeigt allerdings auch, wie volatil die Stimmung der Menschen ist.

Alle wissen, dieses Reformpaket kann nur der Anfang gewesen sein – gewissermaßen eine Art Aufwärmtraining – für die großen Reformen, die jetzt einfach kommen müssen. Für die große Steuerreform haben die Fachleute und die sachverständigen Politiker einigungsfähige Strukturen beschrieben. Alle gemeinsam wollen das Steuerrecht vereinfachen, die Tarife senken und zum Ausgleich diverse Subventionen an Unternehmen sowie Haushalte streichen. Ob dann noch eine Nettoentlastung der Steuerzahler möglich ist, wird sich zeigen, wenn entschieden ist, wie stark die explodierenden Sozialsysteme aus allgemeinen Steuermitteln bezuschußt werden können oder müssen. Deshalb muß es gleichzeitig zu einer Festlegung der Grundzüge in der umfassenden Reformierung des Renten- und Gesundheitssystems kommen.

Für die Rentenreform sind die Berechnungsdaten unstrittig. Abgesehen von möglichen Minimalschwankungen können die zu erwartenden Rentenempfänger sowie die Entwicklung der künftigen Beitragszahler, für die nächsten 15 bis 20 Jahre leicht eingeschätzt werden. Eines wissen wir aus gründlichen Analysen längst: Ohne weitere Korrekturen wird das alte Rentensystem nur mit drastischer Beitragserhöhung und weiteren massiven Zuschüssen aus den Steuereinnahmen überleben können. Nehmen wir die Verantwortung heute nicht wahr, wird das System morgen unausweichlich aus dem Ruder laufen und für die künftigen und zum Teil schon heutigen Rentner unzumutbare Folgen haben.

Ebenfalls unaufschiebbar ist die Konsolidierung der öffentlichen Haushalte. Auch das wird nicht ohne schmerzhafte Kürzungen gehen. Doch nicht überall sind Kürzungen sinnvoll. Wo sie erfolgen sollten, zeigt ein Benchmarking zwischen den OECD-Staaten. Deutschland liegt bei den Bildungsausgaben im Schulbereich bei 16 Prozent des Sozialprodukts, während sich beispielsweise unsere Nachbarländer Österreich bei 26 Prozent und die Schweiz bei 23 Prozent befinden. Hinzu kommt, daß wir auch bei den Investitionen in Wissenschaft und Forschung immer weiter zurück fallen. Dagegen führen wir gemeinsam mit Schweden den internationalen Vergleich mit der höchsten Sozialausgabenquote von 34 Prozent an. Wenn wir eine leistungsstarke Wirtschaft am Standort Deutschland gestalten wollen, müssen wir die bislang ungebremste Dynamik der Sozialausgaben stoppen und die Investitionen in zukunftsträchtigen Bereichen steigern. Keine Gesellschaft hat das Recht, das Saatgut ihrer Kinder zu verbrauchen. Doch genau das tun wir, wenn beispielsweise Schulklassen mit über 30 Kindern unterrichtet werden und gleichzeitig denselben Jahrgängen in späteren Jahren die überbordende Last der Rentenansprüche einer überalterten Gesellschaft aufgebürdet wird.

Und damit kommen wir zum Hauptproblem. Deutschland lebt über seine Verhältnisse. Der Chef des Ifo-Instituts in München Hans-Werner Sinn hat in seinem Buch „Ist Deutschland noch zu retten“ nachgewiesen, daß wir entweder mehr arbeiten müssen oder das Einkommensniveau nicht halten können. Bei der jährlichen Arbeitszeit liegen wir mit 1467 Stunden auf Platz 19 von insgesamt 21 OECD-Ländern. Wenn wir zehn Prozent mehr arbeiten (wir tun das ja auch, allerdings in Form illegaler Schwarzarbeit), würden wir mit 1614 Stunden auf dem 13. Platz liegen und wären etwa auf einer Ebene mit Italien und Schweden, aber trotzdem noch zehn Prozent unter den Arbeitsstunden der USA und immer noch 100 Stunden im Jahr unter Großbritannien. Das müßte für Deutschland verkraftbar sein.

Die Zeit drängt, und wir dürfen keine Verschiebung mehr dulden. Unsere Kinder werden uns einmal nicht nach Föderalismusproblemen und Wahlterminen fragen, sondern danach, ob wir unsere historische Verantwortung wahrgenommen haben. Schwungvollere Reformen müssen in den jetzt zaghaften Konjunkturanstieg Dynamik bringen, die Stimmung verbessern und damit endlich die Stagnation überwinden. Wenn die Hälfte der Wirtschaft – wie unser Aufschwungsminister Ludwig Erhard betonte – Psychologie ist, dann muß die andere Hälfte wohl der Mut der Politiker zu harten und langfristig wirksamen Ordnungsentscheidungen sein. Erhard war seinerzeit damit erfolgreich.

Im Tempo der Hundejahre

Obwohl nach wie vor alle Parteien versichern, daß wir erst am Anfang grundlegender Reformen unserer Gesellschaft stehen und daß das Reformtempo beschleunigt werden muß, läßt der Schwung nach. Von der Agenda 2010 scheint kaum mehr übrig zu bleiben als die Tatsache, daß sie ein leicht zu merkender Begriff ist. Die SPD-Linke samt Gewerkschaften versuchen, durch eine grundlegende Protesthaltung, die Regierung langsam, aber sicher reformmüde zu machen. Der Bundeskanzler hat sich deshalb bereits die Arbeit mit dem neuen designierten Parteivorsitzenden Müntefering geteilt.

Dazu kommt ein Komplexitätsproblem. Wenn man große technische Neuerungen durchsetzen will, wie einen virtuellen Arbeitsmarkt oder wie satellitengestützte Systeme zur Steuerung und Beeinflussung von Verkehrsströmen einschließlich Inkasso von Verkehrswegegebühren, verlangt das eine intensive Kommunikation mit der Öffentlichkeit. Der Plan muß Schritt für Schritt verfolgt, und seine Entwicklungen und Risiken müssen erklärt werden. Mit Geheimnistuerei und anschließender Skandaldiskussion kommt man nicht weiter. Das nachträgliche Zugeständnis der Verantwortlichen, die Sache sei richtig, aber man hätte sie besser erklären müssen, wirkt dann auch nicht mehr glaubwürdig. Den Gegnern des technischen Fortschrittes wiederum, gleich aus welchem Grund, dient die Geheimnistuerei nur zur Stärkung der Widerstände und Abwehrkräfte.

Weil man auch eine große Steuerreform für zu schwierig zu kommunizieren hält, hat die Regierung dieses Thema wohl schon aufgegeben und es der Opposition überlassen, damit die sich daran die Finger verbrennt. Was machen die Oppositionsparteien? Sie beschließen ein unausgereiftes Konzept, das die unpopulären Komponenten erst einmal in die ferne

Zukunft verschiebt oder gar nicht erst beinhaltet. Dabei wäre eine umfassende Vereinfachung des Steuerrechts selbst dann noch ein großer Reformwurf, wenn sie kostenneutral durchgeführt würde. Führt man aber eine kostenneutrale Strukturveränderung durch, muß man zwangsläufig den einen etwas geben und den anderen etwas wegnehmen und kann das auch nicht mehr durch Ausgleichsleistungen wieder retuschieren. In diese offene Schlacht zu gehen, hat die Opposition auch nicht den Mut. Also einigte sie sich auf einen Kompromiß, an dem in Kürze bald alle die Lust verlieren werden. Damit ist das Thema vom Tisch.

Nun wendet sich die Union dem Arbeitsmarkt zu und fordert radikale Reformen. Der Regierung ist das recht, weil es vor allem den Widerstand der Gewerkschaften von der Regierung ab- und zur Opposition hinlenkt. Doch kaum beschlossen, da hat die interne Diskussion der Union zu einem Aufschrei des sozialen CDU-Flügels geführt. Schließlich will man auch von den kleinen Leuten gewählt werden.

Während dieses Tumults korrigiert die Regierung ganz unbemerkt doch ihre Rentenreform und schiebt damit die Probleme in einen Zeitraum, für den sie annimmt, ohnehin nicht mehr verantwortlich zu sein. Wer die Mindestrente und die Beitragssätze garantiert, geht davon aus, daß der Steuerzahler notfalls die Fehlbeträge übernimmt. Die Reformlast wächst damit weiter.

Aus diesen Gründen verlassen alle Parteien die schwierigen Schlachtfelder. Statt dessen übernimmt unter dem lauten Murren der Fachleute der designierte SPD-Vorsitzende Müntefering die Regie in einem publikumswirksameren Kabinettstückchen und eröffnet das Finale zur Diskussion um die Ausbildungsplatzabgabe. Mit diesem Gerechtigkeitsthema beruhigt man die Gewerkschaften und andere Lenkungsoptimisten. Und die Pragmatiker der Partei, zu denen nicht nur Schröder und Clement, sondern auch die meisten SPD-Ministerpräsidenten gehören, glauben sowieso nicht, daß man ein solches Gesetz praktisch durchführen könnte. Außer neuer Arbeit in einer komplizierten Kontrollbürokratie wird kein einziger zusätzlicher Ausbildungsplatz erzwungen werden. Bestenfalls kann mit den Strafgeldern ein Teil des neu entstandenen Verwaltungsaufwands entgolten werden. Schließlich wird man die Sache wegen der Komplexität wieder aufgeben. Doch die Bürokratie wird bleiben und sich neue Beschäftigungsfelder suchen. Das läuft ähnlich wie bei der geplanten Bekämpfung der Schwarzarbeit durch die überflüssig werdenden Zöllner.

Aber es gibt einen Hoffnungsschimmer auf mehr Pragmatismus in der Zukunft. Früher war es der Nachwuchs der Parteien, der die Pragmatiker der älteren Generation mit ideologischen Konzepten bekämpft hat. Heute ist es eher umgekehrt. Die jungen pragmatischen Netzwerker der Parteien sehen, daß jede Verzögerung von Reformen zu Lasten ihrer Generation geht. Vielleicht wird die Unruhe der jungen Generation, die ihre Chancen im internationalen Wettbewerb schwinden sieht, eine neue Triebkraft in allen politischen Gruppierungen hervorbringen. Das Problem sind die Institutionen, die auch im globalen Zeitalter nur ganz langsam zu verändern sind. Der Vice President der Weltbank für Europa, der Luxenburger J.F. Rischard, bringt die Problematik des Reformwettlaufs im Globalisierungszeitalter auf den Punkt, indem er feststellt, daß ein Hundejahr sieben Menschenjahren entspricht und während sich die Globalisierung mit ihren Komplexitätsproblemen im Tempo der Menschenjahre entwickelt, verändern sich die Institutionen nur im Tempo der Hundejahre. Wir müssen das Zeitalter der Hundejahre verlassen. Man kann nur hoffen, daß die Vernunft den Wettlauf gewinnt.

Wandel braucht Wahrheit

In den letzten Tagen wurden verschiedene unspektakuläre Meldungen und Zahlen veröffentlicht, die aber zusammengenommen einen klaren Eindruck des momentanen Zustandes unserer Gesellschaft und ihrer Politik geben. Fangen wir mit den Zahlen zur Arbeitslosigkeit an. Sie war im Juli 2004 so hoch wie in keinem anderen Juli seit der Wiedervereinigung. Das wird viele Bundesbürger ebenso wenig verwundern wie mich. Damit setzt sich der Trend wie befürchtet fort. Ich hätte mich diesbezüglich lieber geirrt. Indes darf diese Entwicklung selbstverständlich nicht mit den jüngsten Reformanstrengungen in Verbindung gebracht werden. Diese können bestenfalls erst wesentlich später ihre Wirkung auf dem Arbeitsmarkt entfalten. Der Grund für die schlechte Lage können sie nicht sein. Wahr aber ist, daß ihr Erfolg auch stark von anderen Inhalten eines erforderlichen Gesamtpakets abhängt. Daß hier noch einiges fehlt, ist zwar nicht zu leugnen, heißt jedoch nicht, daß das bisher auf den Weg Gebrachte falsch, wirkungslos und unnötig wäre. Hartz IV gehört zweifelsohne dazu.

Keine von den angeschobenen oder bisher nur angedachten Reformen wird allerdings jemals Effekte auf die Zahl der Arbeitslosen haben, wenn die Konjunktur nicht entsprechend belebt wird. Es ist so, als wollten wir an einem heißen und windstillen Sommertag, in einem stehenden Zug die Fenster zur Abkühlung öffnen. Doch so lange der Zug nicht los fährt, entsteht auch keine Luftbewegung. Öffnen wir die Fenster jedoch nicht, wird es auch dann keine Erleichterung geben, wenn der Zug wieder anfährt. Der Vorsitzende der Bundesagentur für Arbeit Frank-Jürgen Weise bekräftigte jüngst die allgemein akzeptierte Schätzung, nach welcher die Wachstumsrate der deutschen Wirtschaft die zwei Prozent schon übersteigen müsse, bevor auch neue Arbeitsplätze entstehen werden. Solange wir nur den Impulsen der Weltwirtschaft mit entsprechend geringeren Raten hinterherhinken, werden wir diese Hürde wohl kaum nehmen und schon gar nicht dermaßen überschreiten, daß wir das Problem der außerordentlich hohen Sockelarbeitslosigkeit loswerden.

Unser Weg und unsere Zukunft liegen in einem Wandel hin zu einer Dienstleistungsgesellschaft auf hohem technologischen Niveau. Der Abbau industrieller Arbeitsplätze ist die logische Kehrseite der Medaille. Der Wandel von einer Industrie- in eine Dienstleistungsgesellschaft oder Wissens- und Informationsgesellschaft birgt zwangsläufig auch einen Wandel in der Struktur der Arbeitsplätze. Diese fordert größere Flexibilität, mehr Selbständigkeit, mehr Expertentum und weniger Arbeitsplatzsicherheit. Wenn wir hier nichts unternehmen, um unser System in diesen Punkten dramatisch zu stärken, werden wir zwar sukzessive die industriellen Arbeitsplätze verlieren, jedoch nicht ausreichend Jobs im Bereich der Dienstleistungs- und Wissensgesellschaft gewinnen. Das Heer der Arbeitslosen wird weiter steigen und zu guter letzt wird auch noch der soziale Friede, der immer ein Standortvorteil für Deutschland war, ernsthaft darunter leiden. Die eingeleiteten „Second-Hand"-Montags-Demonstrationen geben vielleicht schon einen Vorgeschmack hierauf.

Es ist also kein Wunder, daß die Organisation für wirtschaftliche Zusammenarbeit und Entwicklung (OECD), welche von den 30 wirtschaftsstärksten Ländern getragen wird, in ihrem „Deutschlandbericht" der Bundesregierung Rückendeckung bei Hartz IV gibt. Und es hat wohl ebensowenig Verwunderung ausgelöst, daß in demselben Bericht auf ein höheres Reformtempo gedrängt wird. Nun mag man bei all den Widerständen, die sich schon gegen kleinste Reförmchen richten, Mitleid mit der Bundesregierung bekommen und sich fragen, wie sie das bewältigen soll? Wenn die Betroffenen schon jetzt alle Register ziehen und einen Aufstand proben, der die eingeleiten Arbeitsmarktreformen indirekt mit den

Repressalien des alten DDR-Regimes vergleicht, erscheint eine Steigerung unmöglich. Doch die OECD gibt einen Hinweis auf die zentrale Verfehlung der Bundesregierung: Bei derart tiefen Reformschritten, wie sie unbestritten notwendig sind, müsse sich eine Regierung bei ihrer Vermittlung weit mehr Mühe geben.

Politische Führerschaft ist nirgendwo notwendiger als in Zeiten des Umbruchs. Die Wahl des richtigen Zeitpunkts ist dabei ebenso wichtig wie die Überzeugung von der Notwendigkeit. Die Bundesregierung hat sich zu häufig in Widersprüche, Halbwahrheiten und unausgereiften Konzepten verhaspelt. Sie hat das von den Wählern erhaltene Vertrauen mehr zur Vertuschung von Tatsachen als zur Einschwörung auf das Notwendige verwendet. Jetzt ist das Vertrauen verspielt. Und weil es die Regierung vor Schröder nicht anders gemacht hat, zählen auf die Politik ganz allgemein jetzt noch die wenigsten. Egal ob es da gestern hieß, „die Renten sind sicher" oder heute „die Pflegeversicherung läuft", glauben das nicht einmal mehr diejenigen, die es glauben wollen. Laut einer Forsa-Umfrage ist bei 73 Prozent der Bundesbürger das Vertrauen in die Politik in den letzten Jahren gesunken. Eine denkbar schlechte Voraussetzung für die Vermittlung von Jahrhundertreformen. Eine der wichtigsten Zutaten in der Reformsuppe ist und bleibt die bittere Wahrheit. Versuchen wir es doch endlich einmal damit. Nur so kann die Politik das Vertrauen wieder erobern, das wir für den Wandel so dringend brauchen.

Von der Notwendigkeit zur politischen Führung

Auf den Kanzler kommt es an

Mit ihrer Frühjahrsprognose 2003 holten uns die Wirtschaftsweisen wieder aus allen Träumen und vereitelten jeden Selbstbetrug in Sachen „ein gutes Stück vorangekommen". Die im internationalen Vergleich besonders niedrige Wachstumsrate von 0,5 Prozent ist nicht nur an sich schon enttäuschend, sie bringt auch mit den hieraus prognostizierten 3,4 Prozent Defizit das ganze wackelige Kartenhaus der Haushaltsfinanzierung zum Einsturz. Hinzu kommt noch ein Milliardenloch in der Rentenkasse, was die Haushaltslage um weitere Zehntel verschlechtern und die Einhaltung der europäischen Stabilitätskriterien unmöglich machen wird.

Trotz steter Zunahme des Reformdrucks passiert nichts. Ist der Druck noch immer nicht hoch genug? Wenn man sich die Situation anschaut, kann man das kaum glauben. Schon jetzt haben wir den Punkt längst überschritten, an dem wir einigermaßen unbeschadet und schmerzlos aus dem Schlamassel herauskommen können.

Die Rentenreform beispielsweise würde selbst für den Fall, daß man sofort eine Umstellung auf Kapitaldeckung vornähme, noch Jahrzehnte dauern, bis sie ihre positive Wirkung voll entfalten kann. Anhand der eindeutigen demographischen Daten wäre eine Entscheidung zur Reform schon längst möglich und nötig gewesen. Auf die entsprechende Problematik der Gesundheitspolitik habe ich bereits hingewiesen. Auch in der Bildungspolitik einschließlich der Hochschulpolitik hat sich schon lange vor Pisa ein Veränderungsbedarf abgezeichnet. Das alles war kein Überraschungsereignis, dem man nicht durch rechtzeitige Weichenstellung vernünftig hätte begegnen können.

Kluge Köpfe haben uns frühzeitig über die Notwendigkeiten in Kenntnis gesetzt. Doch jetzt bleibt nur der schmerzhafte Weg, den Problemen im Schweinezyklus hinterher zu hinken. Warum tun wir uns das an? Die Politik scheint in einer verkrusteten Wohlstandsgesellschaft anders als nach den Regeln vorausschauender Vernunft zu funktionieren. Druck zwingt so schnell keine Lösung herbei, sondern erzeugt lediglich Gegendruck, bis es unter dem Strich zum vollständigen Druckausgleich kommt. Derzeit spielt sich auf der politischen Bühne ein lehrbuchreifes Szenario ab.

Der Meister des Ausgleichs ist der Kanzler. Statt zu entscheiden, moderiert er lieber und stützt damit – wissend oder unwissend – die Reformgegner. Das funktioniert bekannterweise in der Praxis über die Bildung von Kommissionen: Das Bündnis für Arbeit und die Hartz-Kommission für die Belebung des Arbeitsmarkts, die Kommission zur Reform der Gemeindefinanzen oder Rürups Kommission für die Nachhaltigkeit der Sozialsysteme, um nur die bekanntesten Beispiele zu nennen. Jedesmal scheint die geballte Brainpower des deutschen Volkes alles Erdenkliche für eine Lösung unserer Probleme zu geben. Doch so vernünftig und sogar sympathisch Schröders Politikstil im ersten Moment wirken mag – er ist in Wirklichkeit ein verhängnisvoller Irrweg, denn er verändert die verfassungsrechtlichen Spielregeln unserer Demokratie.

Der Präsident des Verfassungsgerichtes Hans-Jürgen Papier hat in einer Rede die gegenwärtige „Politik mit Kommissionen" schwer gerügt. Es gewinne „ein sehr selektiver Kreis von Interessenten einen überproportionalen und in seiner Legitimität fragwürdigen Einfluß auf politische Weichenstellungen von gesamtgesellschaftlicher Bedeutung". Dieser neue Regierungsstil fördere Verharrung und Besitzstandswahrung und habe letztlich den „kaum erträglichen Reformstau" zu verantworten. Dies ist zwar im Grunde keine neue Erkenntnis. Sie wurde schon in den sechziger Jahren ausführlich diskutiert. Auch damals standen unter anderem die Gewerkschaften in der Kritik. Von neuer Qualität ist die Offenheit und Selbstverständlichkeit, mit der der Korporatismus unter Schröders Regierung zum konstitutiven Bestandteil des politischen Tagesgeschäfts geworden ist. Hans-Jürgen Papier und viele andere scheint das ebenso zu beunruhigen wie mich.

Indes haben die anhaltenden Probleme Kanzler Schröder mittlerweile klargemacht, daß er handeln muß. Doch die Geister, die er rief, wird er nun nicht mehr los. Der Bundeskanzler hat einen gefährlich großen Teil seiner Glaubwürdigkeit als politischer Führer im Spiel mit den Kommissionen verwirkt. Mit seinem unverwechselbaren politischen Gespür schätzt Schröder seine Situation richtig ein und fordert einen Sonderparteitag, um seine Führungshoheit wenigsten in der eigenen Partei zurückzugewinnen.

Die SPD-Linke hat unter der Anführung von Ottmar Schreiner ein Antiprogramm entworfen und beansprucht das, was Schröder auch allen anderen Interessengruppen zugesteht: eine stärkere Berücksichtigung. Unterstützung erhält Schreiner von den Gewerkschaften. Wie sich der designierte IG-Metall-Chef Jürgen Peters in einem Interview mit dem Handelsblatt unverblümt äußerte, sei aus langer Erfahrung heraus Druck das einzige, auf das Schröder reagiere. Leider meint Peters damit nicht den Druck aus sachlicher Notwendigkeit, sondern den der Lobbyisten.

Peters bringt das ganze Dilemma ungewollt auf den Punkt: „Die SDP ist kein Kanzlerwahlverein, und der Kanzler kann nicht tun, was er will." Wie aber will Deutschland sich ernsthaft reformieren, wenn der durch das Volk legitimierte Kanzler nicht innerhalb der Verfassungsgrenzen entscheiden darf, was er für richtig und geboten hält. Das deutsche Volk hat denjenigen Kanzlerkandidaten gewählt, dem es mehr ver- und zugetraut hat. Das wird Schröder selbst nicht müde in den Auseinandersetzungen mit den eigenen Genossen zu betonen. Man habe nicht die SPD, sondern Gerhard Schröder gewählt. Da hat er wahrscheinlich recht. Um so widersprüchlicher ist es, jetzt das wichtigste politische Amt zu einem statischen

Verwaltungsjob zu degradieren. Ein Bundeskanzler muß Dynamik durch politische Führung entfachen. Dazu muß er Entscheidungen zum Wohle der Allgemeinheit treffen – genau dafür hat er die Mehrheit der Wählerstimmen bekommen. Für eine reine Moderationstätigkeit wäre nicht einmal der Wahlaufwand zu rechtfertigen. Das reicht nicht aus und eröffnet dem Mißbrauch durch Interessengruppen Tür und Tor.

Der Bundeskanzler hat zum Sonderparteitag gerufen, um sich den Rückhalt zu verschaffen, den er braucht, um endlich eine Reform einzuleiten, die den Namen verdient. Ein Spiel mit dem Feuer, das bei aller Kritik Respekt verdient. Nur so kann der Kanzler ohne Gesichtsverlust seine persönliche Reputation retten. Sagt die Basis nein, bleibt Schröder nur der Abschied. Vielleicht wird er aber auch die bis zum Parteitag verbleibende Zeit noch dafür nutzen, eine innerparteiliche Kommission zur Sondierung und zum Ausgleich von Interessen ins Leben zu rufen, um eine Mehrheit zu garantieren. Aber welche legitimierende Mehrheit wäre das? Am Schluß bleibt dann nur noch die Verpflichtung, keine weiteren Reformen mehr durchzuführen.

Orientierung schaffen

Der Kanzler hat sich mit der Agenda 2010 gegen den vielstimmigen Chor seiner Partei durchgesetzt, und das ist gut so. Trotzdem fällt es schwer, das klare Votum des Parteitags für die vorgelegten Reformmaßnahmen als Sieg zu feiern. Obwohl nicht nur die SPD, sondern ganz Deutschland Reformen will, geht jeder davon aus, daß es noch zu Nachbesserungen kommen wird, welche die Wirkung abschwächen. Bittere Erfahrungen wie die aus der ersten Phase der Hartz-Initiative behindern die Vertrauensbildung. Gleichzeitig beginnt schon wieder eine neue Diskussion über die Vorschläge von Hans Eichel zur Kürzung der Rentenbezüge, der Schleswig-Holsteinischen Ministerpräsidentin Simonis, die schon wieder die Mehrwertsteuererhöhung im Bundesrat beantragen will, und ein nicht verstimmender Chor, der für den Fall, daß die jetzigen Reformen zur Sanierung der Finanzen nicht ausreichen, eben doch noch über die Erbschafts- oder Vermögensbesteuerung neu diskutieren will.

Das ist in der parlamentarischen Demokratie im Hinblick auf die komplexen Probleme alles nicht verwunderlich. Man muß aber doch die Frage stellen, wer eigentlich die notwendige Orientierung für die Bürger bringt und glaubhaft sagen kann: Wenn wir das alles hinter uns haben, besitzen wir endlich wieder geordnete Verhältnisse. Nur so bekommen die Menschen auch den Mut, die Dinge anzupacken. Nun werden zu allen Vorschlägen eine Menge Zahlen, Hochrechnungen und Annahmen mitgeliefert. Aber die Entwicklung der mittelfristigen Finanzplanungen der öffentlichen Hände zeigt, wie schnell solche Zahlen Makulatur sind und wie oft die Rechnungsgrundlagen beliebig gewählt wurden, je nachdem, welches Ergebnis herauskommen soll.

Um Chancen und Risiken der Entwicklung transparent abzuschätzen, fehlt ein langfristiger Plan, der das zu erwartende Gesamtbudget der öffentlichen Hand darstellt – mit best case- und worst case-Betrachtungen. Jeder Bürger, der ein Haus baut, muß vorher genau überlegen, wie sich die nächsten Jahre für ihn entwickeln und ob er sich auch bei einer schlechteren Entwicklung das Haus noch leisten kann oder wo er ansonsten Verzicht leisten will. Ich habe allerdings den Verdacht, daß die im Computer-Zeitalter möglichen Hochrechnungen und Simulationen aus politischen Gründen gar nicht das Licht der Öffentlichkeit erblicken sollen. Vier Beispiele sollen meinen Verdacht bestätigen.

Beispiel 1: Nach Abschluß der Gesetzgebung für die Rentenreform der jetzigen Koalition haben die Vertreter der Regierung behauptet, dies sei die Jahrhundertreform, die die Renten sichere. Bei der Beratung der Rentenreform war die Alterspyramide längst bekannt. Man hätte folglich mehrere Variationen je nach Verlauf der Arbeitslosigkeit über die voraussichtliche Entwicklung der Bundeszuschüsse errechnen können. Nachdem noch nicht einmal zwei Jahre vergangen waren, setzten die großen Reformer von damals bereits neue Reformenkommissionen ein, die neue Vorschläge auf der Grundlage der schon längst bekannten Zahlen erarbeiten sollten. Experten wußten auch vorher, daß das ganze Rentensystem so nicht zu halten ist. Jetzt beginnt schon wieder eine hektische Diskussion um kurzfristige Korrekturen. Wann werden endlich auch von den verantwortlichen Politikern die echten Zahlenszenarien diskutiert?

Beispiel 2: Als die Regierung nach Abschluß der Kommission erklärte, sie setze das Konzept von Hartz für den Arbeitsmarkt 1:1 um, so daß die Bundesanstalt schon in diesem Jahr keinen Bundeszuschuß mehr brauche, wußte jeder Fachmann, daß dies ein Sieg der Hoffnung über die Erfahrung war. Die Umsetzung eines solchen Konzepts braucht Jahre, und jeder Manager weiß, daß am Anfang die Kosten der Umstrukturierung mindestens so hoch sind wie die anfänglichen Einsparungen. So kann man im ersten Jahr überhaupt keinen Erfolg erwarten. Es braucht bei einer so komplexen Veränderung mindestens zwei bis drei Jahre, bis die ersten Kostensenkungen spürbar werden. Und während man hier in eine milliardenschwere Fehleinschätzung läuft, kalkuliert man bei der Agenda 2010 schon wieder das kurzfristige finanzielle Ergebnis einer Verringerung des Arbeitslosengeldes, im sicheren Wissen, daß die ersten finanziellen Auswirkungen frühestens im Jahre 2005 sichtbar werden. Im Ergebnis werden dann in 2003 und 2004 jeweils zehn Milliarden fehlen.

Beispiel 3 : Alle diskutieren über die Finanzierbarkeit des Rentensystems und niemand über die Finanzierbarkeit des Pensionssystems im öffentlichen Dienst. Während die Wirtschaft eine große Diskussion über die Gefährdungen künftiger Bilanzen von Unternehmen mit hohen Pensionslasten führt, weil deren Rückstellungen zu knapp bemessen sind, kommt niemand auf die Idee zu kalkulieren, wie hoch die Rückstellungen sein müßten, wenn die jetzt schon gesetzlich zugesagten Pensionslasten kapitalisiert würden. Das alles belastet in der Zukunft die Haushalte, die Steuerzahler und die gesamte Volkswirtschaft.

Beispiel 4: Das letzte Gesetz über Steuererhöhungen und Subventionsabbau ist mit einer bestimmten Einsparsumme in die Gesetzesberatung gegangen und kam nach den Kompromissen und Veränderungen mit vielleicht 60 Prozent der geplanten Einsparungen heraus. Alle haben ihren Beitrag zum Kompromiß gelobt, aber keiner hat gesagt, daß damit schon die Finanzplanung für das laufende und das nächste Jahr nicht mehr in Ordnung war.

Gegen Adam Riese kann man keine Politik machen. Die harten Zahlen müssen im Informationszeitalter stärkeren Einfluß auf das politische Geschäft bekommen. Hans Eichel muß die Aufgabe des Adam Riese übernehmen, wenn aus der kurvenreichen Reformpolitik eine erkennbare Linie werden soll.

Und es bewegt sich doch etwas

Wir werden keinen Weg finden, über den sich alle einig sind, daß er am besten geeignet ist, die gesteckten Ziele zu erreichen. Wir haben aber eine Regierung, die nach langen Geburtswehen nun ein paar ganz konkrete Entscheidungen getroffen und Vorschläge gemacht hat. Das betrifft das Vorziehen der Steuerreform und dessen Finanzierung, die Neuregelung der Gesundheitsfinanzierung, die Intensivierung des Wettbewerbs in den hochreglementierten Bereichen des Handwerks und verschiedener Freiberufe sowie die Anregung zu einer Föderalismusreform. Viele halten die Vorschläge aus den unterschiedlichsten Gründen für falsch. Auch ich habe einiges zu bemängeln und hätte mir in vielen Punkten mehr oder anderes erhofft. Doch kann es nicht angehen, daß eine Diskussion über den richtigen Weg aus der Krise ewig fortgesetzt wird, ohne daß etwas passiert. Ein optimales Konzept, auf das alle warten, wird es nicht geben. Der Versuch bleibt unersetzlich. Es ist deshalb gut, daß der Kanzler endlich zu Taten entschlossen ist. Nur so kann sich irgend etwas bewegen – und es bewegt sich.

Fälschlicherweise wurde immer wieder behauptet, es bestünde kein Erkenntnisproblem, sondern nur ein Umsetzungsproblem in der Wirtschafts- und Sozialpolitik. Die Frustrationen überschlugen sich dann, wenn das, was man zu wissen schien, nicht in Taten verwandelt wurde. Eine Demokratie – das haben die letzten Legislaturperioden eindrucksvoll gezeigt – kommt aber nicht aus mit der alleinigen Erkenntnis von Experten. Sie benötigt für eine wirkungsvolle Umsetzung die Erkenntnis der Wähler. Das Volk kann seine Souveränität und Kontrollfunktion nur dann anwenden, wenn es weiß, worum es geht. Die unstete Politik der letzten Jahre und die ungeordneten Diskussionen auch in den großen Parteien waren alles andere als zur Schaffung von Orientierung geeignet. Insofern hatte Deutschland sehr wohl ein Erkenntnisproblem. Doch der Stein der Weisen ist ins Rollen gekommen. Und es mehren sich nun die Anzeichen dafür, daß für die Bürger Orientierungspunkte erkennbar werden und der breite Erkenntniszuwachs sich direkt auf die Haltung der Regierung und der Opposition auswirkt. Die Menschen wollen nicht mehr jammernd im Kreis umherlaufen.

Deutschland fordert Reformen! Insbesondere die Volksparteien, deren Strategie es geworden ist, dem Volk aufs Maul zu schauen, sehen sich mit einer neuen Situation konfrontiert. Die Wähler fordern eine ernsthafte Veränderung. Und das scheint zu funktionieren. Die Stimmung im Volk hat den Konsens im Gesundheitswesen ebenso generiert wie die Entscheidung zum Vorziehen der Steuerreform. Und trotz aller Kritik hat der Abbau von Subventionen ebenfalls durch den Erkenntniszuwachs der Bundesbürger einen Ruck bekommen, auf den man jahrzehntelang zuvor vergeblich gewartet hatte. Damit nicht genug. Daß die IG-Metall ihren verderblichen Kurs nicht weiter fahren konnte, war nicht der Sturheit der Arbeitgeber zu verdanken, sondern ebenfalls der flächendeckenden Einsicht der Bundesbürger, die das Funktionärstheater nicht mehr toleriert haben. Man habe die öffentliche Stimmungslage falsch eingeschätzt, lautete sinngemäß die Erklärung von Peters und Düvel. Anscheinend hat sich also etwas spürbar verändert.

Es lassen sich Argumente für und gegen jede Maßnahme finden. Die aktuell am stärksten umstrittene ist die der Neuverschuldung. Die Forderung nach Subventionsabbau ist berechtigt. Zur Finanzierung des Steuerausfalls 2004 aber wäre von einem Subventionsabbau ohnehin nicht viel zu erwarten, weil dessen Wirkung viel zu spät greift. Versuchen wir also nicht, aus jeder Maßnahme eine ewige Grundsatzdiskussion abzuleiten. Wir sollten statt dessen in der jetzigen Situation die geplante Steuerentlastung als vielversprechende Maßnahme betrachten, die wir uns notfalls etwas kosten lassen müssen. Auch das Ausland atmete auf bei der Nachricht, daß endlich etwas passieren soll. Der US-Finanzminister Snow etwa hält eine deutsche Steuersenkung wie auch andere führende Volkswirtschaftler für einen wichtigen Beitrag, um aus dem Wachstumstal zu kommen. Die Weltwirtschaft braucht mehrere Wachstumsmotoren. Deutschland kann sich hier nicht immer hinter dem großen Amerika verstecken. Es geht jetzt vor allem um die Psychologie: Alle tun etwas!

In dieser anhaltenden Konjunkturflaute müssen wir die geringe Schuldenerweiterung als das kleinere Übel hinnehmen. Dieses Signal kann mehr bewirken, als die Tatenlosigkeit kaputt machen kann. Und auch die Einigungen in der Gesundheitspolitik geben ein Signal in die richtige Richtung, welches das Ausland sehr wohl registriert. Es sind zwar bescheidene Schritte. Sie sind aber geeignet, mehr Eigenverantwortung bei den Menschen zu fördern. Und auch das ist ein richtiges Signal.

Gleichzeitig dürfen wir das Subventionsthema sowie Möglichkeiten der Privatisierung nicht aus den Augen verlieren. Um künftig eine derartige Handlungsunfähigkeit des Staates zu vermeiden, müssen wir uns Schritt für Schritt wieder vom Ballast befreien. Auch in diesen Zusammenhang ist der Wähler jetzt stärker eingedrungen und läßt sich vielleicht zu gegebener Zeit weniger als bisher auf eine seichte Politik der Wahlgeschenke ein. Mit der aktuellen Krise haben wir sicherlich mehr Transparenz gewonnen und damit die Chance, trotz fünf Milliarden mehr Schuldenaufnahme, in Zukunft etwas vernünftiger zu haushalten.

Wo ist das Ende der Fahnenstange?

Es ist wohl ein typisch deutsches Verhaltensmuster. Zunächst werden die Probleme so lange es geht verdrängt – vom Wähler wie vom Gewählten. Und wenn das nicht mehr möglich ist, wird alles maßlos übertrieben. Die Politiker sehen ihre Aufgabe nur noch darin, die emotionale Stimmungslage der Wähler aufzugreifen und zu verstärken. Dafür reichen den Parteien erstens gute Scouts, die die Stimmung im Volk auskundschaften, und zweitens gute Redner, die dem Wähler einfühlsam vermitteln können, daß er vollkommen recht hat und man ihn – weil man es schließlich genauso sehe – hervorragend im Parlament vertreten werde. Eigenständig eine konsistente Strategie zu entwerfen, halten weder die Regierungsparteien noch die Oppositionsparteien für notwendig. Eine Politik für den Bürger kann dabei nicht einmal zufällig herauskommen.

Eine parlamentarische Demokratie lebt vom Wettbewerb der Parteien um die politische Führerschaft. Und dieser Wettbewerb wiederum kann nur funktionieren, wenn die Parteien mit klaren Überzeugungen und echten zusammenhängenden Konzepten um die Unterstützung des Wähler kämpfen. Wenn sich unsere Parteien vor einem realistischen Gesellschaftsentwurf drücken, wollen sie eigentlich gar nicht die Führung und die damit verbundene Verantwortung übernehmen, sondern nur die Ämter. Regierung und Opposition sind in einem schlechten Zustand und leben jeweils von der Schwäche des anderen.

Eingeleitet durch die unübersehbare Strukturkrise drängt das deutsche Volk auf Reformen. Die Scouts der Parteien – je volksparteilicher, desto mehr – melden Reformierungsbedürfnis. Die Zeit für die Wahrheit scheint reif. Jetzt darf endlich gesagt werden, daß alles nicht zu bezahlen ist, nicht ausreicht und nicht mehr gehalten werden kann. Was sich alle Parteien jahrzehntelang aus taktischen Gründen verkniffen haben, darf endlich raus. Derzeit überbieten sich Regierung und Opposition gegenseitig mit unbeliebten Wahrheiten. Kein Sozialparadies mehr in Deutschland und auch kein Geldsegen mehr für den Altersruhestand – selbst mit der gestern noch angepriesenen Riesterrente nicht. Überall dort, wo der Staat Geld an das Volk gegeben hat, muß der Hahn jetzt zugedreht werden, damit Deutschland nicht Konkurs anmelden muß. Nur dort, wo in diesen Tagen des Reformaktionismus und der Umstrukturierung unsere Staatsdiener klar überfordert wären, soll mal wieder nicht an Personal gespart werden. Im Gegenteil: Deutschlands Ämter brauchen für so umfangreiche Reformen angeblich weitere Unterstützung. Mit ein paar Tausend Neueinstellungen in Nürnberg beispielsweise könnten die großen neuen Aufgaben in der Arbeitslosenverwaltung vielleicht zu schaffen sein. Doch so war es eigentlich nicht gedacht.

Mit den jüngsten Beschlüssen wollte der Kanzler wohl zeigen, daß er auf allen Ebenen zu Reformen bereit ist. Gerhard Schröder, ein Mann des Volkes, ein Kanzler ohne Furcht, sagt den Menschen die unbequeme Wahrheit: Wir können uns diesen Sozialstaat nicht mehr leisten! Doch er sagt etwas, das sowieso schon jeder weiß. Und wahrscheinlich hätte er es sonst auch nicht gesagt. Was die Menschen in unserem Land aber nicht wissen, ist, wie eine Gesellschaft aussehen muß, damit sie den Herausforderungen unserer Zeit auf lange Sicht standhalten kann. Es darf gerätselt werden, ob die Politiker sich nicht trauen oder ob sie es gar nicht wissen.

Was fehlt, ist ein Masterplan, von dem man eine Reformstrategie ableiten kann. Ein Plan, der Schritt für Schritt abgearbeitet werden kann. Ein Plan, aus dem für jeden einzelnen mögliche Opfer und ihre Notwendigkeit erkennbar und berechenbar werden. Ein Plan, der die Ungewißheiten reduziert und eine durchgängige Stimmung des Neuanfangs erzeugt. Wilder Reformaktionismus, in dem kein Wähler mehr erkennen kann, ob es sich um notwendige Maßnahmen handelt oder nur um die Verfolgung von Partikularinteressen, schürt nur die Angst vor Willkür und zerstört jede Planungssicherheit. Die zu schaffen, sollte aber unbedingt Priorität haben.

Finanzminister Hans Eichel plädiert für eine radikale Kürzung von Subventionen. Doch kaum, daß er bekannt gibt, was konkret geplant ist, schiebt er den Satz nach, dies sei noch längst nicht das Ende der Fahnenstange. Gut! Aber wo ist es denn? Warum sagt es uns keiner? Will man sich Spielräume für Willkürentscheidungen offen lassen? Man darf also weiter spekulieren. Vielleicht ist das Ende ja bei den Bauern erreicht. Es ist schon bemerkenswert, daß mitten in Eichels Rausch der Subventionskürzungen die Agrarministerin Künast den Bauern Hilfen des Bundes zusagt, weil diese zum Teil eine schlechte Ernte eingefahren haben. Man wird es mit Solidarität begründen. Und das kommt an. Vielleicht werden dann beim nächsten Börsencrash auch den Wertpapierhändlern staatliche Ausgleichszahlungen zugesagt. Und wenn in deutschen Urlaubsgebieten zu wenig Sonne scheint, wird sicherlich auch wieder jemand die kollektive Haftung einfordern. Am Ende werden genauso viele Subventionen gezahlt wie vorher, nur an andere Adressaten und spontaner. Das erzeugt mehr Dankbarkeit bei den Empfängern.

Und noch etwas zur Wortwahl. Wer jeden kleinen Reformschritt als Jahrhundertwerk feiert, schafft weder neues Vertrauen noch neue Sicherheit. Doch gerade das brauchen wir.

Mit alten Liedern in die neue Zeit

Am Ende des SPD-Parteitags werden neuerdings wieder die traditionellen Lieder angestimmt: „Wann wir schreiten Seit´ an Seit´ und die alten Lieder singen, fühlen wir, es muß gelingen, mit uns zieht die neue Zeit, mit uns zieht ein neuer Geist." Treffender könnte man den Verlauf des Parteitags wohl kaum quittieren. Doch ob den Genossen die Ironie der gesungenen Worte wohl bewußt ist?

Der Parteitag hat anschaulich den ambivalenten Kampf des Bundeskanzlers und seiner Gefährten dokumentiert. Während Gerhard Schröder auf der einen Seite als Bundeskanzler Deutschlands endlich nach praktischen Lösungen sucht, einen wahrnehmbaren Erfolg im Kampf um die Zukunft unseres Landes zu erringen, sind viele der 530 SPD-Delegierten, denen er es als Parteivorsitzender recht machen muß, nur auf der Suche nach sozialdemokratischer Identität. Die mögen sie in den alten Liedern ebenso wie in den alten Forderungen wiederfinden: Vermögensteuer, Erbschaftsteuer, Ausbildungsumlage und Bürgerversicherung. Doch die neue Zeit, die man mit den alten Liedern herbei singen will, zieht da nicht mit. Für so manchen Genossen, der die Augen vor der Wirklichkeit verschließt, bleibt die Zeit deshalb die alte. Und so spukt selbst in so manchem jungen Kopf noch der alte Geist herum. Das Vorstandsmitglied Andrea Nahles etwa forderte ganz offen „eine Rückbesinnung auf das soziale Profil der Partei", ganz nach dem Motto: Die Zeiten mögen sich ändern, wir tun es nicht!

Der noch junge Kopf Olaf Scholz, den der Kanzler und SPD-Vorsitzende zur Unterstützung im notwendigen Anpassungsprozeß seiner Partei an die sozialen Herausforderungen des beginnenden 21. Jahrhunderts an seine rechte Seite holte, möchte anstatt die Zeit zurückzudrehen, die SPD vorandrehen, modernisieren. Mit der Gerechtigkeitsdebatte hat er den

Versuch unternommen, der SPD ein eher zeitgemäßes Profil zu geben. Sein einfacher Slogan „Gerecht ist, was Arbeitsplätze schafft“ ist von der Basis nicht ausreichend akzeptiert worden. Noch in seiner Rede auf dem Parteitag bemerkte Scholz in weiser Voraussicht: „Der Abschied von alten Gewohnheiten und Mentalitäten fällt uns verdammt schwer.“ Doch er meinte mit „uns“ unter Garantie weder den Kanzler noch den Wirtschaftsminister, noch sich selbst.

Alles, was jenseits der Gräben des Klassenkampfs aus dem 19. Jahrhundert verläuft, wird nach wie vor von vielen getreuen Genossen schlicht als Verrat gebrandmarkt. Nicht für seine hanseatische Art – wie Heide Simonis meinte –, sondern für seine vergleichsweise forsche Herangehensweise bei der Suche nach neuer Identität ist Olaf Scholz mit kaum zu unterbietenden 52 Prozent bei der Wiederwahl zum SPD-Generalsekretär abgestraft worden. Nur so kann man wohl auch erklären, warum er jetzt auch den Vorsitz in seinem hanseatischen Landesverband aufgeben möchte. Es gibt strenge Tabus in der SPD, die weder ein Vorsitzender noch ein Generalsekretär brechen darf. Scholz scheint sich von der Ambivalenz nicht weiter aufreiben lassen zu wollen.

Von diesem Parteitag konnten keine neuen Impulse ausgehen. Wer das erwartet hat, schätzt die aktuelle politische Situation falsch ein. Der Kanzler, dem man bei aller kritischen Distanz den Vorwurf der Fehleinschätzung sicherlich nicht machen kann, hat das jedenfalls gewußt. Und deshalb galt sein leidenschaftlicher Kampf in dieser schwierigen Phase seiner Amtszeit auch nicht der Entfachung einer enthusiastischen Stimmung, sondern der Einforderung von Disziplin und Vernunft. Die vielseits skeptisch erwähnten 3 1/2 Minuten Applaus waren hierfür angemessen.

Der Kanzler kann zufrieden sein. Er hat den Parteitag unbeschadet überstanden und kann den Schwerpunkt wieder auf sein Regierungsamt legen. Von seinen Delegierten ist er bewußt oder unbewußt mit Spielräumen für den Gang in die unausweichlichen Einigungsprozesse mit der Opposition ausgestattet worden. Dies gilt etwa für die Steuerreform ebenso wie für die Flexibilisierung des Kündigungsschutzes. Sensibel agieren muß er nach dem Votum der Genossen im Streit um den Flächentarifvertrag. Hier konnte er sich bestenfalls kleinste Spielräume offen halten. Der Flächentarifvertrag hat offenbar einen zu hohen Symbolcharakter für die sozialdemokratische Identität. Damit kann ein pragmatisch orientierter Bundeskanzler, wie es Gerhard Schröder ist, aber leben. Er weiß – wie übrigens auch die Repräsentanten der Tarifparteien –, daß die Entwicklung in Richtung Öffnung des flächendeckenden Tarifvertrags faktisch ohnehin bereits begonnen hat und auch ohne Einmischung der Regierung weiter ihren Lauf nehmen wird. Ein Schlachtfeld, das der Kanzler also beruhigt verlassen kann.

Wichtig hingegen ist für Schröder, die Handlungsfähigkeit der Regierung unter Beweis zu stellen. Und das wird nur über weitere Projektkoalitionen gehen, die er jetzt mit Kompromißbereitschaft einfädeln kann. Der notwendige Druck für alle Beteiligten ist bereits durch die Terminplanung aufgebaut. Über viele Wochen wird der Vermittlungsausschuß und seine Arbeitsgruppen bis kurz vor Weihnachten tagen. Damit wird ganz bewußt eine Erwartungshaltung erzeugt, die zu enttäuschen sich weder die Regierung noch die in die Verantwortung genommene Opposition leisten kann. Ein derartig groß angelegter Vermittlungsausschuß ohne ein halbwegs weihnachtliches Friede- und Freudeergebnis wäre jedenfalls das letzte, was die vertrauenskriselnden Volksparteien gebrauchen können. Fühlen wir also mit den Genossen: „es muß gelingen...“!

Die Weihnachtsreform

Wie gut, daß auch Politiker einmal müde werden und zu weiteren Debatten keine Lust mehr haben. Das war an einem Montagmorgen um kurz nach halb vier der Fall. Der Reform-Kompromiß – oder mit Hinblick auf die ein oder andere Einschränkung: die Kompromiß-Reform – ist uns geboren. Sie wurde uns nicht von einem Storch in den Schoß gelegt, sondern kam per Kaiserschnitt zur Welt. Eine Geburt mit vereinten Kräften. Und wenn man die vorliegende Einigung trotz des leider nur stückweiten Vorzugs der Steuerentlastung als durchbrechenden Erfolg angemessen würdigen will, dann sollte man den Kreis der Geburtshelfer äußerst weit ziehen.

Mehr als in vielen Jahren zuvor verfolgte die deutsche Öffentlichkeit die bundespolitischen Aktivitäten mit Spannung und Hoffnung. Die Medienatmosphäre glich schon fast der vor einem wichtigen Fußballänderspiel oder einem Schwergewichtsboxkampf um den Weltmeistertitel. Wie zu Zeiten der populären Live-Übertragungen von Mohammed Alis großen Siegen war man beinahe versucht, nachts den Fernseher einzuschalten, um zeitnah den Ausgang der Auseinandersetzung mitzuerleben.

Auch wenn die besagten Kritiker vermutlich genau dieses artfremde Spektakel beklagen – ich tue es in diesem Fall nicht. Statt dessen sehe ich nicht nur im Ergebnis der errungenen Einigung einen Hoffnungsschimmer, sondern auch in der Weise, wie es zustande gekommen ist. Die wachsende Erkenntnis der Bundesbürger hat sich ihren Weg gebahnt und der ihr überdrüssig gewordenen parteipolitischen Taktiererei klare Grenzen gesetzt. Ja doch, selbstverständlich taktieren die beteiligten Parteien immer noch. Doch die Willkür der Taktiererei ist unter dem Erwartungsdruck der Wählerschaft massiv gesunken. Nach einem deprimierenden Stillstand scheint Deutschland aus seinem Dornröschenschlaf erwacht zu sein, und seine Bürger beteiligen sich wieder am politischen Diskurs. Wenn hierfür ein Theater notwendig ist, dann muß man eben eines inszenieren. Und die Adventszeit bot erwartungsgemäß das richtige Ambiente.

Man hat einiges über die neuen Unsitten unserer Politiker lesen können. Mancher Kritiker sah im Vermittlungsausschuß eine unzumutbare Volksbühne zeitgenössischen Polit-Theaters, das sogar höchste Prominenz zu Gastauftritten verpflichten konnte. Andere empfanden es als sachlich unpassend und geradezu würdelos, die wichtigen Reformvorschläge wie auf einem Basar auszuhandeln und zu verschachern. Lauter aber waren die Stimmen derer, die bezüglich der Verfahrensweise unkritischen, aber in bezug auf die Einigung sehr anspruchsvollen Pragmatiker. Und das war in dieser Situation auch gut so.

Wer eine saubere Trennung aller Einzelreförmchen gefordert hat und jetzt deshalb den erreichten Basar-Kompromiß als eine unsachliche Lösung brandmarkt, der vergißt in seiner Rechnung die alles überdeckende Soziologie der Durchsetzung. Die hat ihre eigenen Gesetze. Hätte man das Vorziehen der Steuerreform, die Gemeindefinanzreform, die Arbeitsrechtsreform, Handwerksordnungsreform sowie die Zusammenlegung der Arbeitslosen- mit der Sozialhilfe jeweils einzeln verhandelt, so wäre entweder zum Teil gar keine Einigung erzielt worden oder man hätte in jedem Bereich eine unbrauchbare Verstümmelung vorgenommen. Durch die Basar-Methode aber hatte man auch die Möglichkeit, Kompromisse durch Setzung unterschiedlicher Prioritäten zu erreichen. Das hat den Verhandlungsprozeß optimiert und in der Summe ein Höchstmaß an Reform geschaffen. Die eine Reform wurde somit zum Vehikel einer anderen. Zudem hat uns die Kompaktlösung kostbare Zeit erspart. Mehr war nicht drin im Sack des Weihnachtsmanns.

Das aus einigen Richtungen zu hörende Argument, der eine Bereich hätte mit dem anderen nichts zu tun – so etwa geschehen bei der Verknüpfung von Steuerentlastung und Flexibilisierung des Arbeitsmarkts – ist im übrigen sachlich falsch. Wenn der Abbau der Arbeitslosigkeit als eines der obersten Ziele unbestritten ist, dann muß endlich eine Verknüpfung von konjunkturpolitischen Maßnahmen mit dem Arbeitsmarkt gelingen. Ansonsten wird es bestenfalls erneut einen Aufschwung unter Ausschluß der Arbeitslosen geben. Die Erkenntnis, daß isolierte Einzelmaßnahmen keinen Weg aus der Krise bieten, hat sich doch in allen politischen Lagern durchgesetzt und ist beim Wahlvolk längst angekommen. Was wir brauchen, ist daher eine ganzheitliche Lösung. Da sich hierüber alle einig sind, müssen die zur Disposition stehenden Themen auch gemeinsam diskutiert und verhandelt werden. Das gewählte Verfahren war deshalb durchaus die logische Konsequenz.

Natürlich gibt es Grund zur Kritik. Die Reformen gehen hier und dort noch nicht weit genug, die reduzierte Steuersenkung wird weniger Konjunkturimpulse geben, als es die volle vermocht hätte und so weiter. Doch sollte man hier lieber das halb volle als das halb leere Glas sehen. Die Hälfte der Konjunktur ist bekanntlich ohnehin Psychologie. Machen wir also was daraus. Der Wettkampf der Verdrängung hat mit dem Reformkompromiß zum Jahresende 2003 sein Ende gefunden. Jetzt kann endlich wieder der Wettbewerb der Verbesserungsvorschläge beginnen.

Lustlos ins Abseits

Hat der Kanzler die Lust verloren? Oder geht dem Bergsteiger mit der Agenda 2010 im Rucksack schon im ersten Basislager die Puste aus? Kaum begonnen, zerfallen die zaghaften Reformansätze schon wieder. Gesundheitsreform: Wer glaubt noch an sinkende Beitragssätze und wettbewerbliche Strukturen? Reform des Arbeitsmarkts: Wie wirken Hartz I, II, III, IV? Pflegeversicherung mit Aufbau einer Kapitaldeckung: Aufgegeben wegen schlechter Routenplanung! Große Steuerreform: Zu mühsam? Hochschulreform: Preisausschreiben „Wo sind die schönsten Unis Deutschlands?“ statt struktureller Anreize zur Verbesserung für alle. All das sind eben anstrengende und nicht nur Freunde machende Angelegenheiten.

Deutschland fällt in das gewohnte Bild der Problemverdrängung. Der Wirtschaftsminister verkündet bessere Konjunkturdaten aus fernen Ländern, die Gewerkschaften organisieren wieder ihre alljährlichen Warnstreiks, ungeachtet der Tatsache, daß es in Deutschland, das über seine Verhältnisse lebt, momentan nichts zu verteilen gibt. Und obwohl wir durch die Öffnung der Grenzen und den Fall der Zollschranken eigentlich öffentliche Bedienstete abbauen könnten, schaffen wir eine neue Armada an Polizei und Kontrolleuren, um in einer Verfolgungsarie das Problem der Schwarzarbeit wegzusingen, und vertreiben damit noch das letzte Stück Dynamik aus Deutschland. Wir bekämpfen nicht mehr die Ursachen der Probleme, sondern nur ihre Symptome. Und das alles unter dem Lippenbekenntnis einer großen Entbürokratisierungsinitiative.

Die schlechten Umfrageergebnisse für die SPD zu Beginn des Superwahljahrs 2004 machen anscheinend mut- und lustlos. Was zu befürchten war, tritt nun tatsächlich ein: Die Reförmchen 2003 waren wohl schon alles. Ab jetzt sind zwei

Jahre Wahlkampf angesagt, in denen – so kann man den Kanzler nur interpretieren – den Bürgern nicht noch mehr zugemutet werden darf. Doch die Regierung sollte in ihrer besorgten Haltung nicht verkennen, daß die größte Zumutung von allen wohl die ist, so halbfertig abgespeist zu werden!

So darf das diesmal nicht laufen! Was hindert die Parteien eigentlich an einer großen Steuerreform – notfalls aufkommensneutral? Soll man doch erst einmal die Struktur des Steuerrechts vereinfachen. Eine weitere Absenkung der Steuersätze kann folgen, wenn wieder mehr Geld in die Kassen fließt. Wie niedrige Steuersätze bei gleichzeitiger Aufhebung von sogenannten Steuersubventionen aussehen müssen, haben wir jetzt lange genug diskutiert. Alle Varianten von Vorschlägen liegen auf dem Tisch.

Diskutieren wir statt dessen einfach einmal das zentrale deutsche Problem, das uns die Fachwelt immer wieder aufzeigt. Wir brauchen vier Prozent der volkswirtschaftlichen Leistung zum Ausgleich der öffentlichen Haushaltsdefizite und zusätzliche zwei Prozent für Bildung und Forschung, um die Chancen unserer jungen Generation zu verbessern und die Versorgung der alten zu gewährleisten. Die Überalterung der Gesellschaft erfordert darüber hinaus größere Rücklagen von mindestens vier Prozent. Damit leben wir rund zehn Prozent über unsere Verhältnisse. Das heißt im Klartext: Entweder wir müssen uns lange Zeit mit der Stagnation der Einkommen begnügen bis wir das Defizit aufgeholt haben. Das dauert im besten Fall fünf, im schlechtesten zehn Jahre. Oder wir müssen zehn Prozent mehr arbeiten – und zwar alle, die arbeiten können. Da hilft kein Jammern, kein Streik und keine Demonstration.

Nochmals zur Erinnerung ein internationaler Vergleich der Arbeitszeit. Wir liegen jetzt an 19. Stelle der 21 OECD-Länder mit einer Jahresarbeitszeit von 1467 Stunden. Wenn wir zehn Prozent mehr arbeiten, wären das 1614 Jahresstunden. Dann lägen wir an 13. Stelle auf gleicher Höhe mit den Italienern, und die haben – soweit ich mich erinnere – das Dolce Vita erfunden. Die Engländer würden dann immer noch 100 und die Amerikaner sogar 160 Stunden mehr im Jahr arbeiten. Wie wäre es denn, wenn wir in klarer, gemeinsamer Erkenntnis, daß unsere Rentenversicherung nicht mehr gedeckt, die Pflegeversicherung nicht finanziert ist, die Beamtenpensionen nicht gesichert sind und das Geld für Bildung und Forschung und damit für die Zukunftssicherung fehlt, einfach alle wieder zehn Prozent mehr arbeiten?

Oder lassen Sie mich das ein bißchen ironisch sagen: Bei guten Wachstumsraten und einer stark wachsenden volkswirtschaftlichen Leistung haben die Gewerkschaften zuerst für höhere Löhne gekämpft und dann für mehr Freizeit, um auch aus den höheren Löhnen den Nutzen für mehr Urlaub, Freizeitgestaltung und Konsum zu haben. Jetzt haben wir dafür kein Geld mehr. Also nehmen wir uns wieder etwas weniger Freizeit und bekommen dafür ausreichend Geld, um die verbleibende Freizeit in gewohnter Weise zu genießen. Vielleicht können wir ein neues Grundverständnis wiederentdecken, aus dem heraus auch die Lust und die Kraft, an die anderen Probleme zu gehen, wächst. So können wir Stück für Stück die Etappen nehmen, um schließlich den Gipfelsturm zu wagen, den die Europäer schon vor Jahren in Lissabon beschlossen haben, nämlich die dynamischste Weltregion zu werden.

Was wir nicht übersehen sollten: Während wir im Basislager lustlos unsere Gymnastik machen, hängen die Amerikaner bereits mit Steigerungsraten von fünf und sechs Prozent und die Chinesen mit Steigerungsraten von acht bis zehn Prozent in den Steilwänden und amüsieren sich über unsere sportlichen Trockenübungen.

Die Bringschuld der Opposition

Daß eine Regierung am Ende ihrer Weisheiten angelangt ist und orientierungslos umherrudert, ist kein untypisches Bild in einer parlamentarischen Demokratie. Die aktuelle Lage Deutschlands kann wohl auch von Optimisten nicht mehr anders beurteilt werden.

Neuen Wind kann und muß in einer solchen aussichtslosen Lage die Opposition bringen, indem sie das Wählervolk von einer Alternative überzeugt, die es wert ist, ausprobiert zu werden. Josef Schumpeter sprach von der Demokratie als einem „Konkurrenzkampf um die politische Führung“. Das Volk entscheide in den modernen Demokratien schließlich nicht in jeder einzelnen Sachfrage. Das könne es gar nicht leisten. Vielmehr beauftragen die Wähler eine Partei, welche für ein schlüssiges Gesamtkonzept steht, die hoheitlichen Aufgaben im Sinne des Volkes wahrzunehmen. Wo sich in Großbritannien Whigs und Tories oder in den USA Demokraten und Republikaner gegenüberstehen, findet der traditionelle politische Wettkampf in Deutschland zwischen Sozialdemokraten und Christdemokraten statt. Doch spätestens mit dem Ende des Sozialismus und der DDR verschwand langsam die scharfe Unterscheidung beider Konzepte und damit auch der fruchtbare Wettstreit. Im Ergebnis stehen wir heute vor einer Situation, in der die Hoffnung, durch die nächste Wahl einen Neuanfang zu erwirken, ebenfalls weitgehend verschwunden ist, weil auch die Opposition keine schlüssige Gesamtalternative vorzuweisen hat – und schon gar keine, die sich in einem solchen Ausmaß vom vermeintlichen Regierungsprogramm unterscheidet, das einen echten Wendepunkt erwarten ließe.

In einer solchen Alternative läge meines Erachtens aber der einzige noch greifbare Hoffnungsschimmer, auf den die Stimmung in unserem Lande dringend angewiesen ist. Die Oppositionsparteien müssen sich daher schleunigst daran machen, ein derartiges glaubhaftes Gesamtkonzept zu entwerfen und den Menschen mit allen bitteren Wahrheiten bis zur nächsten Wahl zu vermitteln. Die Zeit, in der die besten Schönredner den meisten Zulauf bekommen, ist vermutlich ohnehin vorüber.

Die Grundlage des bürgerlichen Gegenentwurfs muß ein Bekenntnis zur Zurückhaltung bei den Ansprüchen des allgemeinen Lebensstandards sein. Gleichzeitig aber muß auf die Stärkung der Chancengleichheit geachtet werden. Das bürgerliche Lager hat seit jeher die Leistungsgerechtigkeit der Bedarfsgerechtigkeit vorgezogen. Danach muß gerade eine Wissensgesellschaft größten Wert auf eine breitflächige und exzellente Grundbildung ihrer Kinder legen, bevor sie ihren Mitgliedern ein Höchstmaß an Freiheit und Eigenverantwortung abverlangt.

In einer solchen Gesellschaft, in der man zwar kein Anrecht auf konsumtiven Wohlstand geltend machen darf, aber die prinzipielle Möglichkeit, durch entsprechenden Einsatz und auch Risikobereitschaft den großen Wurf zu machen, fühlen sich Menschen im Zweifelsfall glücklicher als in einer verkrusteten Gesellschaft, die lediglich den kollektiven Phlegmatismus predigt und in der die Chancen selbst für die Leistungswilligsten und Gebildetsten unter uns stetig sinken. Die Union sollte sich endlich wieder trauen, mit der Vision einer solchen Gesellschaft vor das Volk zu treten und für seine Verwirklichung zu kämpfen.

Von diesem Alternativentwurf muß sie dann in strenger Konsequenz konkrete Eckpunkte ableiten: Eine steuerliche Nettoentlastung der Haushalte ist realistischerweise ohne noch höhere Überschuldung nicht finanzierbar. Eine große Steuerreform muß aber alle Steuern, welche die Schaffung von Arbeitsplätzen behindern, zu Lasten einer stärkeren Konsumbesteuerung drastisch senken. Noch nie war die wirtschaftspolitische Diagnose, wir lebten über unsere Verhältnisse, zutreffender als heute. Anstatt des kurzfristigen Erfolgs willen durch zweifelhafte Maßnahmen die Menschen zu einer unvernünftigen Steigerung des Konsums verleiten zu wollen, sollte das Bewußtsein gestärkt werden, daß nur derjenige ernten kann, der zuvor gesät hat. Investitionen in den Aufbau von Vermögen muß dem Konsum vorausgehen. Da ist eine Erhöhung der Mehrwertsteuer, die auf den Endverbrauch gerichtet ist, die geeignete Maßnahme. Zudem muß der Investitionswille durch eine massive Entbürokratisierung, die nicht nur den Paragraphenmüll entsorgt, sondern auch in den Bereich noch wirksamer Vorschriften und Gesetzte wieder Transparenz bringt, gefördert werden.

Wer zudem endlich einsieht, daß die Zukunft einer Gesellschaft ohnehin nur über deren Kinder geht, der muß aufhören, nicht nur die Bildungs-, sondern auch die Familienpolitik weiter als unbedeutendes Randgebiet zu deklassieren. Schon früher besaß die jetzige Opposition kein brauchbares Konzept. Das ist um so sträflicher, als daß die Förderung von Familien und Kindererziehung immer ein ureigentliches Thema der Konservativen war. In Verbindung mit diesen Fragen steht unweigerlich auch die Frage nach der strukturellen Neuordnung der Sozialsysteme.

Der Konkurrenzkampf um die politische Führerschaft muß ganz wesentlich an geschlossenen Lösungskonzepten der genannten Eckpunkte ausgerichtet sein und darf nicht in einem ewig nur bruchstückhaften und nicht greifbaren Schlagabtausch anläßlich neuer Fehlgriffe der Regierung versanden. Erste Anregungen kann sich die Opposition vielleicht von Wolfgang Clement holen, dessen Vorschläge zwar häufig vielversprechend sind, aber nicht zur Sozialdemokratie passen.

Horst Köhlers Land der Ideen

Deutschland hat einen neuen Kopf: Horst Köhler ist zum Bundespräsidenten gewählt worden. Das Amt des Bundespräsidenten ist laut Verfassung das höchste, das der Staat zu vergeben hat. Doch weil der Präsident letztendlich eine äußerst geringe Entscheidungsmacht in politischen Prozessen hat, wird dieser Institution häufig nur eine repräsentative Rolle beigemessen. Wichtig für Staatsempfänge und ausgleichende Worte, jedoch vermeindlich bedeutungslos für die Lage der Nation. Obwohl die repräsentative Rolle allein schon die höchsten Anforderungen an die Persönlichkeit eines Kandidaten stellt, gehen die tatsächlichen Erwartungen an den Bundespräsidenten zurecht darüber hinaus. Johannes Rau hat diese Erwartungen erfüllt und während seiner Amtszeit etwa dazu beigetragen, daß im deutschen Volk das Bewußtsein für die Notwendigkeit von Veränderungen gewachsen ist.

Es beginnt nun die Phase, in der Deutschland nicht nur die Richtung dieser Veränderungen beschließen muß, sondern eine neue Identität finden muß, um diesen Weg auch tatsächlich gehen zu können. Der Amtswechsel kommt daher zu einem guten Zeitpunkt und er führt zu einer Persönlichkeit, die für die beginnende Epoche besser nicht geeignet sein könnte. Horst Köhler bietet alles, um in dieser für Deutschland schwierigen Zeit die Institution des Bundespräsidenten zu einer ordnenden Kraft zu machen. Nicht jede Amtsperiode verlangt danach. Die von Horst Köhler tut es allerdings mit Sicherheit.

Fehlende Transparenz stellt bei gleichzeitiger Vertrauenskrise der Politik eine fatale Kombination dar und vereitelt letztendlich die notwendigen Bedingungen für eine erfolgreiche Reformpolitik. In dieser Phase allgemeiner Orientierungslosigkeit ist ein Staatsoberhaupt, der fachliche Kompetenz mit politischem Freigeist und Vaterlandsliebe vereint, die ideale Besetzung und ein Glücksfall für Deutschland. Horst Köhler steht für diese Kombination. Als Köhler in seiner ersten Rede ankündigte, er werde als Bundespräsident zu „mehr Entschlossenheit, Tatkraft und auch Stetigkeit bei wirtschafts- und sozialpolitischen Reformen drängen", klang das daher nach mehr als einer der leeren Worthülsen, wie sie den Bürgern seit langem im parteipolitischen Tagesgeschäft entgegenschmettern.

Angela Merkel, der wir die gute Auswahl verdanken, möchte den neuen Bundespräsidenten gerne für die Oppositionspolitik vereinnahmen, indem sie ihn als eine Art Vorhut für einen überfälligen Regierungswechsel präsentiert. Sie sollte aber Köhlers Eigenständigkeit nicht unterschätzen. Seine Amtszeit wird weit über die nächste Bundestagswahl hinaus reichen. Und ich habe keinen Zweifel daran, daß im Bedarfsfall der gerechte Zorn des neuen Staatsoberhaupts dann auch gegenüber einer neuen Regierung nicht minder hart ausfallen wird. Köhler ist kein bequemer Typ. Er wird auch seine Gönnerin nicht verschonen.

In der Geschichte der Bundesrepublik gab es eloquente und weniger eloquente Vertreter des höchsten Amts, und sie haben ihre Aufgabe in der entsprechenden Situation mit dieser Eigenschaft auch angemessen gemeistert. Aber in Zeiten des wirtschaftlichen und sozialen Umbruchs, in denen in parteiinternen Verpflichtungen klebende Politiker gnadenlos um Wählerstimmen buhlen und sich nicht die Zunge verbrennen wollen, ist ein unbequemer Typ, der sich auf dem internationalen Parkett zu behaupten weiß, das notwendige Pendant im Defizit der politischen Führerschaft. Ein unbequemer und relativ unabhängiger Bundespräsident ist vielleicht sogar ein neues Modell. Wir haben es schon ansatzweise mit Roman Herzog genossen, der in seiner berühmten Rede im Berliner Adlon bereits breitflächig den Ruck durch Deutschland gefordert hatte. Damals war die Zeit wohl noch nicht reif genug, um die gepredigte Notwendigkeit von grundlegenden Veränderungen auch spürbar zu machen. Die direkten Auswirkungen seiner beeindruckenden Rede waren daher leider viel zu gering. Um ein ausreichendes Krisenbewußtsein braucht sich der neue Bundespräsident eher nicht zu sorgen. Zusätzlich kann Horst Köhler zur wirtschaftlichen Krise die passende Kernkompetenz beanspruchen. Seine ersten Ausführungen haben gezeigt, daß er diese Kompetenz nicht verstecken wird, daß er aber als Bundespräsident sich vor allem den gesellschaftspolitischen Fragestellungen widmen will.

Der für einen Bundespräsidenten noch recht junge Horst Köhler will auch außerhalb der Regierungskompetenzen Führungspotentiale wahrnehmen und zunächst Antworten auf die Fragen sucht, was Deutschland im 21. Jahrhundert sein will und was es sein kann. Nur von den Antworten auf diese Fragen, kann eine Reformpolitik abgeleitet werden, die von den betroffenen Menschen auch akzeptiert und getragen wird. Seine Zukunftsvision ist die von Deutschland als einem „Land der Ideen“, in dem Neugier und Experimentierfreudigkeit taktgebend sind. Köhlers Deutschland ist vor allem ein „Land für Kinder“, welches durch Mut, Kreativität und Lust auf Neues geprägt ist. Ohne Kinder kann es keine Zuversicht geben, sagt Köhler. Und so ist es wohl auch umgekehrt. Wir brauchen Kinder, und wir müssen viel in sie investieren. Daran kommt kein echtes Reformkonzept vorbei. Der neue Landesvater wird uns das noch häufiger in Erinnerung rufen.

Der falsche Kampf der Gewerkschaften

Der heiße Mai ist gekommen ...

Der Mai ist gekommen, aber nicht alle Blütenträume sind gereift. Die Wahrheit kommt an den Tag, und die Fakten erscheinen als Hiobsbotschaften, weil sie zu lange verdrängt wurden. Die ersten Hartz-Gesetze erweisen sich als Flop, die Arbeitslosigkeit steigt weiter. Die Zuschüsse für die Bundesanstalt für Arbeit werden immer höher. Auch im Gesundheitswesen fängt man nun wieder per Tabaksteuer an, die Probleme zwischen Beiträgen und Steuern hin und her zu schieben, weil man sich einfach nicht eingestehen will, daß das System so verändert werden muß, daß es in sich tragfähig wird.

Vor einiger Zeit wurden die nicht weniger besorgniserregenden Auftragsdaten der deutschen Industrie veröffentlicht. Demnach beträgt der inländische Nachfragerückgang bei Investitionsgütern satte 10,9 Prozent. Wer es also bislang noch immer nicht glauben wollte, die Zahlen sprechen auch hier eine klare Sprache: Die deutsche Wirtschaft wartet das Ergebnis der Machtkämpfe zwischen Regierungschef, seiner Partei und den Gewerkschaften ab.

Daß auf der Grundlage dieses Zahlengewitters die Haushaltsrechnung nicht mehr stimmt, habe ich schon lange angemahnt. Doch erst jetzt sagt Hans Eichel, was wirklich los ist, und erklärt vorsorglich die totale Kapitulation. Nachtragshaushalt und Neuverschuldung nicht nur über die EU-Richtlinien, sondern auch über die von der Verfassung vorgesehene Grenze hinaus sind unausweichlich. Aber Hans Eichel bleibt im Amt, weil ja noch jemand die Buchhaltung machen muß.

Und um das Chaos vollständig zu machen, holen in dem Augenblick, in dem der Kanzler seiner Partei erklärt, daß die Agenda 2010 die Untergrenze der Reformbedürfnisse darstellt, die Gewerkschaften sämtliche verstaubten und gescheiterten Konzepte der Wirtschaftspolitik als Gegenentwurf aus der Requisitenkammer. Die gewerkschaftlichen Gegenvorschläge folgen dem Grundsatz, das Maß der Eigenverantwortung auf ein Minimum zu reduzieren. Die Mehrbelastung soll in das unübersichtliche Dickicht der Steuerfinanzierung verschoben werden. Dadurch würden zwangsläufig die Anforderungen an das Steueraufkommen steigen. Um dann das eigene Klientel zu schonen, werden zum einen die Einführung von Vermögens-, Börsenumsatz- sowie Luxussteuern propagiert und zum anderen eine Neuverschuldung, in der Hoffnung, daß deren zeitlich verzögerte Negativwirkungen von dem eigenen Klientel dann nicht mehr als ursächlich wahrgenommen werden.

Dem angestammten Klassenfeind mit einer Besteuerung ans Leder zu gehen, gehört seit jeher zu den Wunschträumen der Gewerkschaften. Es läßt sich den Mitgliedern ja auch immer wieder mit den griffigsten Formeln vermitteln, daß diejenigen, welche Vermögen angehäuft haben, damit die anderswo entstandenen Löcher hervorragend stopfen könnten. Eine naive statische Betrachtung! Vergessen oder verschwiegen wird dabei, daß die Besteuerung von Vermögen immer wachstumsfeindliche Effekte hat, weil diese Art von Umverteilung eine Verlagerung von Investition auf Konsum bedeutet. Seit Adam Smith lernt jeder Ökonom, daß sich der Reichtum eines Landes aus seinem Vermögen einschließlich dem Humanvermögen zusammensetzt. Ein hoher Konsum kann letztendlich nur durch hohe Investitionen in Vermögen aufrecht erhalten werden, nicht durch deren Konsum fördernde Abschmelzung. Wo sollen denn die Investitionen für kapitalintensive Produktionsstätten herkommen, mit denen wir in der Lage sind, bei unseren hohen Lohn- und Lohnnebenkosten wettbewerbsfähig zu bleiben.

Die Gewerkschaften wissen, daß die bevorstehende Schlacht ihre letzte Chance ist, den Mitgliederschwund zu stoppen und die dünn gewordene Akzeptanz in der Bevölkerung umzukehren. In dieser schicksalsträchtigen Lage herrscht erwartungsgemäß hohe Betriebsamkeit in den Reihen der Gewerkschaften. Sie können sich nicht mehr mit den Standardparolen der alljährlichen Tarifkämpfe begnügen, sondern legen ganze wirtschaftspolitische Programme auf den Tisch. Wer uns aus dem Ausland zuschaut, glaubt schon, DGB sei der Name einer neuen Regierungspartei. Und ganz falsch ist das leider nicht. Es wird sich herauskristallisieren, wer Deutschland regiert: die gewählte Regierungskoalition oder die selbsternannten Volkstribunen Sommer, Peters und Bsirske. Gegenüber stehen sich eine Allianz, deren gemeinsames Credo die Umverteilungsdoktrin ist, und ein Kanzler, der erkannt hat, daß eine Politik gegen Eigenverantwortung und Unternehmertum schon mittelfristig unser Land ruinieren wird.

Es geht mir weder um Rechthaberei noch um Schlechtrederei. Wir brauchen ein Ende des Katzenjammers und endlich eine Aufbruchsstimmung. Wir brauchen Optimismus, um die Krise zu überwinden. Doch kann dieser Optimismus nur durch rasche Reformschritte erzeugt werden und nicht durch 99 rote Luftballons, von denen einer nach dem anderen zerplatzt. Leider zeigt es sich wieder, daß der Leidensdruck schon sehr groß sein muß, bevor notwendige Reformen mehrheitsfähig werden.

Erst nach deren Beschluß wird die Stimmung auch wieder positiv beeinflußbar sein. Schönrederei führt statt dessen zur Verdrängung. Sehen wir also auf die aktuellen Zahlen, welche die politischen Versäumnisse unverblümt widerspiegeln, und haben endlich wieder Mut zu handeln. Manchmal führen nur schmerzhafte Operationen zur Gesundung.

Was die Gewerkschaften vorschlagen, ist nichts anderes als eine Neuauflage der Problemverschiebungsstrategie, die uns dorthin gebracht hat, wo wir im Moment sind. Erst der heiße Mai, dann der heiße Herbst und danach kommt ganz sicher ein kalter Winter. Wir wollen aber nicht mit heißem Herzen erfrieren, sondern für unsere Kinder die Zukunft gestalten.

Schluß mit dem Klassenkampf

Die Arbeitslosigkeit hatte im Mai den höchsten Stand seit der Wiedervereinigung erreicht. Und während landauf landab Sparsamkeit und Kostenreduzierung gepredigt werden, setzt sich die IG Metall das international unschlagbare Ziel, den Osten Deutschlands mit der Einführung der 35-Stunden-Woche zu beglücken. Das wäre Weltrekord! Die angestrebte Arbeitszeitverkürzung entspricht einer Lohnerhöhung von unglaublichen 8,6 Prozent. Das paßt nicht ins gesamtdeutsche Wirtschaftsbild und schon gar nicht in die schlechte Arbeitsmarktlage der neuen Bundesländer. Die durchschnittliche Arbeitsproduktivität im Osten der Republik liegt noch immer bei nicht einmal 70 Prozent des Westens. Eine Tarifpolitik, die diese geringere Arbeitsproduktivität nicht berücksichtigt, erzeugt weitere Arbeitslosigkeit.

Der Verhandlungsführer der IG Metall, Hasso Düvel, verdreht indes das Produktivitätsargument und verbreitet unter seinen Anhängern die Prophezeiung, daß mit steigender Produktivität auch die Arbeitslosigkeit steigen werde, weil man dann mit weniger Arbeitern genausoviel produzieren könne. Wenn diese einfache Formel schon die ganze Wahrheit wäre, ist die Schlußfolgerung wohl, daß das beste Rezept gegen die Arbeitslosigkeit eine allgemeine Reduzierung unserer Produktivität sein müßte. Nach dem Motto: Je unproduktiver wir sind, desto weniger Arbeitslose werden wir haben. Wirtschaftlichkeit spielt in solchen Milchmädchenrechnungen noch immer keine Rolle.

Wer glaubt, daß auf dem globalisierten Markt Unternehmer und Anleger ausgerechnet dort investieren, wo man alles daran setzt, jeden Produktivitätsvorteil sofort in Lohnsteigerung umzuwandeln, der lebt nicht in dieser Welt. Und wer gar glaubt, man könne auf der Rechengrundlage der Klassenbesten eine flächendeckende Lösung für alle durchboxen, dem muß man schon Ignoranz vorwerfen. Eine Ignoranz, die entweder der ostdeutschen Wirtschaft oder bundesweit dem Flächentarifvertrag den Todesstoß geben wird. Diese Selbstzerstörungsgefahr scheint die Gewerkschaft bislang aber nicht zu erkennen.

Der Westen Deutschlands schaut den Osten kopfschüttelnd an. Was spätestens durch die beispiellose Solidarbewegung während der Flutkatastrophe an der Elbe überwunden schien, bricht durch die anachronistische Gewerkschaftspolitik wieder auf: Ost gegen West. Doch Vorsicht! Bevor man in diesem Konflikt eine falsche Position bezieht, sollte man genauer hinschauen, wer hier gegen wen kämpft und wo die wirklichen Motive liegen. Nicht die ostdeutschen Arbeitnehmer an sich und schon gar nicht die Arbeitslosen sind es, die den Klassenkampf in einer Zeit fortführen wollen, in der es nicht mehr um Arbeit versus Kapital, sondern um Arbeit versus Arbeitslosigkeit geht.

Der erfahrene Gewerkschaftsstratege Zwickel nutzt in dieser Situation zwei Umstände aus: Die geringen Kenntnisse von Westbürgern über den Osten sowie die Unerfahrenheit der ostdeutschen Arbeitnehmer im Umgang mit der Tarifpartnerschaft. Die im Westen beheimatete IG Metall Spitze sucht nach den letzten Möglichkeiten, ihre alten Rezepte zu verkaufen, und zwar ohne Gewährleistungspflicht. Sie versteckt sich dabei hinter einer sogenannten Urabstimmung, die dokumentieren soll, daß mindestens drei Viertel der Betroffenen hinter den Arbeitskämpfen stehen. Doch was sind das für drei Viertel?

Als erstes muß man bedenken, daß die Gewerkschaften nicht für alle Beschäftigten sprechen. Von den insgesamt 230 000 Arbeitnehmern sind lediglich ca. 25 Prozent gewerkschaftlich organisiert. Zweitens waren bei der Urabstimmung nur 12 000 IG Metall-Mitglieder stimmberechtigt, von denen dann letztendlich 9601 (79,74 Prozent) für Streiks votierten. Das sind gerade einmal 4 Prozent der Metallarbeiter.

Hinzu kommt noch, daß von den etwa 3000 ostdeutschen Metallbetrieben nur noch ca. 300 Mitglied im Arbeitgeberverband, dem Tarifpartner, sind. Von diesen 300 Betrieben halten sich darüber hinaus gerade einmal die Hälfte an die aktuell geltende tarifliche Arbeitszeit von 38 Wochenstunden. Der Rest sieht sich schon jetzt gezwungen, länger zu arbeiten.

Was die Gewerkschaftsbosse Zwickel und Düvel hier lostreten, ist ein Scheingefecht, das nur den einen Zweck haben kann, formal endlich das selbstgesteckte Ziel zu erreichen. Doch der Schaden, den sie bei ihren Taktierereien anrichten, ist beträchtlich. In Zeiten, in denen man dringend auf Investitionen angewiesen ist, jagt man mit diesen Signalen die Interessenten scharenweise über die Grenzen nach Polen und Tschechien. Wer die Wahl hat, macht sich nicht abhängig von einem derartig verantwortungslosen Machtmißbrauch sogenannter Arbeitnehmervertreter.

Die allermeisten Arbeitnehmer – darunter auch gewerkschaftlich organisierte – haben längst verstanden, daß ihr Arbeitsplatz durch die pauschale Tarifpolitik der Gewerkschaftsfunktionäre bedroht ist. Sie sind an betriebsbezogenen Lösungen interessiert, deren oberste Priorität die Erhaltung des Arbeitsplatzes ist. Und für die vielen Arbeitslosen in den neuen Bundesländern ist die Haltung der Gewerkschaften ebenso unverständlich wie für den kopfschüttelnden Westdeutschen.

Aufgrund des allgemeinen Unmuts wird die IG Metall auch im dritten Anlauf ihre Forderungen nicht durchsetzen können. Damit aber trotzdem die Hauptdarsteller als Sieger vom Platz gehen können, wird es zu einer der üblichen Vereinbarungen über eine schrittweise Angleichung kommen, so daß uns das Thema weiter im Nacken sitzt. Als Verlierer bleiben diejenigen zurück, denen man angeblich zum Sieg verhelfen wollte.

Die kapitalistische Belegschaft

Um Arbeitsplätze der deutschen Industrie wieder wettbewerbsfähiger zu machen, hat es in letzter Zeit schon einige Anstrengungen gegeben. Die Arbeitszeitverlängerung ohne Lohnausgleich wurde schon vielerorts umgesetzt und zeigt, daß unter dem Anpassungsdruck, den die einschlägigen Betriebe immer stärker zu spüren bekommen, sich doch etwas bewegen kann. Wir wissen aber auch, daß damit die arbeitsmarktpolitischen Sorgen längst nicht vom Tisch gefegt sind. Es müssen weitere Schritte folgen. Unsere Gesellschaft verläßt das klassische Industriezeitalter. Der Kampf um die entsprechenden Arbeitsplätze wird deshalb weitergehen. Man wird sich an das Bild der schrumpfenden Großindustriebetriebe in Deutschland gewöhnen müssen.

Auf dem Weg in die Wissensgesellschaft eröffnen sich andere Arbeitsplätze. Sie werden im Durchschnitt sowohl flexibler und selbständiger als auch wissensintensiver sein. Der klassische Arbeiterjob hingegen wird in Anbetracht der internationalen Konkurrenz für Investoren immer unattraktiver. Das haben auch die Gewerkschaften gemerkt und wissen, daß die alten Klassenkämpfe in dieser Situation nicht mehr den Erfolg bringen werden, wie in der Blütezeit der deutschen Fließbandindustrie.

Das alles war vorhersehbar. Und kluge Köpfe haben bereits vor Jahrzehnten darauf hingewiesen, daß die Arbeiterschicht aus ihrer typischen Rolle, die mit Beginn der Industriellen Revolution bereits ihre Konturen bekam, langsam herauswachsen muß. Das Konzept der Sozialen Marktwirtschaft beinhaltet alles, was man dazu braucht. Nicht der Aspekt der Umverteilung von Einkommen ist eigentlich das besondere an unserem ordnungspolitischen Leitbild. Das haben andere marktwirtschaftliche Demokratien auch. Sondern die besondere Präferenz gegenüber vermögensbildenden

Maßnahmen für Arbeiter und Angestellte sollte die Abhängigkeit von den Kapitalisten verringern.

Diesem Zweck sollte auch eine Bildungsförderung über alle gesellschaftlichen Schichten hinweg dienen. Nicht nur Bildung seiner selbst willen, sondern auch zum Aufbau von Humanvermögen, dem wirtschaftlichen Aktivposten, der zwar nach wie vor in keiner Bilanz auftaucht, der aber immer deutlicher zum alles entscheidenden wirtschaftlichen Faktor wird. Durch eine intensive Schulbildung sollten auch Kinder aus einfachen und mittellosen Familien dem ewigen Arbeiterschicksal entfliehen können und für die Gesellschaft gleichzeitig ein hochproduktives Mitglied werden. Jeder so gut, wie er kann und will. Doch die Ergebnisse der Pisa-Studie bescheinigen uns ein trauriges Ergebnis: In keinem der untersuchten Länder übt die soziale Herkunft der Schüler einen höheren Einfluß aus als in Deutschland. Trotz großer Reden auf die Errungenschaften der Sozialen Marktwirtschaft haben wir hier etwas versäumt, was schnellsten korrigiert werden muß.

Doch selbst in der herkömmlichen Vermögenspolitik haben jahrzehntelange Appelle das aktuelle Dilemma nicht verhindern können. Der einseitige Blick auf die Einkommensentwicklung hatte greifbare Konsequenzen. Zuwenig Investitionen und zuviel Konsum. Wir waren deutlich mehr an der Steigerung des Konsums der Arbeiter interessiert, als an deren Vermögensaufbau. Jetzt zeigt auch dieser Fehler seine Folgen: Die Einkommensschere und die Arbeitslosigkeit wächst.

In einer Situation wie der heutigen, wo die legitimen Interessen der Kapitaleigner denen der Arbeitnehmer häufig unvereinbar gegenüberstehen, wäre es äußerst hilfreich gewesen, wenn sich die Idee vom sogenannten Investivlohn vor Jahrzehnten stärker durchgesetzt hätte. Ein Anteilseigner zu sein in der Aktiengesellschaft, in der man sein Leben lang arbeitet, hätte da so manchen tarifpolitischen Widerspruch aufgelöst und Ungereimtheiten verhindert. Bei Opel und Karstadt beispielsweise wäre die Einsparbereitschaft sicherlich schon früher da gewesen und hätte die plötzlichen Schocks, die immer sozial unverträglich sind, verhindert.

Die Vergangenheit läßt sich nicht korrigieren. Doch die Idee, Teile des Lohns in Zukunftsinvestitionen umzuwandeln, drängt sich heute erneut auf. Auf diese Weise könnte die Altersvorsorge erweitert werden. Und eine Beteiligung am Wert und Erfolg des Unternehmens würde die Interessen von Management, Anteilseignern und Belegschaft ein Stück weit homogenisieren und den betrieblichen Zusammenhalt stärken. Dies wäre ein Ansatz, der in der heutigen Zeit vielleicht besser auf den Mittelstand als auf die sich verabschiedenden Großunternehmen passen würde.

Der Mittelstand sorgt nach wie vor für lukrative Arbeits- und Ausbildungsplätze. Doch es fehlen ihm häufig ausreichende Finanzierungsmittel. Insbesondere die Eigenkapitaldecke ist im deutschen Mittelstand durchschnittlich viel zu gering. Angestellte könnten gleichzeitig etwas für die Stabilität und Zukunftstauglichkeit ihres Arbeitsplatzes sowie für eine zusätzliche Altersversorgung tun, wenn sie etwa eine stille Beteiligungen oder eine Gewinnbeteiligungen als Teil ihres Lohns akzeptieren würden. Diese können die Motivation der Mitarbeiter erhöhen, sich im Sinne des gesamten Unternehmens zu verhalten, und auch auf der Ebene der betrieblichen Mitbestimmung würde mehr Einigkeit aufkommen. Ein Mitspracherecht, das über das jetzige Maß betrieblicher Mitbestimmung hinaus geht, sollte es aber nicht geben, da es die unternehmerische Handlungsfähigkeit negativ belastet würde. Das täte der Unternehmung und damit allen Beteiligten sicherlich nicht gut.

Das bittere Ende

Die Gewerkschaften konnten sich selbst aus der eigenen Perspektive mit dem Sommer 2003 keinen ungünstigeren Zeitpunkt und kein ungeeigneteres Thema aussuchen, um sich in der Arbeitnehmerschaft neuen Rückhalt zu verschaffen. Was mit der Forderung der IG-Metall nach der 35-Stunden-Woche begann, hat den Anachronismus der gewerkschaftlichen Tarifpolitik für jeden erkennbar gemacht und wird letztendlich in der Auflösung des Tarifmodells enden. Ein bitteres Ende! Es sinkt nicht nur die Mitgliederzahl der Gewerkschaften, sondern auch die der Unternehmen im Arbeitgeberverband, die sich an die Kollektivverträge nicht mehr binden lassen wollen. Damit nimmt der Organisationsgrad der Tarifparteien allmählich eine bedenklich geringe Größe an, und die Verhandlungsführerschaft der Gewerkschaften wird langsam zur Anmaßung. Diese Entwicklung lag sicherlich nicht im Sinne der Streikinitiatoren, die jetzt langsam begreifen müssen, daß ihre Zeit vorbei ist.

Die Gewerkschaftsfunktionäre – allen voran IG-Metall-Chef Zwickel und Verdi-Chef Bsirske – haben die Stimmungslage offenkundig falsch eingeschätzt und den Rest an Glaubwürdigkeit verspielt, den sie im eigenen Klientel sowie beim Tarifpartner noch hatten. Frank Bsirske, der schon seit längerem ein eigenartiges Doppelleben führt – mal als Gewerkschaftsfunktionär, mal als Mitglied der gewerkschaftskritischen Grünen – ist bei seinem Rollenspiel noch einen Schritt weiter gegangen und dabei anscheinend etwas durcheinander geraten. Als Streiker-Dompteur hat er seine Pflichten als Aufsichtsrat der Lufthansa nicht wahrgenommen und dem Unternehmen beträchtlichen Schaden zugefügt. Die Aktionäre wiederum nahmen ihm das zu Recht übel und verweigerten in der Hauptversammlung seine Entlastung. Das ist schon äußerst ungewöhnlich und ein Zeichen für das allgemeine Unverständnis der aktuellen Arbeitskämpfe. Ein ebensolches Zeichen ist die durch zahlreiche eidesstattliche Erklärungen herbeigeführte gerichtliche Verurteilung von Klaus Zwickel zu wahlweisen 25 000 Euro Bußgeld oder drei Tagen Gefängnis wegen illegaler Betriebsblockaden. Es wird Zeit, nicht nur die Arbeitgeberfunktionäre, sondern auch die Gewerkschaftsfunktionäre nach der Haftung für ihre Entscheidungen zu fragen.

Es ist allgemein ein unerträglicher Zustand, daß die Haftung für die aktuellen Fehlentscheidungen keiner der hohen Gewerkschaftsfunktionäre übernehmen wird. In der vermeintlichen Gewißheit, den Schwarzen Peter später den Arbeitgebern unterjubeln zu können, sobald diese sich – mit notwendiger zeitlicher Verzögerung – zum Stellenabbau in Ostdeutschland gezwungen sehen, wird das Spielchen ungeachtet aller ökonomischer Vernunft sowie demokratischer Fairneß durchgezogen. Auf diese Weise glauben die Gewerkschaftsfunktionäre, sich wenigstens ihren eigenen Arbeitsplatz sichern zu können. Denn der nächste Arbeitskampf wegen Unternehmensentlassungen bei BMW oder Opel, die ihr Engagement in den neuen Bundesländern ernsthaft überdenken wollen, ist schon vorprogrammiert. Schnell standen die Produktionen bei BMW in München und Regensburg still, weil ein brandenburgischer Zulieferer bestreikt wurde.

Die inzwischen in der Gesellschaft spürbare allgemeine Verstimmung gegen die Aktionen der Gewerkschaften war noch nie so hoch wie in diesen Tagen. Das drückt sich auch aus in der harten Haltung des Bundeskanzlers gegen die gewerkschaftlichen Einwende zur Agenda 2010. Vor allem aber wird der Stimmungsrückschlag im Moment nirgendwo sichtbarer als am Verhalten der von den aktuellen Auseinandersetzungen direkt Betroffenen. Tatort Dresden Firma Federal Mogul: Die IG-Metall belagert die Firma mit 300 Mitgliedern. Die Belegschaft besteht aus 320 Beschäftigten, von denen es allerdings 170 gegen den Willen der Streikenden geschafft haben, das Werksgelände zu erreichen, um dort – mit Feldbetten und

Schlafsäcken versorgt – weiter arbeiten zu können. Nur etwa 25 Streikende kommen aus dem bestreikten Betrieb selbst. Über 90 Prozent kommen aus anderen Betrieben, zumeist westdeutschen, vorwiegend aus Stuttgart und Schweinfurt. Anschaulicher kann das Ende des Klassenkampfes nicht eingeläutet werden. Arbeit bestreikt nicht mehr Kapital, sondern westdeutsche Gewerkschafter bestreiken ostdeutsche Arbeitnehmer und Arbeitgeber und fragen zugleich die Politik, warum es beim Aufbau Ost nicht vorwärts geht. Verrückte Welt!

Vielleicht ist dieser Konflikt sogar motiviert vom wirtschaftlichen Interesse westdeutscher Metaller, die mit der Einführung der 35-Stunden-Woche im Osten den derzeitigen Tarifvorteil nivellieren wollen. Und mit Parolen, wie sie der designierte IG-Metall-Chef Peters im Deutschlandfunk verkündete, wonach die Arbeitszeitverkürzung die Arbeitsplätze sichern und neue schaffen werde, sollen die Ostdeutschen Arbeitnehmer in die Falle gelockt werden. Wie dem auch sei, die ostdeutschen Metaller wollen sich jedenfalls in dieser schwierigen Zeit nicht mit weiteren Wettbewerbsnachteilen belasten, und sie haben auch das Recht dazu! Selbstbestimmung und Arbeitsplatzsicherung waren einst die respektablen Ziele der Gewerkschaften. Seit einiger Zeit sind diese Ziele Stück für Stück dem Ziel der Machtkonzentration geopfert worden. Schon in den sechziger Jahren hat der spätere Wirtschaftsnobelpreisträger Mancur Olson auf den Hang der Gewerkschaften zu dieser Fehlentwicklung hingewiesen, und seit einigen Jahren wird von sachkundigen Ökonomen dies immer wieder angemahnt. Doch wie in so vielen anderen reformbedürftigen Bereichen ist die Erkenntnis der Experten noch längst kein Grund, die Regeln zu ändern. Der Stein kommt gewöhnlich erst dann ins Rollen, wenn der Leidensdruck hoch genug ist und der Handlungszusammenhang für die Betroffenen transparent wird. Möglicherweise ist der Zeitpunkt jetzt gekommen, zumindest ist er um ein gutes Stück näher gerückt.

Die Verflüchtigung der kritischen Masse

Der Begriff der „kritischen Masse" stammt eigentlich aus der Kernphysik. Ähnlich wie im Falle der „Halbwertzeit" könnte er auch im gesellschaftspolitischen Bereich Karriere machen, weil er ganz anschaulich auf den Punkt bringt, worum es derzeit im Reformkampf geht. Mit „kritischer Masse" ist – grob und laienhaft gesagt – die Mindestmasse eines Objekts gemeint, ab der die Neutronenproduktion eine Kettenreaktion der Kernspaltung aufrechterhalten kann. Übertragen auf die Reformsoziologie bedeutet das: Wann hat unsere Gesellschaft gegenüber den alten Lösungsansätzen endlich die Geduld verloren und erreicht das Ausmaß an Mut und Einsicht, das eine Kettenreaktion von notwendigen Kurskorrekturen auslöst?

Obwohl ich prinzipiell einige Anzeichen dafür sehe, daß wir nicht mehr weit von diesem kritischen Wert entfernt sind, hat meine Hoffnung durch den jungen Tarifabschluß der Metaller wieder einen Dämpfer erlitten. Was ist da eigentlich geschehen und wie haben wir das aus der Perspektive der Erhaltung von Wohlstand und Arbeit zu bewerten? Zuerst wollte die vorauskämpfende IG-Metall Baden-Württemberg vier Prozent mehr Lohn und drohte bereits mit Warnstreiks. Das war vor dem Hintergrund des bitter gescheiterten Kampfes um die 35-Stunden-Woche dreister als von den Optimisten unter uns erwartet. Die dann aber doch zügig erreichte Streikabwendung durch die Einigung auf eine Lohnerhöhung von 2,2 Prozent 2004 und 2,7 Prozent 2005 bei einer Laufzeit von 26 Monaten ließ beide Tarifpartner sich im ersten Moment als Sieger fühlen. Na klar, das Verhandlungsritual lief ab wie immer. Nach dem Vorbild eines orientalischen Basars: Die Forderungen auf beiden Seiten möglichst weit überziehen, um dann im Mittelmaß die akzeptable Notlösung zu finden. Politik und Wirtschaft zeigten sich über die Abwendung eines

Arbeitskampfs erleichtert, und alle empfahlen das sanfte Ergebnis als Pilotabschluß auch für die übrigen Tarifgebiete. Ein Musterabschluß aus dem Musterländle, der wieder zwei Jahre Ruhe vor größeren Konflikten bringt. Sogar von einer „neuen Vertrauensbasis der Tarifparteien“ war die Rede.

Doch halt! War da nicht etwas? Gab es nicht die allgemeine Erkenntnis, daß es im neuen Jahr nicht mehr so weitergehen könne wie bisher? Wir wollten die Fakten nicht länger leugnen und endlich Schluß machen mit der Verdrängung. Die kritische Masse schien fast erreicht. Uneinsichtig zeigten sich freilich unter anderem noch die Gewerkschaften und sicherlich konnte die Haltung der Gewerkschaftsführung nicht wirklich überraschen. IG-Metallchef Peters gehört bekanntlich nicht zu der Sorte von Führungspersönlichkeiten, die ein neues Zeitalter einläuten wollen. Daß er weiter auf alte Methoden und Lösungsansätze setzen wird, wußte man.

Was aber war mit den Arbeitgebern los? Beständig fordern sie Regierung und Opposition auf, mutig zu sein und hart gegenüber den Bremsern zu bleiben, und selbst nutzen sie nicht einmal die wenigen eigenen Möglichkeiten zu tun, was notwendig ist, um eine Kursänderung herbeizuführen. Das alles hat wohl mehr mit träger, statt mit kritischer Masse zu tun. BDI-Präsident Michael Rogowski gab zwar sehr wohl zu bedenken, daß der Abschluß keine positiven Auswirkungen auf die Beschäftigungsentwicklung haben werde, jedoch sei die lange Laufzeit positiv. Soll man sich also über den baden-württembergischen Tariffrieden freuen, der für die nächsten zwei Jahre die Chance kostet, aktiv die Beschäftigung anzuregen? Ein reinigendes Gewitter wäre wohl besser gewesen und hätte vielleicht endlich die ersehnte kritische Masse für eine Kettenreaktion hervorgebracht.

Mit der versprochenen Lohnerhöhung werden statt dessen zukünftige Produktivitätssteigerungen verteilt, von denen man noch nicht einmal weiß, ob sie erreicht werden. Die Steigerung der Produktivität wird allgemein auf 1,4 Prozent per anno geschätzt. Selbst wenn man die prognostizierte Preissteigerungsrate von 0,7 Prozent addiert (wovon Wirtschaftsexperten abraten) liegt man noch unter der Lohnerhöhung und zwingt die Unternehmen zu weiterer Rationalisierung. Wer dem Tempo dieser Produktivitätsspirale nicht standhält, fällt raus. Das macht die alten Arbeitsplätze unsicherer und verhindert die Schaffung zusätzlicher. Am meisten beunruhigt darüber sind die ostdeutschen Metaller. Die Arbeitgeber in Sachsen haben schon ihren Protest angemeldet und wollen den Abschluß nicht übernehmen. Man kann ihnen in dieser Haltung nur den Rücken stärken. Die Metallindustrie ist in Sachsen aufgrund ihres Wettbewerbsvorteils in den letzten Jahren gewachsen wie nirgendwo sonst auf der Welt. Soll dieser Trend durch die kurzsichtige Harmoniesucht der Tarifparteien schon wieder gestoppt werden?

Zugute gehalten wird den neuen Tarifvereinbarungen, daß sie bei den betrieblichen Arbeitszeiten mehr Flexibilität zuließen. Doch diese bedarf wieder der Zustimmung der Tarifparteien, um bestenfalls die Hälfte der Belegschaft zur bezahlten Mehrarbeit verpflichten zu dürfen. Eine Öffnung mit Türsteher! Was kann die schon bewirken? Die unterschiedlichsten Beschränkungen der bestehenden Öffnungsklauseln erhöhen nur den bürokratischen Aufwand. An eine Arbeitszeitverlängerung ohne Lohnausgleich – eine Forderung, die inzwischen sogar unseren Beamten zugemutet wird – ist schon gar nicht zu denken. Die kritische Masse droht sich wieder zu verflüchtigen. Den Lohnempfängern nützt das am wenigsten.

Produktivität ohne Arbeit?

Auch wenn die Hartz IV-Gesetze notwendig sind, werden sie nicht ausreichen. Trotz der Widerstände, die selbst diese noch unzureichenden Reformschritte hervorrufen, sollte das einst verkündete Hauptziel der Maßnahmen sowie der gesamten Regierungsanstrengungen nicht vergessen werden: Die Halbierung der Arbeitslosenquote. Ein kleiner Hoffnungsschimmer ist, daß der Stein in Sachen Arbeitszeitverlängerung ins Rollen gekommen ist. Um es jedoch klar zu sagen: Es geht nicht darum, durch Verbilligung der Arbeitskräfte wieder Weltspitze zu werden. Die erreichen wir nur, indem wir an der Innovationsfront eine Hauptrolle spielen, was unter anderem bedeutet, daß wir weit mehr für Bildung und Forschung tun müssen als bisher. Nur so können auch hochproduktive Arbeitsplätze entstehen, die mit hohen Gehältern verbunden sind und die nicht beliebig ins billigere Ausland verlagert werden können.

Doch selbst, wenn wir diesen Teil der Hausaufgaben erfüllt hätten – wovon wir bekanntlich noch weit entfernt sind –, bliebe die Frage, was mit all denjenigen Arbeitskräften passiert, die mit der hohen Produktivität der innovativen Branchen nicht mithalten können. Menschen weiter in die Arbeitslosigkeit zu drängen, um sie dort mit den Geldern der noch Arbeitenden zu alimentieren, kann nicht die Lösung sein. Wir brauchen stattdessen auch im unteren Lohnbereich, in dem die Arbeitsproduktivität eben nicht so hoch ist, die Möglichkeit, Menschen lukrativ zu beschäftigen. Doch nur wenn sich in den einschlägigen Industrien die Lohnforderungen am unteren Ende der Arbeitsproduktivität – also an den Schwächeren – orientieren, wird es für Arbeitgeber wirtschaftlich sinnvoll sein, Arbeitsplätze zu erhalten oder sogar neu zu schaffen.

Ein Blick über den Ozean hilft, die eigene Lage besser zu beurteilen. Die USA hat soeben eine Arbeitslosenquote von

5,6 Prozent ermittelt und liegt damit bei nur fast der Hälfte von Deutschlands Kennziffer – ist also dort, wo wir hin wollen. Seit Jahresbeginn sind in den Vereinigten Staaten ganze 1,4 Millionen neuer Jobs entstanden. Bezogen auf die Einwohnerzahl der Bundesrepublik wären das weit über eine halbe Millionen neuer Arbeitsplätze in nur sechs Monaten – eine für uns unvorstellbare Zahl.

Nach einer Studie von Goldman Sachs namens „Eurolands secret-success-story" stieg in der Dekade zwischen 1994 und 2003 das Bruttoinlandsprodukt pro Arbeitnehmer in den USA durchschnittlich um 2,1 Prozent, in Europa um immerhin 1,8 Prozent. Ohne das durch die Wiedervereinigung stark belastete Deutschland wäre Europa sogar gleichauf mit den USA. Ähnlich sieht es mit der Arbeitsleistung, gemessen in Output pro Arbeitsstunde, aus. Auch die durchschnittliche Produktivität (Bruttoinlandsprodukt pro Arbeitsstunde) lag 2003 im Euroland – sogar inklusive der Bundesrepublik – nur noch fünf Prozent unter dem der USA. 30 Jahre zuvor waren es dagegen noch 30 Prozent weniger. In Deutschland und Frankreich war 2003 die Arbeitsproduktivität sogar höher als in den USA. Damit ist der Mythos, Amerika sei durch die hohe Arbeitsproduktivität besser dran als Deutschland, gestorben! Auffällig dagegen ist, daß der amerikanische Arbeitnehmer in seinem Leben durchschnittlich 40 Prozent länger arbeitet als seine Kollegen in Deutschland, Frankreich oder Italien.

Zusammengefaßt zeigt die Studie, daß die Produktivität in Deutschland sehr hoch ist, gleichzeitig aber eine hohe Arbeitslosigkeit existiert. Darüber hinaus ist bekannt, daß Deutschlands Stundenlöhne unter anderem wegen der geringen Arbeitszeiten besonders hoch sind. Das ist in den USA anders. Dort bleiben die Löhne unterhalb dessen, was gemessen am Durchschnitt möglich ist. Dennoch ist das durchschnittliche Einkommen pro Person in den USA höher, weil eben deutlich länger gearbeitet wird. Das alles paßt zusammen: Hohe Stundenlöhne können nur bei hoher Arbeitsproduktivität gezahlt werden, und hohe Löhne wiederum erhöhen die Anforderungen an die Arbeitsproduktivität. Wird der Spielraum, der durch die Produktivitätssteigerung entsteht, in den Tarifverhandlungen permanent ausgeschöpft oder sogar schon vorweggenommen, bleibt deshalb der Druck zu weiteren Rationalisierungsanstrengungen bestehen, und es entsteht schon gar kein Anlaß, die Beschäftigung auszuweiten.

Diese Spirale dreht sich schon seit vielen Jahren. Ihre stärkste Triebfeder sind die Gewerkschaften, denen man aufgrund dieser Zusammenhänge ein bitteres Zeugnis ausstellen muß. Ihre vermeintlichen Siege vergangener Jahrzehnte gingen nicht auf Kosten des einstigen Klassenfeinds, sondern auf Kosten des schwächsten Teils der eigenen Klientel: Die Tarifpolitik der Gewerkschaften war in der Summe eine Strategie, welche die Starken des Klientel zu Lasten einer Minderheit der Schwächsten besser stellte. Mehr Lohn und weniger Arbeit für diese gegen Arbeitsplatzverlust für jene.

Wir brauchen Gewerkschaften. Doch sie müssen – ähnlich wie es bereits in anderen Ländern Europas geschehen ist – ihre fatale Strategie aufgeben und sich der Verantwortung gerade gegenüber den schwächsten Arbeitnehmern und den bereits Arbeitslosen stellen. Hohe Löhne sind nur dann gut, wenn die Arbeitslosigkeit gering ist. Die Gewerkschaften sollten jetzt mutig und offensiv für meinetwegen volle fünf Jahre von Lohnerhöhungen absehen, die Arbeitszeit zur flexiblen Handhabung freigeben und ihre Anstrengungen auf die Wiedereingliederung von Arbeitslosen richten. Das wäre die Solidarität mit den Schwachen, die sie selbst immer fordern. So können sie den Menschen, Deutschland sowie sich selbst helfen und ihre verlorene Glaubwürdigkeit zurückgewinnen.

Keine Stimmung gegen Mitbestimmung

Dem scheidenden Präsidenten des BDI Michael Rogowski verdanken wir manchen mutigen Vorschlag zur Dynamisierung unserer Wirtschaftsgesellschaft. Daß er die jüngsten Krisen einiger deutscher Kapitalgesellschaften zum Anlaß nahm, über die Mitbestimmung im Aufsichtsrat zu diskutieren, halte ich aber für fragwürdig. Ist es klug, jetzt auch noch eine große Mitbestimmungsdebatte loszutreten? Gewiß, die Diskussion drängt sich im Rahmen der Europäisierung auf, aber man sollte mit großer Sensibilität an das Thema herangehen und vor allem darauf achten, daß die gesellschaftlichen Kräfte gebündelt und nicht auseinandergerissen werden.

Doch zu den Argumenten: Mitbestimmung an sich ist sicherlich kein „Irrtum der Geschichte". Man sollte dazu die Debatten auf den Parteitagen und im Deutschen Bundestag vor Verabschiedung des Gesetzes in Ruhe noch einmal nachlesen. Rogowskis inhaltliche Kritik im Zusammenhang mit Karstadt und Opel lautet darüber hinaus, „die Mitbestimmung im Aufsichtsrat hat da nichts gebracht." Auch der FDP Fraktionsvorsitzende Wolfgang Gerhardt sieht das so und meint, es habe sich gezeigt, daß gewerkschaftliche Mitverantwortung nicht zu einer verstärkten Kontrolle von Managemententscheidungen geführt habe.

Richtig ist, daß der Aufsichtsrat – warum auch immer – nicht verhindert hat, Entscheidungen zu vereiteln, die sich zumindest im Nachhinein als Fehlentscheidungen herausstellten. Das vermochten die Vertreter der Anteilseigner im Aufsichtsrat aber ebensowenig. Und auch die Konzernspitze bei General Motors tat es nicht. Der Aufsichtsrat einer großen deutschen Aktiengesellschaft ist paritätisch, das heißt zu gleichen Teilen mit Arbeitnehmer- und Anteilseignervertretern besetzt, wobei letztere den mit doppeltem Stimmrecht ausgestatteten Aufsichtsratvorsitzenden stellen.

Man braucht also nicht die genauen Abstimmungsergebnisse der Aufsichtsratsitzungen zu kennen, um zu wissen, daß die Arbeitnehmervertreter gegen die Stimmen der Vertreter der Anteilseigner gar nichts erreichen können – umgekehrt aber schon. Mit anderen Worten: Die Mitbestimmung im Aufsichtsrat für ein Scheitern der einschlägigen Unternehmen verantwortlich zu machen, wäre Unsinn. Genausogut könnte man ihre Ausweitung fordern. Bestenfalls läßt sich konstatieren, daß die Institution des Aufsichtsrats ein „krasses Managementversagen" – sofern davon die Rede sein darf – nicht verhindern konnte.

Mit denselben Argumenten, mit denen jetzt so mancher Politiker die deutsche Mitbestimmungsregelung in Frage stellt, könnte man also die letztendlich dominanteren Vertreter der Anteilseigner bezichtigen, in ihrer Funktion als Korrektiv wirkungslos zu sein. Doch was kann man von derlei gegenseitigen Vorhaltungen erwarten? Nichts außer weiteren, zudem unnötigen Problemen. Statt sich einander das Leben schwer zu machen, sollten die Lager in diesen Zeiten aufeinander zugehen und das Gespräch suchen. Ziel muß dabei eine flexiblere betriebsbezogene Lösung sein, die unter Einsicht und Mithilfe der Arbeitnehmer und ihrer Vertreter gefunden werden muß. Gegen die Belegschaft wird man unter dem Strich nichts gewinnen können. Man muß sie statt dessen von rechtzeitige Veränderungen überzeugen.

Die Gewerkschaften müssen derzeit viel einstecken, doch sie fangen an zu verstehen, daß die Zeit der alten Rituale vorbei ist. Und sie wissen auch, was die Kritiker des deutschen Mitbestimmungsmodells zu Recht als weiteres Argument anführen: Es wird wohl kaum eine Chance haben, sich international durchzusetzen – weder in Europa noch weltweit. Die raschen Reaktionen, die heutzutage von den Unternehmen auf Marktveränderungen, vor allem auf den Absatzmärkten nötig sind, lassen sich im Grunde nur erreichen mit einer starken, dezentralen Partizipation betriebsangehöriger Arbeitnehmer, welche die Probleme auch wirklich durchschauen können. Die Gewerkschaften müssen sich, auch wenn es schwerfällt, von alten Gewohnheiten trennen und sich für neue Experimente der betrieblichen Zusammenarbeit öffnen. Der alte Leitsatz der überbetrieblichen Mitbestimmung ist falsch und hat keine Zukunft.

Interessante Anregungen könnte das Software-Unternehmen SAP liefern. Dort gibt es zum Beispiel keinen Betriebsrat. Seine Aufgabe haben aber in etwa die acht vom Personal gewählten Arbeitnehmervertreter im Aufsichtsrat übernommen. Die Auserkorenen stellen ein informelles Gremium dar, das mit dem ausdrücklichen Einverständnis des Vorstands auch außerhalb der Funktion im Aufsichtsrat für die Mitarbeiter da ist. Einmal pro Woche findet ein Treffen der acht statt, bei dem die aktuelle Sachlage erörtert wird. Die rechtliche Grundlage beruht auf einem sechsseitigen Papier, das seinerzeit mit dem Personalchef vereinbart worden ist.

Sicher, SAP, deren Beschäftigte zu 80 Prozent Akademiker sind, brauchen keine Rücksicht auf eine gewachsene Arbeiterkultur zu nehmen. Die Mitarbeiter von SAP besitzen eher das Selbstverständnis, sich eigenhändig um ihr Schicksal kümmern zu müssen. Doch ich denke, daß genau dieses Selbstverständnis der Schlüssel für ein zukunftsträchtiges Mitbestimmungssystem ist. Und das braucht sicherlich nicht auf Akademiker beschränkt zu sein. Angestellte müssen grundsätzlich in der turbulenten Welt von heute auch ein Stück weit unternehmerisch denken lernen. Dafür dürfen sie nicht stärker von den Entscheidungsprozessen ausgeschlossen, sondern müssen stärker integriert werden. Eine solche Entwicklung muß sich als Ergebnis gemeinsamer Veränderungsbemühungen ergeben.

Wachstum durch Arbeit

Die Freizeitgesellschaft muß mehr arbeiten

Es kommt einem vor, als sei die Aussicht auf geringere Steuern eine Art Urlaubsgeld für die deutsche Bevölkerung: Jetzt gehen alle beruhigt in die Ferien, und wir können weiter machen wie bisher. Bundesweit ist die Feriensession auf 14 Wochen gestreckt, damit wir die alljährliche Völkerwanderung in den Süden geregelt bekommen. Wenn der eine Teil aus dem Urlaub zurückkehrt, fährt der nächste los. Ist dann das letzte Bundesland mit den Sommerferien durch, beginnt bereits eine Woche später das erste mit den Herbstferien. Damit die Zeit zwischen den Ferien aber nicht zu lange wird, haben wir den Kalender noch mit allerlei Feiertagen bestückt. Am beliebtesten sind solche Feiertage, die auf einen Montag oder einen Freitag fallen und das Wochenende für einen Kurzurlaub verlängern. Beim Karfreitag hatte man ja keine Wahl, wohingegen der Pfingstmontag ein echter Beleg für den deutschen Pragmatismus ist.

Nicht zuletzt aus diesem Pragmatismus heraus ist auch die Idee sogenannter „Brückentage" geboren. Zu Zeiten, als samstags noch fleißig in der Schule gelernt wurde, haben wir unvorsichtigerweise so viele Donnerstage zu gesetzlichen Feiertagen gemacht hat. Doch als der Samstag schulfrei wurde, war uns der übriggebliebene, alleinstehende Freitag stets ein Dorn im Auge. Es setzte sich schließlich eine Praxis durch, wonach man den einsamen Arbeitstag mit Urlaub überbrückte. Das Ausland, das nicht einmal ein vergleichbares Wort für den deutschen Brückentag besitzt, beneidet uns um soviel Einfallsreichtum in Punkto Freizeitschöpfung. Mit der Existenz der Brückentage wuchs natürlich auch erneut der Bedarf an Urlaubstagen. Wir erkannten in Deutschland schnell, daß man diesem Problem nur mit der Gewährung eines höheren Urlaubsanspruchs begegnen konnte.

So in etwa ist es in der glorreichen Freizeitgeschichte der Bundesrepublik gelaufen. Machen wir hier einen Schnitt und stellen einmal unverblümt die Frage, worüber wir eigentlich seit Jahren diskutieren: Deutschland in der Krise – eine Krise, die weit mehr ist als ein Effekt weltwirtschaftlicher Konjunkturschwächen. Sie ist nämlich zum guten Teil das Ergebnis struktureller Verkrustung, die im Laufe der Verteilungskämpfe letzter Jahrzehnte der Wirtschaft die notwendige Dynamik genommen hat. Die Wohlstandsfalle, in die wir nicht als erstes Land in der Geschichte der Menschheit getappt sind, hält uns – so scheint es – mit unverminderter Kraft fest in ihrer Klemme. Denjenigen, die Deutschland in früheren Zeiten für seine Freizeitrekorde kritisieren wollten, konnten wir gelassen unsere außerordentlich produktive Wirtschaftskraft entgegenschmettern. Heute können wir es in der Summe nicht mehr.

Mit einem kleinen Zahlenbeispiel zum Vergleich des Freizeitanspruches von früher und heute wird die Dimension des Problems schnell deutlich. Wir arbeiten heutzutage rund 700 Stunden jährlich weniger als noch in den sechziger Jahren, also nur noch 70 Prozent der damaligen Arbeitszeit. Dagegen war so lange nichts einzuwenden, wie die relative Produktivität es im Vergleich zum Ausland zugelassen hat. Doch die internationale Konkurrenz hat stark zugelegt. Und während in diesen Tagen beispielsweise die Chinesen am Yangtse aus rein wirtschaftlichen Erwägungen zwei Millionen Menschen umsiedeln, halten wir es für vollkommen unzumutbar, wieder länger oder häufiger zu arbeiten. Auch dazu ein kleines Zahlenspiel:

Eine Kalenderwoche hat 168 Stunden. Bei der Annahme von nächtlich acht Stunden Schlaf besitzt ein Mensch 112 Wachstunden pro Woche. Hiervon arbeitet er in Deutschland – sagen wir – 37,5 Stunden. Dann verbleiben ihm 74,5 Stunden, in denen er weder schläft noch arbeitet. Damit hat ein Bundesbürger in einer normalen Arbeits-Kalenderwoche doppelt soviel Freizeit wie Arbeitszeit. Hinzu kommen jährlich an die 30 Tage Urlaub sowie – je nach Bundesland und Kalender – um die zehn Feiertage, woraus sich unterm Strich zusätzlich ganze acht Wochen bezahlte Freizeit im Jahr ergeben. Allein das sind wiederum 15 Prozent von 52 Wochen. Die Verkürzung der Lebensarbeitszeit ist bei dieser Rechnung noch genausowenig berücksichtigt wie die allgemeine Verbesserung der Arbeitsbedingungen.

Ist es also bei der kritischen Wirtschaftslage eigentlich nicht selbstredend, unser Freizeitbedürfnis wieder ein Stück zurück zu schrauben? Verlieren wir denn tatsächlich unsere Lebensqualität, wenn wir auf einem solch hohen Niveau das Verhältnis von Freizeit und Arbeitszeit ein bißchen verringern? Letztendlich ist es doch genau umgekehrt: Die Freizeitsucht dezimiert den Wohlstand und damit unseren hohen Lebensstandard. Um das zu verhindern, brauchen wir einen Mentalitätswandel. Anstatt also jetzt dem Vorziehen der Steuerreform eine Zauberkraft anzudichten, müssen wir noch die Ärmel hochkrempeln und die Brückentagmentalität aufgeben. Unser Lebensglück maßgeblich in der Befreiung von Arbeit zu sehen, ist der falsche Weg. Und dies als Lebensziel unseren Kindern und Enkelkindern mit auf den Weg zu geben, indem auch in den Schulen die geringen Unterrichtszeiten schon eher Brückentagcharakter gewinnen, wird die alternde Gesellschaft teuer zu stehen kommen. Eine Spaßgesellschaft kann ihren Spaß auch an der Arbeit und am Lernen finden und muß deshalb nicht zu einer sich langweilenden Freizeitgesellschaft degenerieren. Unser Aufbruchsslogan sollte daher heißen „mehr Arbeit wagen“!

Mehr Arbeit statt weniger Geld

Zu Zeiten als wir an ein hohes Wirtschaftswachstum und mit ihm an kräftige Lohnzuwächse gewohnt waren, begannen die Gewerkschaften verstärkt den Kampf um Arbeitszeitverkürzung. Ihr Argument lautete damals: Mehr Freizeit, um den gewonnenen Lebensstandard besser nutzen zu können. Heute ist Deutschland Weltmeister in Sachen Freizeit. Vor vierzig Jahren haben die Arbeitnehmer hier zu Lande noch 50 Prozent mehr Zeit am Arbeitplatz verbracht. Die Gewerkschaften waren also äußerst erfolgreich. Doch die Sachlage hat sich geändert.

Im Gegensatz zu damals fehlen uns heute die hohen Wachstumsraten. Statt dessen werden auf allen Ebenen notwendige Konsolidierungen durchgeführt. Wir müssen ein Stück der Annehmlichkeiten aus den außerordentlich guten Jahre wieder aufgeben. Und logischerweise sollten wir – nach dem Motto „last in, first out" – an den letzten und damit erträglichsten Errungenschaft Hand anlegen: der Arbeitszeit. In der heutigen Situation können die Gewerkschaften nur so für die Sicherung der Arbeitsplätze bei gleichzeitiger Stabilisierung der Lohnhöhe kämpfen. Das Argument muß heute deshalb lauten: Mehr Arbeit, um den gewonnenen Lebensstandard auch weiterhin halten zu können. Alles andere ist Augenwischerei.

Die Lohnstückkosten in Deutschland sind zu hoch und im internationalen Vergleich zunehmend wettbewerbsunfähig. Im verarbeitenden Gewerbe beispielsweise lagen 2001 die Lohnstückkosten 12 Prozent über dem Durchschnitt der wichtigsten Industrieländer. In dieser Situation gibt es genau zwei Möglichkeiten, den Lohn pro Produktionseinheit und damit pro Stunde zu senken: Entweder man kürzt das monatliche Entgelt bei gleicher Arbeitszeit. Oder aber man verlängert die Arbeitszeit bei gleichem Lohn. Mit Prioritäten, mit denen die Verbesserungen für Arbeiter und Angestellte einst erkämpft wurden – nämlich erst mehr Geld, dann mehr Freizeit –, sollte auch jetzt vorgegangen werden. Lieber mehr Arbeit statt weniger Geld. Mit Sicherheit werden die meisten Arbeitnehmer ein oder zwei Stunden Mehrarbeit pro Woche einer Kürzung der Reallöhne vorziehen. Zudem hat diese Lösung einen klaren konjunkturpolitischen Vorteil, weil sie die Nachfrage der privaten Haushalte nicht belastet. Auch wer zwei Wochenstunden mehr arbeitet, dem bleibt noch genug Zeit, die gewohnte Geldmenge zu konsumieren. Darüber hinaus kann man hoffen, daß die so erreichte Sicherung vieler Arbeitsplätze, den ein oder anderen wieder dazu veranlassen wird, mehr Geld in den Umlauf zu bringen.

Die Statistiker berechnen für 2003 eine Wachstumssteigerung von 0,6 Prozentpunkten, nur weil durch das kalenderbedingte Aufeinanderfallen von ein paar Feiertagen auf das Wochenende die Jahresarbeitszeit ein wenig verlängert wird. Damit dürfte schnell klarwerden, wie effektiv eine flächendeckende Ausweitung der Arbeitszeit ist. Schon die Verlängerung um eine Arbeitsstunde pro Woche würde im nächsten Jahr das Bruttoinlandsprodukt um etwa 1,5 Prozent steigern. Dieses kleine Opfer steht wohl in keinem Verhältnis zu dem großen Gejammer, das uns schon länger begleitet.

Daß es sich bei alledem nicht um unrealistische Wunschträume handelt, zeigen verschiedene bereits begonnene Anstrengungen. Sogar in den öffentlichen Haushalten kommt der Stein langsam ist Rollen. Die Not hat schon einige Länder wie Berlin, Hamburg, Hessen, Nordrhein-Westfalen und Thüringen zu einer parteiunabhängigen Einsicht gedrängt und die Wochenarbeitszeit für Beamte zum Teil auf 42 Stunden ohne Lohnausgleich erweitert. Allein Länder und Gemeinden beschäftigen zusammen satte zwei Millionen Beamte. Arbeitszeitverlängerung ist ein geeignetes Mittel deren Zahl langsam auf ein bezahlbares Maß zu reduzieren.

Selbst die Bundesregierung überlegt inzwischen, die Arbeitsstunden ihrer Staatsdiener dem 40-Stundenniveau Ostdeutschlands anzupassen und nicht umgekehrt. Diese Maßnahmen stellen einen wirksamen Beitrag zur zukunftsträchtigen Entlastung der öffentlichen Finanzen dar. Und die ist dringend geboten.

Auch in der Privatwirtschaft nehmen die Forderungen nach Anpassung der Lohnstückkosten über eine Erweiterung der Wochenarbeitszeit ebenfalls deutlichere Konturen an. Der neue Bosch-Chef Franz Fehrenbach will eine radikale Umkehr und fordert in aller Öffentlichkeit die Wiedereinführung der 40-Stunden-Woche ohne Lohnausgleich. Dadurch könne er die Herstellkosten im eigenen Unternehmen um bis zu fünf Prozent reduzieren. Rechnet man die Kostensenkung deutscher Zulieferer dazu, so würde man im internationalen Vergleich wieder richtig interessante Zahlen vorweisen können.

Noch ein Wort zur Arbeitslosigkeit. Mancher Gewerkschaftsvertreter stellt eine statische Verknüpfung zwischen Arbeitszeitverkürzung und der Schaffung von Arbeitsplätzen her. Dabei müßte jedem klar sein, daß durch die Verteilung der Arbeit auf mehr Menschen bei entsprechendem Lohnausgleich die Arbeitslosigkeit nur wachsen, nicht sinken kann. Und sie wächst. Arbeitsplätze auf dem gegebenen Lohnniveau können nur über kräftiges Wachstum entstehen. Und das steht nicht in Aussicht. Niemand prognostiziert für Deutschland langfristig ein Wachstum von zwei Prozent. Aber erst oberhalb dieser Höhe beginnt die Zahl der Arbeitslosen zu sinken. Es bleibt also kein anderer Ausweg. Wir müssen mehr Wachstum durch mehr Arbeit schaffen.

Überzeugen, nicht tricksen

Schon vor den neuen Steuerschätzungen wußte man, daß sich das Finanzfiasko vergrößern wird. Denn wenn das Beschäftigungsvolumen nicht wächst, die Betriebe mit ihren Mitarbeitern Nullrunden vereinbaren und bei steigenden Ölpreisen der Mineralölverbrauch zurückgeht, werden die Steuereinnahmen knapp, und das Wirtschaftswachstum wird im nächsten Jahr sinken. Der Finanzminister muß die Notbremse ziehen. Den Maastricht-Vertrag zur Einhaltung der Stabilität wird er ohnehin nicht halten können und nach der kräftigen Erhöhung des Schuldenbergs in diesem Jahr ist auch hier jede Grenze erreicht.

Jetzt finden die hektischen Blitzaktionen auf der Suche nach Möglichkeiten zu Einsparungen und der Einsammlung letzter Reserven statt, um die düstere Lage etwas zu verbessern. Natürlich schreiben die Fachbeamten jede denkbare Lösung auf. Auch der Minister greift nach jedem Strohhalm, der Wachstumsverbesserung oder Ausgabeneinsparungen in Aussicht stellt. So kam man auch auf die Idee, einfach einen Feiertag zu streichen. Dahinter steckte wohl die Überlegung, daß auch 2004 ein Teil des Wachstums (etwa 0,4 bis 0,5 Prozent) dadurch entstanden ist, daß zufällig Feiertage auf das Wochenende gefallen sind. Die Leute haben das problemlos überlebt, und da dachten sich einige schlaue Mitarbeiter, versuchen wir das noch einmal. Nun gibt es nur zwei Feiertage, über die der Bund alleine bestimmen darf und vom Bundesrat nicht blockiert werden kann: Den Tag der deutschen Einheit und den Ersten Mai. Der Erste Mai als Tag der Arbeit fällt im nächsten Jahr bedauerlicherweise auf einen Sonntag, hätte also außer einem lauten Gelächter gar nichts gebracht. Sicher wäre nur der erbitterte Widerstand der Gewerkschaften, die sich derzeit ohnehin in einer sehr nervösen Verteidigungsfront befinden. Nach den Zugeständnissen bei Tarifen und Arbeitsmarktflexibilisierung auch noch den Symboltag der Arbeiter preiszugeben, wäre zu viel verlangt.

Nun blieb nur noch der Tag der deutschen Einheit übrig. Da sind irgendwie die normalen Sensibilitätsdrähte der Politiker durchgebrannt. Man hätte die politische Brisanz sofort erkennen müssen. Mitten in die Diskussion um die Schwierigkeiten der deutschen Einheit und die zum Teil schwierige Stimmung zwischen Ost und West diesen symbolträchtigen Feiertag abzuschaffen, hieße Öl ins Feuer gießen. Und das wegen 0,1 Prozent Wirtschaftswachstum. Aber selbst wenn man dem Finanzminister in seiner Verzweiflung noch zubilligen mag, daß er alles Denkbare zur Wahl stellt, hätten im Kanzleramt und bei den Regierungsparteien die Alarmglocken klingeln müssen, bevor und nicht nachdem der Vorschlag die Öffentlichkeit erreichte. So ist selbiger zwar innerhalb von Stunden verschwunden, doch geblieben ist die Blamage für die Regierung.

Geblieben ist aber hoffentlich auch die Erkenntnis, daß wir das fortsetzen müssen, was sich landauf, landab in allen Tarifvertragsdiskussionen von OPEL über VW bis zum Mittelstand auch ohne den hektischen Aktionismus der Regierung zeigt: Höhere Wochenarbeitszeiten für das gleiche Geld. Hier ist ja schon einiges passiert. In vielen Bereichen haben wir im Grunde schon die 40-Stunden–Woche, ohne daß die Mehrarbeit bezahlt wird. Im öffentlichen Dienst ist die Entwicklung auf dem Wege, in den meisten Dienstleistungsbetrieben schon selbstverständlich. Und in immer mehr Produktionsbetrieben finden faire und offene Diskussionen über die Notwendigkeiten statt. Als ich vor kurzem etwas flapsig bei einem Vortrag sagte, daß sogar die Schwarzarbeiter ihre Arbeitszeiten erhöhen müssen, um noch klarzukommen, und daß ich eine Reihe von Gewerkschaftsvertreter kenne, denen es immer schwerer fällt, den Sinn der Arbeitszeitverkürzung zu erklären, gab es eher zustimmendes Schmunzeln als wüsten Protest.

Warum haben wir nicht die Kraft, uns alle gemeinsam auf eine klare Empfehlung der 40-Stunden-Woche zu einigen? Dann stiege das Arbeitsvolumen viel höher als bei der Streichung eines Feiertags. Man spricht von einem Wert, der 11 Feiertage aufwiegen würde. Das hätte auch einen nennenswerten Effekt. Und ich habe das Gefühl, daß die Deutschen eine solche Entscheidung mittragen würden, so wie sie trotz aller Ost-West-Schwierigkeiten bei den aktuellen Umfragen anläßlich des Mauerfalljubiläums im Grunde sehr sachliche, nüchterne und vernünftige Antworten geben.

Natürlich ist die Euphorie der ersten Einheitsjahre vorbei und niemand, weder im Osten noch im Westen, ist begeistert von der Nachricht, daß wir noch eine ganze Reihe von Jahren gemeinsame Opfer bringen müssen, um den deutschen Einigungsprozeß zu bewältigen. Aber eine Umfrage der Initiative Neue Soziale Marktwirtschaft belegt eindrucksvoll, daß die Bürger in Ost und West mit Realitätssinn die Reformnotwendigkeiten begreifen und den Umbau des Sozialstaats für erforderlich halten.

Lassen wir die Tricks weg. Neues Wachstum in Deutschland wird nicht durch solche trickreichen Veranstaltungen geschaffen, sondern durch die kollektive Bereitschaft der gesamten Bevölkerung, einen Beitrag zu leisten. So wie wir uns in guten Jahren die Verringerung der Arbeitszeit bei gleichzeitig höheren Löhnen geleistet haben, so müssen wir in der Krise auch einmal bereit sein, für etwas weniger Geld ein bißchen mehr zu arbeiten. Wenn also Politiker den Mut haben, das zu sagen, was die meisten Bundesbürger ohnehin schon wissen, können wir endlich den Marsch durch die Reformen fortsetzen. Das blühende deutsche Vaterland kostet nun einmal den Preis gewaltiger Anstrengungen.

Zukunft durch Erfahrung

Daß die Rentenkasse keine feste Größe mehr ist, mit der man seinen Wohlstand im Alter sichern kann, hat sich mittlerweile herumgesprochen. Die Menschen fangen an, auf diese Tatsache mit neuen Strategien zu reagieren. Das ist gut so. Zwar schränken private Absicherungen für morgen den privaten Konsum heute zwangsläufig etwas ein, doch gibt es hierzu keine Alternative. Erst recht ergibt die Frühverrentung keinen Sinn. Nicht nur, daß auf der Grundlage des Generationenvertrags Menschen zum Teil erheblich früher als notwendig der arbeitenden Bevölkerung zur Last fallen, sondern sie tragen mit der Verkürzung ihrer Lebensarbeitszeit auch weniger dazu bei, die wirklich Alten zu versorgen.

Seit 1973 konnten Arbeitnehmer zunächst ohne Abzüge ihrer Rentenansprüche vorzeitig in den Ruhestand gehen. Damals hat man sich von dieser Maßnahme einen Abbau der Arbeitslosigkeit versprochen. Manche tun das noch heute. Schaut man sich losgelöst von anderen Zusammenhängen die Situation auf dem Arbeitsmarkt an, dann klingt es plausibel: Für die Erhaltung unseres Wohlstands sei volkswirtschaftlich betrachtet eine bestimmte Menge an Arbeit notwendig. Warum solle dann derjenige, der schon mehrere Jahrzehnte hart gearbeitet hat, nicht in Rente gehen, damit im Nachrückverfahren wieder ein Arbeitsplatz für einen jungen Lehrling, Hochschulabsolventen oder sonstigen jungen Arbeitsplatzsuchenden frei werde. Ein guter Handel für beide, Jung wie Alt, quasi eine Neuauslegung des Generationenvertrags. Da könnten wir ja gleich eine Frühverrentungsquote einführen, die sich nach der Arbeitslosenquote der – sagen wir – Unter-40jährigen richtet. Demnach würden die meinetwegen 1,2 Millionen ältesten Arbeitnehmer der Republik zur Frühverrentung zugelassen, worauf dann die gleiche Anzahl an Jungarbeitslosen automatisch in die Erwerbstätigkeit nachrückt.

Natürlich ist das Unsinn. Aber Milchmädchenrechnungen dieser Art sind beliebt. Hier wird ein einfacher Zusammenhang vorgegaukelt, der nur Gewinner kennt. Doch ein derartig statisches Modell, in dem nicht einmal die Qualifikationen sowohl der Arbeitssuchenden als auch der Frührentner eine Rolle spielen, ist unrealistisch und systeminkompatibel. Letztendlich kann man auf diesem Weg daher nur die eine Sozialkasse zugunsten der anderen belasten. Andernfalls muß die arbeitende Bevölkerung zusätzlich geschröpft werden. Entweder zeitgleich durch höhere Beiträge oder Steuern. Oder aber man verschiebt die Last in die Zukunft, indem man die öffentliche Verschuldung ausweitet oder die Rentenansprüche zukünftiger Rentner kürzt. Beides ist hochgradig ungerecht. Mit dem Wissen, daß irgendwann irgendwer die Rechnung doch noch bezahlen muß, entscheiden sich die Bürger lieber für wirkliche und faire Lösungen.

Einigkeit besteht doch inzwischen darüber, daß die Höhe der Lohnnebenkosten ihren Anteil an der hohen Arbeitslosigkeit hat. Demnach ist die Frühverrentung pures Gift. Angemessen ist hingegen eine Verlängerung der Lebensarbeitszeit. Und diese Erkenntnis setzt sich bei Politikern und Arbeitnehmern auch langsam, aber sicher durch. Wer 2003 im Alter von 60 Jahren vorzeitig in Rente ging, mußte immerhin unter dem Strich einen Abzug von 18 Prozent hinnehmen. Das hat auch viele noch arbeitsfähige Bürger dazu veranlaßt, von der Möglichkeit einer Frühverrentung Abstand zu nehmen. Bei den Männern in Westdeutschland etwa ist das Durchschnittsalter der Neurentner innerhalb von fünf Jahren dementsprechend von 61,1 Jahren (1997) auf 63,1 Jahren (2003) angestiegen. Trotz dieser begrüßenswerten Tendenz darf nicht vergessen werden, daß in Deutschland nur rund 40 Prozent der 55- bis 64jährigen berufstätig sind. Damit liegt Deutschland abermals im unteren Drittel der OECD-Länder.

Diese Situation erfährt noch eine Verschärfung, wenn man die Steigerung der Lebenserwartung berücksichtigt. Innerhalb der letzten hundert Jahre waren das mehr als 30 Lebensjahre. Und gemessen an seinem körperlichen und mentalen Leistungsvermögen ist ein 70jähriger Deutscher heute fünf Jahre jünger als noch 1980. Hinzu kommt die starke Überalterung der Gesellschaft. Der Anteil der über 60jährigen stellt schon in wenigen Jahren die größte der vier 20-Jahre-Altersgruppen dar. Das wird sich im gesamten 21. Jahrhundert nicht mehr ändern. Eine Anpassung der Lebensarbeitszeit ist also sowohl nötig als auch möglich.

Angesichts dieser eindeutigen Daten brauchen wir neue Konzepte und Rahmenbedingungen, die auch älteren Menschen eine produktive Mitarbeit ermöglichen. Im Wandel hin zu einer Dienstleistungs- und Wissensgesellschaft kann man die Not zur Tugend machen. Im Gegensatz zur Industriegesellschaft von gestern tritt die körperliche Leistungskraft ohnehin hinter die geistige und mentale zurück. Erfahrung und Weisheit hingegen sind Kategorien, denen die Zukunft gehören könnte. Unsere Gesellschaft muß sich das zunutze machen und unter Zusammenlegung all ihrer Kräfte auch und gerade hochwertige Arbeitsplätze für das höhere Alter etwa in der Forschung oder Ausbildung generieren.

Die Rechnung ist einfach: Entweder gelingt es uns, mit neuen Regelungen und einer frischen Einstellung einen Wettbewerbsvorteil bei älteren Menschen zu plazieren oder ihr hoher demographischer Anteil wird automatisch zum erdrückenden Nachteil für die gesamte Gesellschaft. Bei diesem Thema sitzen alle im gleichen Boot. Keine Partei wird es schaffen, ihren Wählerstamm zu bedienen, ohne dieses Problem gelöst zu haben.

Die 40-Stunden-Woche kommt

Welche Aufregung: Die IG-Metall einigt sich mit Siemens über die 40-Stunden Woche in den Handywerken Bocholt und Kamp-Lintfort ohne Bezahlung der Mehrarbeit. Teile des Urlaubs- und Weihnachtsgeldes werden in eine ertragsabhängige Prämie umgewandelt. Das ist ein echter Verzicht. Durch die Stundenlohnkürzung wird die Produktivität der Arbeit entsprechend stark erhöht, um mit dem sich für Siemens anbietenden Standort Ungarn wieder konkurrenzfähig zu sein, ohne dabei jedoch das Monatseinkommen der Beschäftigten kürzen zu müssen. Die erfolgsabhängigen Zusatzleistungen schaffen zudem die notwendige Flexibilität, welche die Arbeitsplätze auch für schlechtere Zeiten sicherer macht.

Diese Lösung ist gut und stellt tatsächlich einen Dammbruch dar. Jeder, der nüchtern den internationalen Standortwettbewerb verfolgt, wußte, daß dies irgendwann kommen wird. Und wer die bisherige sture Haltung der IG-Metall in Sachen Arbeitszeit verfolgt hat, weiß, daß dieser Einigung mehr als eine der üblichen Drohgebärden der Arbeitgeber zugrunde gelegen haben muß. Andernfalls hätte es lediglich die üblichen fruchtlosen Dialoge gegeben. Die Alternative lag nahe und war klar: Entweder kann Siemens unter den jetzt vereinbarten Bedingungen die Arbeitsplätze in Nordrhein-Westfalen belassen, oder sie werden in eines der osteuropäischen neuen Mitgliedsländer der Europäischen Union verlagert und Deutschland damit endgültig verlorengehen. Das wußten die Arbeitnehmer, die jetzt diesem Stundenlohnverzicht zugestimmt haben, genauso wie die Betriebsräte. Und am Ende wußten es auch die Funktionäre in den Gewerkschaften, die bislang weit von einem derartigen Zugeständnis entfernt waren.

Einem Dammbruch gehen immer kleine, aber wachsende Rinnsale voraus, welche die Dammkrone weich machen. So auch hier. Vor dem publikumsträchtigen Fall eines deutschen Industrieriesen haben aus der Not heraus viele Mittelständler mit ihren Betriebsräten und unter stiller Duldung der Gewerkschaften längst Vereinbarungen über längere Arbeitszeiten sowie Regelungen über flexible Arbeitszeiten ohne Überstunden- und Feiertagszuschläge geschlossen. Doch jetzt ist es zum ersten Mal offiziell, und jeder kann sehen, daß die Gewerkschaft diesen Kompromiß aktiv mitgetragen hat. Natürlich versichert der IG-Metall-Vorsitzende Peters lautstark, daß dieses ein absoluter Einzelfall sein müsse. Aber seine Wortwahl verrät das Problem: Die Vereinbarung sei keine Blaupause. Aber genau das ist sie. Und es klingt, als hätte Peters gesagt: Ich weiß, daß jetzt viele Nachfolger einen berechtigten Anspruch geltend machen können. Daimler, Bosch, MAN, Continental, Thomas Cook und Die Bahn wollen Siemens folgen. Insgesamt ist derzeit bereits von etwa 100 Unternehmen die Rede, welche die Blaupause schon angefordert haben. Alle werden dieselbe Argumentation wie Siemens vorbringen, und am Ende wird die Gewerkschaft – so kann man jedenfalls nur hoffen – die Sicherung der Arbeitsplätze unterschreiben.

Schadenfreude ist nicht angebracht. Freude über die langersehnte Bewegung im deutschen Tarifwesen hingegen schon. Es gibt schließlich zur Rettung von Arbeitsplätzen in diesen Bereichen keine Alternative. Deshalb wäre es besser, die Gewerkschaften würden unter Hinweis auf die neuen Wettbewerbsbedingungen offen über eine Korrektur der Tarifverträge verhandeln, statt sich obligatorisch dagegen zu sträuben. Denn, falls es nun zum monatelangen Streit kommt, werden viele Arbeitgeber – große und kleine, gleichgültig ob es eine allgemeine Regelung gibt oder nicht – sich irgendwann entscheiden, mit einem Teil der Produktion zunächst versuchsweise nach Osteuropa zu gehen. Doch wenn sie dort erst einmal das erste Grundstück gekauft haben – und es wird vorsorglich ein großes Grundstück sein – und wenn die erste

Produktionshalle gebaut und gleich für die nächste Erweiterung vorgesehen wird, wenn die ersten Arbeitskräfte aus Polen, Ungarn oder Tschechien ausgebildet und die neuen Maschinen aufgestellt werden, dann ist der Grundstein gelegt, eine noch größere Zahl von Arbeitsplätzen zu verlagern als eigentlich notwendig gewesen wäre. Am Ende ist der deutsche Standort der große Verlierer.

Wer statt dessen einen Pakt zur Arbeitsplatzsicherung will, der könnte ihn jetzt schließen.

Auch wenn sich die Gewerkschaften natürlich noch wehren, so wissen sie, daß die Bedrohung so unmittelbar ist, daß sie im Vergleich zu früheren Zeiten am Ende den Schwarzen Peter behält. Vor das eigene Klientel zu treten und zu sagen: Tut uns leid, aber wir fanden es besser, der Schließung zuzustimmen, statt Zugeständnisse bei der Arbeitszeit zu machen, ist unvorstellbar. Bei dieser Konstellation darf es übrigens nicht verwundern, daß der härteste Widerstand aus dem Verdi-Lager, also dem öffentlichen Dienst, kommt. Dort, wo der Arbeitgeber keine Alternativen hat und nicht Konkurs gehen kann, hilft immer noch politischer Druck zu Lasten des Steuerzahlers. Doch auch das wird sich ändern. Wenn das öffentliche Vermögen zur Deckung der rasch wachsenden Personal- und Pensionslasten verkauft ist, und die Schulden entgegen aller Zusicherungen steigen, wird auch Bsirske nicht mehr alle Schuld dem Kanzler in die Schuhe schieben können.

Es ist Zeit, vor der Wirklichkeit zu kapitulieren – wenn auch mit dem melancholischen Gefühl, die alten Zeiten zurück haben zu wollen. Sie werden nicht mehr zurückkommen.

Krieg der Mercedes-Sterne

Wenn Gewerkschafter im „Krieg von Sindelfingen" von einer schicksalhaften Schlacht sprechen, haben sie recht. Doch welche Lösung dabei für welches Schicksal steht, darüber kann man streiten. Bringen wir mal ein bißchen Ordnung in die Diskussion und prüfen jenseits von eingefahrenen Klassenkampfparolen die Argumente. Der IG-Metall Vorsitzende Jürgen Peters beispielsweise verteufelt die geforderten Sparmaßnahmen als „Abbruch des Sozialstaats". Dieser Vorwurf aber ist sachlich falsch! Der Sozialstaat hat mit der vorliegenden Auseinandersetzung nichts zu tun und wird hiervon auch nicht berührt. Der Streit um Arbeitszeit und Stundenlöhne ist statt dessen dort angekommen, wo er eigentlich hingehört: zwischen Arbeitgeber und Arbeitnehmer. Die Tarifparteien, nicht die Volksparteien, sind es nämlich laut Verfassung, die sich hierum in marktorientierten Verhandlungen zu kümmern haben.

Das entspricht auch der Intension unserer Sozialen Marktwirtschaft. Die heißt nämlich nicht deshalb so, weil sie in jedem Fall verhindert, daß Stundenlöhne gekürzt werden, sondern weil sie – neben anderen Einrichtungen – die Macht des Arbeitgebers gegen den einzelnen Arbeitnehmer beschränkt und ein gewisses Gleichgewicht in den Entlohnungsverhandlungen herstellt. Doch welche Seite ihre Interessen am Ende besser durchsetzen kann, muß selbstverständlich auch von den Gegebenheiten der Märkte abhängen. Andernfalls könnte man von einem „Abbruch der Marktwirtschaft" reden, weil Angebot und Nachfrage außer Kraft gesetzt wären. In den vergangenen Jahrzehnten war die Lage in der Branche so, daß Sindelfingens Daimler-Belegschaft die Nase vorn hatte. Inzwischen bietet der Markt aber Alternativen, welche nun die Arbeitgeber in ihrer Verhandlungsmacht stärken. Dabei ist es interessant, daß zwar am Rande auch mit billigen ausländischen Standorten – in diesem Fall Südafrika – geliebäugelt wird, der Hauptstandortkonkurrent jedoch innerhalb der Republik liegt. Man braucht sich somit nur dem norddeutschen Niveau anzugleichen, um eine Verlagerung der Arbeitsplätze zu verhindern. Auch diese Tatsache widerspricht der These vom „Abbruch des Sozialstaats". Oder ist dieser in Bremen etwa schon abgeschafft?

Es geht um Auswüchse bei den Privilegien der Baden-Württembergischen Tarifbedingungen. Der Mercedes-Chef Jürgen Hubbert nennt es „die baden-württembergische Krankheit". Gemeint ist etwa die „Steinkühler-Pause". Fünf Minuten pro Stunde hat jeder Daimler-Arbeiter in Sindelfingen Anspruch auf eine Pause. Des weiteren werden Zuschläge für eine sogenannte Spätschicht bezahlt, die schon um 12:00 Uhr mittags beginnt und um 19:00 Uhr endet. Da wäre es für manchen wahrscheinlich eher nachzuvollziehen, wenn die Zuschläge für die Frühschicht bezahlt werden müßten. Zu guter letzt fallen die Nachtschichtzuschläge bereits ab 19:00 Uhr an, eine Stunde früher als in Bremen. Teurer ist die Arbeit in Sindelfingen zudem noch wegen drei gesetzlicher Feiertage mehr. Zwar können hierüber wiederum die Tarifparteien nicht verhandeln, aber berücksichtigt werden muß diese Tatsache aus betriebswirtschaftlichen Gründen dennoch.

Wer diese nüchternen Zahlen vergleicht, kann sich eines gewissen Schmunzelns nicht erwehren. Das Ergebnis einer Forsa-Umfrage, wonach – entgegen früheren Erfahrungen – mehr als die Hälfte der Bevölkerung die Forderung der Konzernspitze versteht, scheint das zu bestätigen. Doch in der Belegschaft herrscht ein Höchstmaß an Unverständnis, angekratzter Stolz, Aggression und natürlich auch Angst. Es tobt ein wilder Vergleich von Zahlen, diagonal durch alle Ebenen. Dabei wird von den Arbeitnehmern derzeit am liebsten die angestrebte Einsparsumme von 500 Millionen Euro den vom Vorstand versenkten Milliarden bei Mitsubishi und Chrysler gegenübergestellt. Das ist zwar verständlich, trifft das Problem im Endeffekt aber nicht. Ob es sich hierbei um ein Managementversagen handelt oder das Ergebnis unvermeidlicher unternehmerischer Risiken, kann anhand dieser bloßen Zahlen jedenfalls nicht beurteilt werden. Immerhin sorgte derselbe Vorstand sogar im ungünstigen Autojahr 2003 für neue Gewinnrekorde.

In letzter Konsequenz muß der Aufsichtsrat sowohl über die Leistungen und den Wert des Vorstands als auch für den Ausgleich der verschiedenen Interessen in einer Aktiengesellschaft entscheiden. Der Aufsichtsrat wiederum ist hierzulande nach dem Betriebsverfassungsgesetz von 1976 zu gleichen Teilen mit Arbeitgeber- wie Arbeitnehmervertretern besetzt. In der Ausübung dieser Ämter müssen die häufig von der Gewerkschaft entsandten Arbeitnehmervertreter gegebenenfalls ihren Einspruch erheben, wenn es um – ihrer Meinung nach – ungerechtfertigt hohe Bezüge der Vorstände geht. Zwar könnten sie bei pari theoretisch vom Aufsichtsratvorsitzenden, der immer aus den Reihen der Arbeitgeber stammt, überstimmt werden, doch war vom Einsatz dieses letzten Mittels bislang noch nichts zu hören – selbst bei Mannesmann bekanntermaßen nicht.

Trotz alledem kann es niemals richtig sein, wenn der Vorstand Sparen predigt und selbst seit dem Jahr 2000 seine Bezüge um 130 Prozent auf Deutschlandrekord erhöht hat. Jetzt 10 Prozent wieder abzugeben ist ein anerkennenswertes, wichtiges Signal und widerlegt zumindest, daß Teile der angestrebten Einsparungen in die Taschen der Vorstände fließen. Hoffen wir statt dessen, daß die Autos mit dem Stern zukünftig preisgünstiger werden und durch höhere Verkaufszahlen sowohl Arbeitsplätze als auch Gewinne hervorbringen. Das Wachstum insgesamt schafft dann auch Spielräume für die Sozialpolitik.

Die Entzauberung einer Galionsfigur

Als der Kanzler im letzten Bundestagswahlkampf mit seinem Latein am Ende war und in den Umfragen schlecht wegkam, besann er sich eines noch frischen Ritters ohne Furcht und Tadel: Peter Hartz, ein Wegbegleiter aus der Wirtschaft in niedersächsischen Zeiten. Hartz erschien auf der politischen Bühne wie ein Wunderdoktor, der ungeachtet der bis dato gescheiterten Versuche auf dem Arbeitsmarkt entschlossen war, endlich alle Register zu ziehen und den ersehnten Zaubertrunk mit sämtlich notwendigen Zutaten zu versehen, einzig mit dem Ziel, des Kanzlers altes Antrittsversprechen einzulösen und die Arbeitslosenzahlen endlich zu halbieren. Gleichsam einem Zauberkünstler holte er sodann – unterstützt von Hundertschaften an Fachleuten, Beratern und Handlangern – ein Kaninchen nach dem anderen aus dem Hut und verpackte sie in glänzende Stoffe mit schönsten Schleifen. Seine harte Arbeit verrichtet, trat er schließlich nicht ohne Stolz vor das Volk und verkündete: „Heute ist ein guter Tag für die Arbeitslosen".

Möglicherweise hatten die Arbeitslosen und solche, die Angst hatten, es zu werden, anläßlich dieser Magic Show vor zwei Jahren einen guten Tag. Die Zeit danach war jedenfalls nicht mehr so gut. Die Arbeitslosenzahlen sind, wie man weiß, entgegen allen Beteuerungen nicht gesunken. Im Endeffekt haben uns die blendenden Verpackungskünste des Herrn Hartz lediglich viel Zeit gekostet. Von seinen großen verheißungsvollen Paketen blieben am Ende nur die alten Wahrheiten übrig: Wir leben über unsere Verhältnisse, sind in Sachen Freizeit und Wochenarbeitszeit unmäßig, erdrücken das Unternehmertum und verlieren in dieser Kombination von zu hohem Konsum und zu niedrigen zukunftssichernden Investitionen unsere internationale Wettbewerbsfähigkeit und mit ihr unsere Arbeitsplätze.

Wie wahr das ist, zeigt sich derzeit in der Automobilbranche und damit eben auch bei der Volkswagen AG, dem Konzern, in dem Peter Hartz als Personalvorstand nach wie vor die Verantwortung für Anzahl und Bedingungen der Arbeitsplätze seines Unternehmens trägt. VW steht wie alle deutschen Automobilhersteller gewaltig unter Kostendruck. Jetzt ist der Verpackungskünstler in der eigenen Manege gefragt. Und nun stellt sich heraus, daß auch VW nicht nach anderen Maßstäben wirtschaften kann wie die übrigen Anbieter. Vielmehr entpuppt sich die Situation bei Volkswagen als geradezu idealtypisch für reife Industrien in Deutschland. Schon das Modell 5000 x 5000, mit dem VW und Personalchef Hartz quasi den Ruf als Job-Produzent erworben hatten, war nichts anderes, als eine Maßnahme, die bei Neueinstellungen niedrigere Tarife ermöglichte. Dem stimmte die IG-Metall damals nur unter der Bedingung zu, daß das schon vorhandene Personal weiter im Genuß des üppigen VW-Haustarifs blieb, welcher 20 Prozent über dem Flächentarif liegt. Unter moralischen Gesichtspunkten war die Zwei-Tarif-Lösung, die lediglich die überteuerten Tarife aus den Glanzzeiten des Unternehmens schützen sollte, ohnehin zweifelhaft.

Nun werden die teuren Tarife durch verschiedene Verpackungskunststückchen wieder abgesenkt: Das Vergütungssystem soll vereinfacht, die Schwankungsbreite der Arbeitskonten erhöht, Lebensarbeitskonten und ein Gesundheitsbaustein eingeführt werden. All das soll wohl den berühmten Knall und Nebel erzeugen, der es dem Zauberer leichter macht, das Wesentliche seinem Publikum zu verheimlichen. Das besteht schlicht in dem ehrgeizigen Ziel, bis 2011 die Arbeitskosten in den sechs westdeutschen Werken von 6,8 Milliarden Euro auf 4,8 Milliarden Euro zu senken. Die 2 Milliarden Euro Einsparsumme entsprechen fast 30 Prozent. Das kann nicht so schmerzlos ablaufen, wie die nette Präsentation der kleinen Päckchen mit bunten Schleifen suggeriert, auch wenn das ein Genuß für jeden Marketingexperten ist.

Indes war bei allem Schall und Rauch noch ein offener und ehrlicher Satz zu hören: „Für Lohnerhöhungen gibt es keinen Spielraum!“ Damit ist Peter Hartz dort angekommen, wo weniger kommunikationsbegabte Artgenossen seiner Branche sich schon längst befinden, nämlich mitten im Kampf mit der Gewerkschaft um Arbeitszeitverlängerung ohne Lohnausgleich sowie dem Abbau großzügiger Schicht- und Überstundenzulagen. Auch will man sich bei VW den konzerninternen Standortwettbewerb zunutze machen und damit die Wochenarbeitszeiten im Bedarfsfalle hochtreiben – eben das ganze Programm, das wir auch bei anderen Anbietern der Branche, etwa bei Daimler-Chrysler, schon verfolgen konnten.

Aus der Zauber! VW muß im gnadenlosen globalen Wettbewerb genauso wie andere deutsche Hersteller um technische Kompetenz, qualifizierte Arbeitskräfte und Lohnkosten konkurrieren. Und das wird immer schwerer. Infolge dieses Wettbewerbs wird die Wertschöpfungskette der Automobilindustrie in Deutschland immer kürzer werden. Die typischen industriellen Arbeitsplätze werden unser Land langsam verlassen. Diese Erkenntnis ist im Grunde weder neu noch überraschend. Eine mittlerweile alte und eingefahrene Industrie, wie die der Automobilherstellung, kann nicht verhindern, daß sich die Produktionskompetenz langsam auf wirtschaftlich weniger entwickelte Länder mit geringeren Produktionskosten überträgt. Ein Prinzip, das schon vor der großen Globalisierungswelle galt.

Da hilft auch kein Zauberspruch. Die Zukunft Deutschlands liegt jedoch weiter in hochqualifizierten Dienstleistungen. Auf die muß unser Augenmerk jetzt gerichtet sein – auch wenn es nicht so schön knallt und dampft.

Das Gebot der Deregulierung

Unternehmertum statt Regulierung

Der Kapitalismus lebt seit der industriellen Revolution von der kommerziellen Verwertung technischen Wissens. Wer es schafft, etwas bis zur Fertigungsreife zu entwickeln, das – ganz allgemein gesagt – Menschen hilft, besser zu leben, und das Ganze zu einem vorteilhaften Preis anbieten kann, der wird reich und gewinnt hohes Ansehen in der Gesellschaft. Letzteres auch deshalb, weil er gleichzeitig Arbeitplätze bereitstellt. Nicht irgendwelche Arbeitsplätze, sondern vornehmlich solche, die nur von immer höher qualifizierten Fachkräften ausgefüllt werden können, was wiederum Menschen die Chance eröffnet, sich durch die Erlangung solcher Fähigkeiten höhere Gehälter und angenehmere Arbeitsbedingungen zu verschaffen. Diejenige Volkswirtschaft, die diesen Prozeß am besten in Gang halten kann, geniest in unserer Welt den größten Wohlstand.

Im Mittelpunkt dieses Entwicklungsprozesses steht der Unternehmer – ein Mensch, der mit Phantasie, klaren Visionen, Durchsetzungskraft und Verhandlungsgeschick neue Dinge auf den Weg bringt. Dazu braucht er ebenso eine gehörige Portion Risikobereitschaft. Denn der Erfolg, auf neuen Wegen sein Ziel zu erreichen, ist alles andere als sicher. Nun gibt es in der Geschichte des Kapitalismus einige große Namen wie Daimler, Zeiss, Bosch bis hin zu Bill Gates, mit denen sich Leistungskraft und Wohlstand gedanklich verbinden. Und es existiert die Kategorie der vielen unbekannteren Unternehmer, deren Werk zwar nicht derartig spektakulär war, deren zahlreiche neue Lösungen und Verbesserung aber unverzichtbar sind.

Der natürliche Feind solcher gestaltungswilligen Unternehmer ist die Bürokratie in all ihren Facetten. Ein gewisses Maß an Bürokratie ist notwendig und sinnvoll, um einen stabilen Rahmen zu gewährleisten, innerhalb dessen ein Unternehmer agieren und nach neuen Lösungen Ausschau halten kann. Ab einem bestimmten Maß jedoch werden die Regulierungsvorschriften kontraproduktiv und erdrücken die Gestaltungskraft des Unternehmers. Jeder innovative Schritt heraus aus dem gewohnten Trott der Masse birgt dann die Gefahr eines Rechtsverstoßes.

Das Bürokratieniveau in Deutschland und Europa hat mittlerweile eine Größenordnung gewonnen, die längst kontraproduktiv für Wachstum und Beschäftigung ist. Nicht nur, daß wir eine große Menge Vorschriften mit uns herumschleppen, die überflüssig und unsinnig geworden sind. Solange die Bürokratieentstehungsmaschine mit unverminderter Geschwindigkeit weiter dampft, wird eine Durchforstung alter Paragraphen bei weitem nicht ausreichen. Und die Maschine für Regulierungsnachschub dampft entgegen allen guten Vorsätzen des Innen- und Wirtschaftsministers kräftig weiter und beschäftigt die Unternehmer rund um die Uhr. Mittlerweile ist die Zahl der staatlichen Gesetze, Verordnungen und Einzelvorschriften, die deutsche Unternehmen berücksichtigen müssen, auf über 85 000 gewachsen.

Auf nationaler wie auf internationaler Ebene ist allein zum Thema „Corporate Governance“ in den letzten Jahren zur Verbesserung, Harmonisierung und Angleichung der rechtlichen Rahmenbedingungen ein kaum noch zu durchschauender Wust an Kommissionen, Plänen, Empfehlungen, Richtlinien und Programmen entstanden, der das rechtliche Umfeld zu einem schwer beherrschbaren Faktor macht. Und sogar der Kapitalmarkt verbürokratisiert mit seinem Rankingwahn den Alltag der Unternehmer, die inzwischen gezwungen sind, einen erheblich Mehraufwand zur Bewältigung der Administrationsflut zu betreiben. Unternehmerische Gestaltung weicht der Befolgung immer komplexerer und einengenderer Regulierung. Peter Wiesner, Leiter des Brüsseler Büros vom BDI, spricht schon von einer „Verrechtlichung der Entscheidungen“.

Wolfgang Clement versucht zur Zeit den Arbeitsmarkt zu deregulieren. Um die Risiken einer Neueinstellung herabzusetzen, will er den Kündigungsschutz lockern. Das ist der richtige Weg, weil man auf diese Weise die Konjunktur stärker mit dem Arbeitsmarkt verzahnt. Nur so kann sich auch ein Aufschwung auf die Beschäftigung auswirken. Doch im Gesetzgebungsverfahren lauern bereits wieder die Kritiker, die in jeder Veränderung eine unzumutbare Beschneidung der einst erkämpften Rechte sehen. Das führt für gewöhnlich zu einigen undurchsichtigen Kompromissen und Ausnahmeregelungen. Die Folge ist, daß bei dem Versuch, Bürokratie zu beseitigen, neue entsteht. Drei neue Verordnungen müssen akzeptiert werden, bevor eine entsorgt werden darf. So kommt man nicht voran!

Um die Drosselung der deutschen Wirtschaft aufzuheben, müssen die Unternehmer und solche, die es eigentlich gerne werden wollen, endlich vom lähmenden Vorschriftendickicht befreit werden. Der Reiz unternehmerischer Selbständigkeit liegt in der Gestaltungs- und Entscheidungsfreiheit. Wenn man schon gedanklich nichts mehr entwickeln kann, ohne einen Stab an Rechtanwälten und Steuerfachleuten um sich versammelt zu haben, brauchen wir uns über die erlahmende Wirtschaft nicht zu wundern. Wirtschaftsminister Clement hat meiner Überzeugung nach keine vornehmlichere Aufgabe als sich für die Befreiung des Unternehmertums einzusetzen. Und er muß sich darüber im klaren sein, daß jeder Kompromiß ein fauler Kompromiß ist, der die Stoßrichtung um 180° dreht. Die sogenannte Hartz-Reform (I, II, III) ist das beste Beispiel dafür, daß mit komplizierter Bürokratie keine unternehmerische Initiative provoziert werden kann.

Der Lehrstellenmarkt muß ein Markt bleiben

Nun hat die Bundesregierung sich mal wieder dazu entschlossen, eine Strafgebühr für Betriebe zu erheben, die nicht oder (nach Meinung irgendwelcher Behörden) nicht genug ausbilden. Es liegt vielleicht an der aktuellen Aufregung in der Steuerdiskussion, daß diese Ankündigung noch nicht den angemessenen Protest hervorruft. Wie auch immer: Die geplante Regelung stellt nicht minder eine grobe ordnungspolitische Verfehlung dar und wird dem Nachwuchs, um deren Zukunft wir zweifellos besorgt sein müssen, im Endeffekt mehr schaden als nützen.

Ausgangspunkt dieser Auseinandersetzung um Selbstregulierung der Wirtschaft versus staatliche Intervention ist die statistisch ausgewiesene Lücke zwischen 35 000 Lehrstellen suchenden Jugendlichen und dem gegenüberstehenden Angebot von 15 000 seitens der Betriebe. Strittig ist von vornherein, inwiefern diese Zahl tatsächlich die Situation auf dem Lehrstellenmarkt widerspiegelt. Vertreter der Privatwirtschaft jedenfalls klagen häufig über zu wenig Bewerbungen. Da jedoch ausschlaggebend für die Bilanz von Lehrstellen und Bewerbungen die Verteilung auf die Branchen und Regionen ist, muß das kein Widerspruch sein.

Es ist nicht überraschend festzustellen, daß viele Bewerbungen auf Berufe entfallen, die angesehen, abwechslungsreich und gut bezahlt sind sowie angenehme Arbeitszeiten bieten. Wenige, oft zu wenige Bewerbungen gehen bei Branchen ein, deren Angebot nicht durchgehend so positiv klingt. Als Beispiel mag der Bäckerberuf gelten. Hier schrecken häufig schon die unattraktiven Arbeitszeiten Jugendliche ab. Das ist zwar verständlich, doch kann man hieraus nicht die Forderung erheben, Jugendlichen jeden Ausbildungsplatz zur Verfügung zu stellen, den sie begehren. Das führt letztlich zu einer Ausbildungsplatzgarantie, die nicht nur die betroffenen

Unternehmen bezahlen müssen, sondern die ganze Gesellschaft.

Ein Beispiel einer derartig verfehlten Politik, das wir nicht lange suchen müssen, ist die universitäre Ausbildung. Ein kostenloses Studium in Verbindung mit dem rechtlichen Anspruch, alles studieren zu dürfen, hat regelmäßig zur Fehlallokation geführt: Lehrerschwemme, Ärzteschwemme, Ingenieurschwemme, Juristenschwemme – ganz zu Schweigen von einigen Fakultäten, deren Absolventenzahl permanent das Arbeitsplatzangebot übersteigt. Und als Überreaktion auf die jeweils schlechte Arbeitsmarktlage wieder umgekehrt: Ingenieurmangel, Ärztemangel, Lehrermangel (derzeit wieder 74 000). Grund hierfür ist die Tatsache, daß in Deutschland die Wahl des Studiengangs häufig weit entfernt vom Markt getroffen wird. Mit der Überziehung des Arguments der freien Persönlichkeitsentfaltung soll jede Tür ganz weit offen gehalten werden. Doch man denkt den Weg nicht bis zum Ende. Wer einen Beruf erlernt hat, sollte ihn auch ausüben können! Alles andere führt nur zum Persönlichkeitsfrust.

Fast jeder Unternehmer oder Topmanager weiß, daß sein zentrales Betriebsvermögen das Humanvermögen ist, namentlich das spezifische Know-how seiner Mitarbeiter. Sofern es die Marktprognosen hergeben, wird er schon aus Eigeninteresse immer darauf achten, genug Nachwuchs zu bekommen. Durch die Ausbildung im eigenen Unternehmen hat er die einmalige Chance, den Nachwuchs zu prägen. Wenn sich daher ein Unternehmer für weniger Lehrstellen entscheidet, hat dies meistens den Grund, daß er die Zukunft der Branche oder speziell seines Unternehmens als unzureichend expansiv einschätzt. Verantwortungsvolle Unternehmer bilden nicht mehr Jugendliche aus, als sie vermutlich weiterbeschäftigen können. Und vernünftige Unternehmer bilden auch niemand aus, dessen Potential ihre Personalabteilungen als unzureichend bewerten. Nach Schilderungen insbesondere vieler Mittelständler scheitert die Vergabe von Lehrstellen immer häufiger an den gesunkenen Qualifikationen von Schulabgängern. Sie sehen die durch die PISA-Studie bestätigte Verfehlung der Bildungspolitik als Ursache. Die Politik hat ihre Hausaufgaben nicht gemacht. Nun soll die Wirtschaft die Strafarbeit erledigen!

Der sozialistische Irrglaube, wonach irgendwelche staatlichen Behörden sich das Wissen über die Entwicklung der Märkte anmaßen, holt uns mit der Lehrstellenabgabe wieder ein. Müssen wir denn immer wieder das Schreckgespenst des Sozialismus aus der Kiste holen, um klarzumachen, wo der Markt seine Vorteile hat? Wenn diese Vorteile auch für den Arbeitsmarkt genutzt werden sollen, dann muß der Lehrstellenmarkt ein Markt bleiben. So werden die jeweils am besten qualifizierten und die am stärksten engagierten Jugendlichen das Rennen um die begehrtesten Lehrstellen machen. Die übrigen müssen sich gegebenenfalls mit einer Ausbildung zu vielleicht weniger attraktiven, aber von der Gesellschaft gebrauchten Berufen zufrieden geben. Und sie werden mit dieser Lösung letztendlich zufriedener sein, als nach der Lehre in die Arbeitslosigkeit entlassen zu werden. Als nächstes wird noch die Übernahmegarantie gefordert, worauf vielleicht der Ruf nach allgemeiner Arbeitsplatzgarantie folgt.

Die Bundesregierung weiß das alles. Und wer die Äußerungen des Wirtschaftsministers hört, könnte auf die Idee kommen, daß hier nur Verhandlungsmasse für den Vermittlungsausschuß aufgebaut wird, die kurzfristig den Linken Freude macht, um dann geopfert zu werden. Aber das macht den Fehltritt wohl kaum besser.

Die Kehrseite der Überregulierung

Nach Schätzungen werden in Deutschland satte 16,5 Prozent des Bruttoinlandprodukts durch Schwarzarbeit erwirtschaftet. Das sind 4,5 Prozentpunkte mehr als noch 1990. Der Anstieg verlief geradezu linear steigend und läßt weitere Zuwächse erwarten. Die Bürger fliehen aus den Zwängen des Staates, und dieser versucht das Problem zu lösen, indem er Kontrollen und Strafen erhöht. Beispielsweise macht er aus dem Zoll, dessen Belegschaft in diesem Bereich auf 7000 Beamte aufgestockt werden soll, eine Truppe, die künftig weniger die Grenzüberschreitungen in die Nachbarländer als viel mehr die in die Schattenwirtschaft kontrollieren wird. Allein durch derartige Maßnahmen sind in den Jahren 2002 und 2003 die Personal- und Sachkosten um fast 50 Prozent auf eine halbe Milliarde Euro pro Jahr gestiegen. Und das, obwohl schon in den vier Jahren zuvor die Kosten um 44 Prozent angehoben worden waren.

Doch die drastischen Straferhöhungen haben der stetigen Zunahme der illegalen Schattenwirtschaft bislang keinen Abbruch getan. Warum sollten sie es in Zukunft tun? Und auch wenn man sich die Statistik zu Kosten und Nutzen bei der Bekämpfung der Schwarzarbeit letzter Jahre zu Gemüte führt, wird man schnell wieder auf den Boden der Realität geholt. Die Zahl der Ermittlungsverfahren ist in den letzten zehn Jahren stark gefallen, die Zahl der verhängten Strafen liefen der Steigerung der staatlichen Kontrollkosten teilweise ebenfalls entgegen, und tatsächlich gezahlt haben damals wie heute nur ein geringer Prozentsatz der Verurteilten, während die Schattenwirtschaft weiter wächst.

Man kennt das Problem auch aus anderen Bereichen und macht doch immer wieder denselben Fehler. Anstatt in die Ursachenbekämpfung zu investieren, doktert man an den Symptomen herum und bläht den Kontrollapparat auf. Eine neue international vergleichende OECD-Studie zeigt, daß insbesondere zwei Faktoren für die Ausbreitung der Schattenwirtschaft verantwortlich sind: erstens die Höhe der geforderten Steuern und Abgaben und zweitens die Reglementierung des Arbeitsmarktes. Durch die Erhöhung beider Faktoren – wen wundert es – steigt auch das Ausmaß der Schattenwirtschaft. Die USA hat daher mit Schwarzarbeit nachweislich die geringsten Probleme, während Griechenland und Italien uns heute schon zeigen, wo wir morgen landen, wenn wir nicht an die Ursachen herangehen.

Ein herausragendes Problem innerhalb des Faktors Arbeitsmarktregulierung ist die Arbeitszeitverkürzung. Studien belegen, daß eine generelle Arbeitszeitverkürzung zu mehr Schwarzarbeit führt. Danach würden viele Bürger grundsätzlich am liebsten um die 2000 Stunden im Jahr arbeiten. Werden sie etwa durch Tarifverträge dazu gezwungen, weniger zu arbeiten, ist die Bereitschaft, die aufgezwungene Freizeit durch Schwarzarbeit zu ersetzen, groß. Da dieser Zusammenhang unabhängig vom Lohnausgleich besteht, muß man auch unter diesem Aspekt die aktuellen Modelle der Arbeitszeitverkürzung als fragwürdige Gesamtlösung ansehen. Dasselbe gilt selbstverständlich für eine zu frühe Verrentung. Wer glaubt, daß alle Menschen, die noch in Vollbesitz ihrer geistigen und körperlichen Leistungskraft sind, der Versuchung widerstehen, mit ein wenig Schwarzarbeit ihr verlängertes Rentnerdasein aufzubessern, der lebt in Utopia.

Die bereits erreichte Größenordnung der Schattenwirtschaft zeigt sofort, daß wir die Schmerzgrenze dessen, was die Bürger an Einmischung zu ertragen bereit sind, längst überschritten haben. Das hohe Ausmaß der Schwarzarbeit muß meines Erachtens folgende Erkenntnisse fördern: Man kann die illegale Umgehung der Leistungsbesteuerung nicht mehr einfach als ein Produkt krimineller Energien ansehen. Ein großer Teil der Schwarzarbeit findet in einem kleinen Rahmen statt und beruht häufig auf einer Nachfrage, die auf dem ersten Arbeitsmarkt unter der hohen Steuer-, Abgaben- und Verwaltungslast niemals wirksam geworden wäre. Die Weitläufigkeit der Verbreitung ist darüber hinaus ein Indiz dafür, daß die Schwarzarbeit als probates Mittel gegen die unmäßige Einmischung des Staates beim Volk allgemein akzeptiert wird, was wiederum in einer freiheitlichen Gesellschaft vom Grundsatz her nicht mehr zum Tatbestand einer Rechtswidrigkeit paßt. Was ist von Gesetzen zu halten, deren Übertretung von den meisten Bürgern als moralisch gerechtfertigt gilt? Steuer- und Abgabenlast müssen ebenso wie die enge Reglementierung des Arbeitsmarkts deutlich heruntergefahren werden, bevor der Staat wieder auf das notwendige Unrechtsbewußtsein in den Herzen der Bürger bauen darf. Verschwendung bei der Verwendung und gleichzeitiges Klagen bei der Eintreibung von Steuergeldern paßt nicht zusammen und macht es jedem Schwarzarbeiter leicht, sein ungesetzliches Vorgehen vor sich und seinen Mitbürgern zu rechtfertigen.

Die ausgeprägte Organisation der Schattenwirtschaft zeigt darüber hinaus, wie Scharen von typischen Arbeitnehmern zu Kleinunternehmern werden können. Gerade in der Bau- und Handwerksbranche, in der viel am Fiskus vorbeigesteuert wird, sind die bestehenden Hürden in die legale Selbständigkeit für viele Menschen zu hoch. Auch hat die Einrichtung der Minijobs gezeigt, daß eine hohe Zahl an Bürgern bereit ist, in den legalen Arbeitsmarkt freiwillig einzutreten, wenn sich das Verhältnis von Brutto- und Nettolohn verbessert. Wir brauchen mehr Maßnahmen in dieser Richtung. Dann können wir uns auch wieder die Kontrolleure sparen!

Der Minijob als Deregulierungsventil

Es sind nun etwa zwei Jahre vergangen, seitdem die vermeintliche Wundertüte aus dem Hause Hartz mit Vorschlägen angereichert wurde, die Deutschlands Arbeitslosenzahlen auf die Hälfte senken sollten. Von einem derartigen Erfolg sind wir heute offensichtlich soweit entfernt, daß sich niemand mehr die Mühe einer Erfolgsbilanzierung macht. Eine Ausnahme stellt allerdings die Ende 2002 im Vermittlungsausschuß erzielte Einigung auf eine erweiterte Minijob-Regelung dar. Ganz im Gegensatz zu den anderen Hartz-Kategorien hat die seit April 2003 gültige Neuregelung eine enorme Wirkung gezeigt. Drei Monate später waren noch 5,7 Millionen geringfügig Beschäftigte registriert. Ein Jahr nach Einführung sind es bereits 7,5 Millionen. Im Kern ist damit aus dem Hartzpaket als einzige nur diejenige Maßnahme von der Praxis akzeptiert worden, welche einen spürbaren Schritt in Richtung Flexibilisierung des Arbeitsmarkts darstellte.

Nicht zuletzt die hier entmachteten Gewerkschaften, die auf die Minijob-Konditionen keinen tariflichen Einfluß haben, versuchen den Zuwachs von 1,8 Millionen in direkten Zusammenhang mit einem Abbau von 0,5 Millionen regulären tarifgebundenen Arbeitsplätzen zu stellen und damit den einzigen Erfolg der Hartzgesetze schlecht zu reden. Doch mit einem nüchternen Vergleich der Zahlen kann wohl keiner den Nettozuwachs leugnen. Sicher, ein Teil der regulären Vollzeitjobs wird einer Umwandlung in die günstigeren Minijobs zum Opfer gefallen sein, ohne daß hierfür unbedingt eine wirtschaftliche Notwendigkeit bestand. Das ist zwar nicht gewollt, muß aber als unausweichliche Nebenwirkung jeder wirksamen Medizin hingenommen werden. Auf keinen Fall jedoch sind 0,5 Millionen begehrte Normaljobs in 1,8 Millionen ungewollte Minijobs transferiert worden. Letztendlich müssen auch Skeptiker akzeptieren, daß höchstwahrscheinlich 350 000 bis 400 000 der gestrichenen Arbeitsplätze ersatzlos weggefallen wären. Das würde unterm Strich 1,4 Millionen neue Arbeitsplätze bedeuten, die zwar kein vollwertiges Familieneinkommen erbringen, aber gegenüber der Arbeitslosigkeit für den einzelnen und für die Gesellschaft die weitaus bessere Lösung darstellen. Wo wären wir in dieser schwierigen Zeit ohne die begeisterte Annahme des neuen Jobformats. Die Maßnahme war also richtig.

Die Statistik fördert einen weiteren Aspekt zutage. Wohl längst nicht alle der 7,5 Millionen Minijober wollen oder brauchen einen Vollzeitjob mit mehr als 400 Euro oder gar mehr als 800 Euro monatlichem Lohn. Allein 618 000 Menschen sind älter als 65 Jahre und auf einen höheren Lohn nicht angewiesen. Für diese Rentner und Pensionäre stellt ein Minijob die optimale Lösung dar, sich noch ein paar Euro hinzuzuverdienen. Die hohe und steigende Zahl der betagten Minijober widerlegt zum einen die Behauptung, es sei vollkommen ausgeschlossen, bis zum 67. Lebensjahr zu arbeiten. Zum anderen zeigt sie, daß es Möglichkeiten jenseits einer stumpfen Verlängerung der Lebensarbeitszeit gibt. Und aus alle dem kann man nur die Erkenntnis ziehen, daß man mit der Flexibilisierung des Arbeitsmarkts zügig weitermachen muß. Nichts anderes vermittelt auch die kürzlich veröffentlichte repräsentative Umfrage der „Initiative Neue Soziale Marktwirtschaft", wonach 57 Prozent der Unternehmen wegen des existierenden Kündigungsschutzes auf Neueinstellungen verzichtet haben. Beim Mittelstand waren es sogar 67 Prozent. Und 70 Prozent aller Unternehmen gaben sogar an, bei einer Lockerung des Kündigungsschutzes zusätzliche Arbeitsplätze schaffen zu wollen.

Will die Politik nicht jede Rationalität verlieren, so muß sie willens sein, aus Erfahrungen zu lernen, indem sie dort weitermacht, wo man zu Erfolgen kommt, und fallenläßt, was nicht fruchtet. Regierung und Opposition müssen sich zusammenraufen und den mit der Ausweitung der Minijobs eingeschlagenen Weg weiterverfolgen. Beginnen sollten sie mit einer Flexibilisierung bei Kleinunternehmen. Gerade diese gehen unter der derzeitigen Regelung erhebliche Risiken bei einer Neueinstellung ein und reagieren daher selbst bei guter Auftragslage nur mit einer Ausweitung der Überstunden. Wenn nämlich bei Verschlechterung der Marktlage nicht der vielleicht am leichtesten zu entbehrende Letzteingestellte entlassen werden darf, sondern statt dessen ein wichtiger Leistungsträger, nur weil er die entsprechende soziale Indikation besitzt, kann das gerade kleinere und mittlere Betriebe in Not bringen. Dieser Entlassungskonflikt, der häufig zwischen jungen Mitarbeitern, die durch ihre Vertrautheit mit neuen Technologien die Zukunftssubstanz eines Unternehmens darstellen, und älteren Arbeitnehmern entsteht, darf nicht gegen wirtschaftliche Vernunft geregelt sein, weil auf diese Weise mittelfristig alle Arbeitsplätze eines Betriebs in Gefahr geraten. Minijobs stellen da aufgrund der geringen Auflagen beim Kündigungsschutz einen Ausweg dar.

Will man allerdings – was die Gegner der Minijobregelung so sehr betonen – verhindern, daß Minijobs anstelle von regulären Vollzeitjobs geschaffen werden, nur um den Kündigungsschutz zu umgehen, so gibt es keine bessere Lösung, als den Kündigungsschutz allgemein zu lockern. Falsch ist der Glaube, die Alternative bestehe nur zwischen einem herkömmlichen Vollzeit-Arbeitsplatz und einem Minijob. Vielmehr gibt es eine dritte Alternative, und die heißt: gar kein Arbeitsplatz! Vielleicht will man der ja dann mit einer „Arbeitsplatzabgabe“ zu Leibe rücken.

Wettrüsten auf dem Arbeitsmarkt

Zum Thema Arbeitsmarkt und Arbeitslosigkeit liegen zwei Nachrichten vor – eine gute und eine schlechte. Ich will die gute zuerst nennen. Ende Juni 2003 übten 5,8 Millionen Menschen einen kurz zuvor eingeführten sogenannten Minijob aus. Das sind 1,7 Millionen mehr als neun Monate zuvor von der Bundesanstalt für Arbeit als geringfügig beschäftigt registriert worden sind. Und jetzt die schlechte Nachricht: Die Arbeitslosenzahlen sind trotzdem nicht zurückgegangen, sondern vielmehr gestiegen.

Nun werden einige vorschnell sagen, daß das Rückgängigmachen der 1999 von der rot-grünen Regierung eingeführten Sozialversicherungspflicht für Nebenerwerbstätige offenbar nichts gebracht und es nur eine Verschiebung schon vorhandener Arbeitsplätze gegeben habe. Die alte Neuregelung hätte unnötigerweise lediglich die vollwertigen Arbeitplätze im großen Stil verdrängt. Dies um so mehr als daß die einstige Höchstgrenze von 325 Euro auf 400 Euro angehoben wurde und auch keine Begrenzung der Wochenarbeitszeit von früher 15 Stunden mehr existiere. Das ist jedoch falsch!

Richtig ist, daß – laut dem Nürnberger Institut für Arbeitsmarkt- und Berufsforschung – von den 1,7 Millionen lediglich 640 000 Arbeitsplätze, die früher sozialversicherungspflichtig waren, durch die Erweiterung der Höchstgrenze nun als Minijobs zählen. Gleiches gilt für weitere 100 000 Nebenerwerbstätige. Somit bleiben unter dem Strich noch 960 000 Minijobs übrig. Das Erstaunliche: fast 900 000 dieser neuen Beschäftigungsverhältnisse entfallen auf Menschen, die zuvor nicht oder nicht legal beschäftigt waren und daher – wenigstens zum Teil – in der Arbeitslosenstatistik auftauchten. Wenn jetzt trotz dieses Erfolgs bei der Schaffung neuer Jobs im Niedriglohnbereich die Zahl der Arbeitslosen weiter gestiegen ist, zeigt das nicht weniger als die erschreckende

Dynamik in der Entwicklung der Arbeitslosigkeit. Wo wären wir ohne Zuwachs der Minijobs?

Auf eine dynamische Entwicklung der Arbeitslosigkeit scheint sich auch die Bundesregierung einzustellen. Obwohl immer wieder von der Verschlankung des Staates, von Einsparung und Entbürokratisierung die Rede ist, findet in der Arbeitslosenverwaltung eine Aufrüstung statt. Schon jetzt nimmt der Personalaufwand der Bundesanstalt mit seinen 90 000 Mitarbeitern den Spitzenplatz innerhalb der deutschen Behörden ein. Doch sie will mehr, viel mehr. Anscheinend sieht die Nürnberger Zentralbehörde auf die Bürger wenig, auf sich selbst jedoch viel Arbeit zukommen und meint weitere 30 000 Neuanstellungen zu benötigen. 12 000 sind ihr bereits von der Bundesregierung zugesagt.

Wer glaubt, wir seien das unseren arbeitslosen Mitbürgern schuldig, damit deren Vermittlungschancen steigen, der verkennt, daß nur etwa 11 000 Mitarbeiter der Bundesanstalt in der Vermittlung tätig sind. Der Rest ist mit der Verwaltung der Arbeitslosigkeit und mit sich ständig ändernden Vorschriften aus der Zentrale sowie der Berechnung supergerechter Pfennigfuchserei von Erstattungs-, Überbrückungs- und sonstiger individueller Geldleistungen beschäftigt. Und selbst ein Vermittler verbringt normalerweise nur die Hälfte seiner Zeit mit seinem eigentlichen Geschäft. Der Rest ist Verwaltung. Die Arbeitsämter in den Gemeinden beklagen das selbst schon lange und sehen sich als Opfer der Politik.

Diejenigen, die neuerdings das Vermittlungsgeschäft beleben sollen, die im Zuge der Hartz-Reform geschaffenen Personal-Service-Agenturen (PSA) der Arbeitsämter, kassieren zwar schon für jeden Arbeitslosen, den sie zur Leiharbeit anbieten, 1000 Euro monatlich. Der Erfolg läßt aber weiter auf sich warten. Ihr größter Effekt ist bislang von den angestammten privatwirtschaftlichen Leiharbeitsfirmen zu spüren. Da die PSA aufgrund der massiven staatlichen Unterstützung Leiharbeit zu Dumpingpreisen anbieten können, werden die Privaten zunehmend im ungleichen Wettbewerb ruiniert. Somit macht sich auch hier der Staat nur auf Kosten der Privatwirtschaft breit.

Was kann man aus diesen Kabinettstückchen lernen? Weniger ist manchmal mehr! Und diese verblüffende Weisheit läßt sich wohl nirgendwo so gut anwenden, wie im Falle der staatlichen Regulierungswut. Während wir bei den Minijobs lediglich durch die Zurücknahme des Staates und die Schaffung ganz einfacher und klarer Regeln einen großen Erfolg zu verzeichnen haben, gelingt dasselbe durch kostenaufwendige Bürokratieaufblähung nicht, sondern wird sogar verschlimmert. Anstatt also abzurüsten, stellt man dem Heer der Arbeitslosen ein Heer der Arbeitsbeamten entgegen. Fürchtet die Behörde etwa, durch weitere Deregulierung an Bedeutung zu verlieren? Oder definiert sie die maßlose Forderung nach 30 000 Neuanstellungen selbst als arbeitsmarktpolitische Maßnahme?

Wenn man bereit ist, für die Bundesbehörde so viel Geld auszugeben, sollte man es für eine effizientere Struktur investieren und damit große Einsparpotentiale für die Zukunft schaffen. Nach wie vor sind die regionalen Arbeitsämter informationstechnisch nicht miteinander vernetzt. Ein Dschungel an inkompatiblen Systemen und Datenbanken verhindert eine unkomplizierte überregionale Job-Suche. Die Kosten für die Einrichtung eines wirkungsvollen „virtuellen Arbeitsmarktes“ werden auf 50-60 Millionen Euro geschätzt. Das ist zwar viel, entspricht aber grob gerechnet gerade einmal dem, was vielleicht 1000 Angestellte der Bundesanstalt für Arbeit jedes Jahr aufs neue kosten.

Zu schön, um wahr zu sein?

Immer wieder erleben wir das gleiche Ritual der letzten Jahre: neue Steuerschätzung, neue Haushaltslöcher, neues Sparprogramm, neue Ratlosigkeit. Auf der Suche nach Sparmöglichkeiten werden die bestehenden Subventionstöpfe erneut umschlichen, um herauszufinden, auf welche Ausgaben man am besten verzichten kann. Daß dabei die Eigenheimzulage immer wieder in die Diskussion gerät, weil sie mit insgesamt ca. 10 Milliarden Euro über die Jahre einen dicken Brocken in der Subventionssuppe darstellt, ist weniger überraschend als ein Teil der mitgelieferten Begründungen, die für ihre Abschaffung vorgebracht werden. Man spricht ganz vorsichtig von einem ausgeglichenen Wohnungsmarkt, der keiner öffentlichen Subvention im herkömmlichen Sinne mehr bedürfe. Im Prinzip ist das vernünftig, zumal man weiß, daß die obligatorische staatliche Förderung ohnehin auf die Marktpreise durchschlägt und zu einer Verteuerung der Baukosten führt. Der Staat soll sich also herausziehen und dem Markt eine vernünftige Balancierung überlassen. Doch weil die Eigenheimzulage bei weitem nicht die einzige Störung auf dem Immobilienmarkt ist, laufen wir mit der willkürlichen Streichung einer einzigen Maßnahme Gefahr, weitere Schieflagen zu erzeugen. Um die Marktprozesse wirklich zu verbessern, müssen auch andere Eingriffe beseitigt werden. Schauen wir uns den vermeintlichen Markt mal ein bißchen näher an.

Die Wohnfläche pro Person ist die höchste in ganz Europa und allein seit 1970 um 70 Prozent gestiegen. Nirgendwo ist der Wohnungs- und insbesondere der Mietsektor so überreguliert wie in Deutschland. Durch großzügige Steuergeschenke etwa hat der Staat nach der Wiedervereinigung in den neuen Bundesländern einen riesigen künstlichen Immobilienboom in Gang gesetzt. Darunter waren Tausende von Wohnungen, die schon damals niemand benötigte. Die seither sinkenden Bevölkerungszahlen Ostdeutschlands zogen lediglich öffentlich geförderte Abrißprogramme nach sich.

Hunderttausende von Wohnungen sind in ganz Deutschland immer noch im Besitz von staatlichen oder kommunalen Wohnungsunternehmen, die nicht zuletzt aufgrund künstlich niedrig gehaltener Mieten zunehmend defizitär arbeiten. Das hat beispielsweise Unternehmen, die früher noch Wohnungen für ihre Mitarbeiter unterhielten, dazu veranlaßt, diese wegen mangelnder Wirtschaftlichkeit abzustoßen. Ein klassischer Verdrängungseffekt der Privatwirtschaft durch staatliches Engagement. Gleichzeitig kann man eine neue Fehlentwicklung beobachten. Der überbürokratisierte Mietmarkt führt häufig dazu, daß in großen geförderten Wohnungen Einzelpersonen leben, weil diese für sie billiger sind, als eine passende kleinere, aber nicht geförderte Wohnung. Des weiteren wird trotz ausreichenden Wohnraums mit Mietspiegeln und allen möglichen bürokratischen Instrumenten aus der Zeit des Wohnungsmangels ein Markt kontrolliert, der im allgemeinen ohnehin durch sinkende Mieten gekennzeichnet ist. Wenn nun die verantwortlichen Politiker jammern, daß man das Sparen nicht übertreiben könne, weil man sonst das zarte Pflänzchen einer aufkeimenden Konjunktur wieder zerstöre, dann könnte man folgendes Programm aufstellen:

1. Totale Deregulierung des Wohnungsmarkts innerhalb von drei Jahren. Das wäre der größte Bürokratieabbau in der Nachkriegsgeschichte Deutschlands.
2. Privatisierung der gesamten in öffentlicher Hand befindlichen Wohnungsbestände. Das bringt den überschuldeten Ländern und Kommunen Geld für die dringend benötigte Verbesserung der Infrastruktur, insbesondere des Bildungs- und Hochschulwesens sowie der Kinderbetreuung und gibt sofort Aufträge für die am Boden liegende Bauwirtschaft.
3. Deutschland hat eine Eigentumsquote von nur 42 Prozent und steht damit in Europa im unteren Bereich. Durch eine

Privatisierung könnten sich viele junge Familien, denen man beim Verkauf eine gewisse Bevorzugung einräumen sollte, preisgünstige Eigentumswohnungen kaufen und sich damit auch noch die gewünschte eigenverantwortliche Altersvorsorge verbessern. Durch die anfallenden Umbau- und Renovierungsarbeiten entstünde – im Gegensatz zu den globalen Märkten der Konsumgüter und des Tourismus – eine direkte zusätzliche Nachfrage nach Handwerkern auf dem Binnenmarkt.

4. Die notwendigen Transaktionen bei Vermittlung, Verkauf und Planung würden einer Vielzahl von Dienstleistungsunternehmen neue Aufträge bringen und die wirtschaftliche Stimmung verbessern.

Die Privatisierung des Wohnungsmarkts brächte auch zum Vorschein, daß die vielen Beschränkungen und Subventionen dazu geführt haben, daß Deutschland auf dem Immobilienmarkt schon jetzt der größte Kapitalexporteur Europas ist. Aus keinem europäischen Land fließt so viel Geld von Anlegern in Immobilien anderer europäischer Länder, weil dort günstigere Renditen möglich sind, wie aus Deutschland.

Innerhalb eines solchen Konzepts kann die Eigenheimzulage ruhig abgeschafft werden. Auch im Hinblick auf den niedrigen Marktzins und die konjunkturbedingt günstigen Baukosten kann der Bauherr und Eigentumsinteressent den Nettoausfall der öffentlichen Förderung am Markt kompensieren. Ein solches Maßnahmenbündel, das fast nur Gewinner hat, klingt wie ein Märchen: Subventionsabbau, Entbürokratisierung, Konjunkturprogramm, Privatisierung, Chancen auf ein Eigenheim und Altersvorsorge in einem. Und so hat die Sache doch noch einen Haken: Um die Geschichte wahr zu machen, bedarf es mehr als einen Märchenerzähler. Wir brauchen verantwortliche Politiker, die die Heldenrolle übernehmen und das heiße Eisen auch anfassen.

Das Perpetuum mobile der Bürokratie

Hartz IV ist notwendig, doch es klingt wie „Härte hoch 10“ oder wie „hart und ungnädig“, wie eine durchnumerierte und erbarmungslos zuschlagende Wunderwaffe. Daß man so eher Panik statt Einsicht erzeugt, habe ich schon beklagt. Es handelt sich bei der Vermittlung nicht nur um eine verschönernde Oberflächenbehandlung. Die aktuellen Unruhen zeigen, daß auf dieser Grundlage die Betroffenen der Arbeitsmarktreformen zum Spielball verschiedener sogenannter Arbeitsloseninitiativen werden, die zur vielfältigen Boykottierung aufrufen. Einer dieser Ratschläge, Hartz IV zu unterlaufen, lautet: Wer nach der neuen Regelung keine Arbeitslosenhilfe mehr bekomme, der solle einfach eine Ich-AG gründen, um im Genuß staatlicher Unterstützungen zu bleiben.

Das Hartz-Programm besitzt offenbar mehr Herz als mancher glaubt. Schließlich gehört die Erfindung der Ich-AG auch dazu. Zwar wird einigen mit Hartz IV die gewohnte Versorgung versagt, doch bestehen ja im neu gewachsenen Paragraphendschungel immer noch genug andere Möglichkeiten. So kann nach derzeitiger Regelung jeder arbeitslos Gemeldete, der nach eigenen Angaben eine selbständige Aktivität von mehr als 15 Wochenstunden aufnehmen will und brutto nicht mehr als 25 000 Euro im Jahr damit verdient, ungewöhnlich unbürokratisch eine Förderung beanspruchen.

Da nach Schätzungen etwa eine halbe Million Menschen, deren Lebenspartner genug für eine Fürsorge verdienen, von der Streichung der bisherigen Arbeitslosenhilfe betroffen sind, fürchtet man in der Regierung verständlicherweise eine ungewollte Ausnutzung des ohnehin und zu Recht sehr umstrittenen Ich-AG-Gesetzes aus der ersten Hartz-Stunde. Die Ich-AG wird inzwischen von allen Experten für den ursprünglichen Zweck, nämlich Selbständigkeit zu fördern, als weitgehend wirkungslos erachtet. Man fordert daher ihre

Streichung. Auch die OECD mahnte in ihrem jüngsten Deutschlandbericht eine ernsthafte Überprüfung an. Gerechtfertigt war die Einführung der Ich-AG meines Erachtens ohnehin nur deswegen, weil kein großer bürokratischer Aufwand mit ihr einher ging, und ein Versuch schnell klären konnte, ob sie einen Beitrag zum Abbau der Arbeitslosigkeit liefern kann oder nicht. Man weiß inzwischen, sie tut es nicht. Statt dessen droht sie nun sogar die erhofften Vorteile von Hartz IV zu konterkarieren. Was also hindert die Bundesregierung daran, die Ich-AG im Zuge von Hartz IV endlich wieder abzuschaffen?

Entgegen allen Lippenbekenntnissen und Sonntagsreden ist und bleibt die Regulierungswut der Bundesregierung liebstes Steckenpferd. Zwar ist man sich im klaren darüber, die Zweckentfremdung der Ich-AG verhindern zu müssen, doch soll dies einmal mehr durch den Aufbau von Bürokratie statt durch eine Verbesserung der Regeln geschehen. Im Bundeswirtschaftsministerium plant man zu diesem Zweck den Einbau einer Vergabehürde. Bei der Beantragung zur Förderung eines Ein-Mann-Betriebs soll ein sogenannter „Geschäftsplan" vorgelegt werden. Wer also die Fördergelder beanspruchen möchte, soll künftig schriftlich darlegen, auf welcher Grundlage und auf welche Weise er in absehbarer Zeit Gewinne in der Ich-AG realisieren will. Gezahlt werden soll nur, wenn alles Hand und Fuß hat.

Man mag den Urhebern dieser nur auf den ersten Blick vernünftigen wirkenden Idee zugute halten, daß Beamte grundsätzlich ein positives Verhältnis zu bürokratischem Aufwand haben und in der Hervorbringung selbigem eine selbständige Arbeitsbeschaffung sehen – eine Art Perpetuum mobile der Bürokratie. Andernfalls wäre es jedenfalls unverzeihlich, daß man aus einem wirkungslosen Gesetz zur Selbständigenförderung im zweiten Schritt – quasi als Steigerung der Verschwendung – auch noch ein Bürokratiemonster macht. Ein Geschäftsplan ist zwar sinnvoll für jeden, der sich in irgendeiner Weise selbständig machen will. Wenn man dessen Qualität aber als entscheidendes Kriterium zur Vergabe von Geldern macht, bedeutet dies einen enormen Aufwand an fachkundiger Prüfung der Planungsdaten sowie die Kontrolle über die Einhaltung der angegebenen Vorhaben. Ein Aufwand, den die Banken und Kreditinstitute bei der Vergabe von Kleinkrediten schon lange abgelegt haben, weil er unverhältnismäßig hoch ist. Es bedarf keiner großen Phantasie, sich vorzustellen, daß sowohl das Klientel der Ich-AGs als auch die zur Verfügung stehenden Verwaltungsangestellten maßlos überfordert wären. Der Aufwand der öffentlichen Verwaltung, den man selbst im Falle, daß man diese neue Aufgabe bewältigen könnte, betreiben müßte, kann ganz offensichtlich nicht mit den möglichen Erfolgen gerechtfertigt werden.

Das Ganze ist ein Paradebeispiel für den bürokratischen Aufrüstungsmechanismus der letzten Jahrzehnte: Erst verabschiedet man ungeeignete Gesetze, merkt dann, daß sie umgangen, ausgenutzt oder konterkariert werden, um schließlich einen ganzen Schwanz an Verfeinerungen, Ausnahmen und notwendiger Kontrollmaßnahmen folgen zu lassen. Am anschaulichsten war dieser Mechanismus immer in der Steuergesetzgebung. Doch man sieht, es läuft im sozialpolitischen Bereich auch nicht besser. Nur einfache und klare Regelungen können im Endeffekt die Anreize bewirken, die alle immer setzen wollen. Und nur mit solchen Regeln ist auch ein wirklicher Bürokratieabbau möglich. Wirtschaftsminister Clement, der eigentlich für einen glaubwürdigen Willen zur Bürokratieverschlankung steht, sollte die Gelegenheit demonstrativ zur Streichung nutzen, anstatt aufwendige Kontrollprozesse auszuklügeln.

Gesundheits- und Sozialpolitik: Die Suche nach neuen Konzepten

Mehr Wettbewerb im Gesundheitswesen

Die Gesundheitsreform ist eines der Projekte, die sich Bundeskanzler Schröder für seine zweite Regierungsperiode aufgehoben hat. Eine Expertenkommission unter der Leitung des Sozialwissenschaftlers Rürup sollte seiner bisher im Zaum gehaltenen Genossin Ulla Schmidt die notwendigen Konzepte erarbeiten. Doch die Diskussionen über die präsentierten Ergebnisse zeigten, daß die Bundesregierung an dieser Herkulesaufgabe abermals zu scheitern droht. Alle mutigen Ideen, die ein zukunftsfähiges Gesundheitssystem im Blick hatten, wurden schon im Vorfeld von der Ministerin abgebügelt.

Ein Blick auf die Zusammensetzung der Rürup-Kommission zeigt schnell die Ursachen. Die Kommission besteht aus 26 Mitgliedern. Dort finden sich neben ein paar Wissenschaftlern vor allem Gewerkschaftsfunktionäre, Politiker, Arbeitgebervertreter und Vorstände von Krankenversicherungen. Ärzte sind übrigens nicht vertreten! Mit dieser Zusammensetzung ist die Expertenrunde nur Konsensrunde für den Ausgleich von Interessen – ganz nach dem Geschmack des Kanzlers. Die Wissenschaftler – allen voran Rürup – scheinen dabei vor allem für die Namengebung eine Rolle gespielt zu haben. Ihre Weisheiten möchte man jedenfalls nun doch nicht so gerne hören.

Vor Beginn der Arbeit der Kommission hätte geklärt werden müssen, welches Ziel sie überhaupt verfolgt. Das Ziel einer vernünftigen Gesundheitspolitik muß in jedem Fall die gesundheitliche Versorgung der Bevölkerung sein. Die Finanzierbarkeit ist die Randbedingung. Demnach sind zwei Fragen zu klären. Erstens: Wieviel Geld sind die Bundesbürger bereit für ihre Gesundheit auszugeben? Und zweitens: Wie kann ich gewährleisten, daß dieses Geld auch möglichst effizient eingesetzt wird?

Diese Frage kann nicht grundsätzlich anders gelöst werden als die Versorgungsfrage anderer knapper Güter und Dienstleistungen. Ich habe noch nie verstanden, warum man den Sieg des freien Wettbewerbs über die Zentralplanwirtschaft feiert und gleichzeitig den Gesundheitsbereich mit der Begründung, es handele sich hier um einen besonders wichtigen Bereich, als Ausnahme deklariert. Müßten wir dann nicht auch die Grundnahrungsmittel sowie Wohnungsversorgung und ähnliches staatlichem Dirigismus unterwerfen? Nein, was wir brauchen, ist mehr Wettbewerb im Gesundheitssystem. Und da muß man genau hinschauen, wo der greifen kann.

In einer Forsa-Umfrage, die bereits vor den Wahlen im Auftrag des Gesundheitsministeriums durchgeführt wurde, kam unter anderem heraus, daß die Deutschen lieber Beitragssatzsteigerungen hinnähmen als Leistungsbegrenzungen. Auch wenn wir gerne möglichst viel Geld für luxuriöse Urlaubsreisen oder große Autos von unserem Jahresgehalt übrig behalten möchten, so würden wir letztendlich auf einiges verzichten zugunsten gesundheitlicher Leistungen. Die Deutschen müssen lernen, daß die verstärkte Inanspruchnahme von Dienstleistungen im Gesundheitswesen auch in Konkurrenz zum Vergnügungskonsum steht und nicht beliebig im Bruttolohn versteckt werden kann. Wieviel jeder einzelne bereit ist für seine Gesundheit auszugeben, kann hingegen – wie bei allen anderen Gütern und Dienstleistungen auch – zentral nicht bestimmt werden. Hierzu müssen dem einzelnen Freiräume und Wahlmöglichkeiten eingeräumt werden. Zur echten Risikoabsicherung eine Grundversorgung durch die Solidargemeinschaft zu gewährleisten, würde daher vollkommen ausreichen. Natürlich wird es dann auch Menschen geben, denen die Freiräume fehlen, weil sie zuwenig Geld verdienen. Eine Zweiklassenmedizin gibt es aber schon längst. Die Gewährleistung einer Grundversorgung könnte durch eine Reform hingegen auf lange Frist gesichert werden und auch für den Kleinstverdiener besser sein als der Status quo. Obendrein käme sie ohne Doppelmoral aus.

Den Wettbewerb durch die Einschränkung der freien Arztwahl zu behindern, würde bei vielen Menschen nicht nur für den Moment Probleme aufwerfen, sondern auch die Motivation der Ärzte auf Dauer minimieren. Man stelle sich einmal vor, welche Mühe sich eine Friseurin noch geben würde, wenn ihre Kundschaft gezwungen wäre, nur ihre Dienste in Anspruch zu nehmen.

Ein weiteres langfristiges Motivationsproblem zeichnet sich schon seit Jahren ab. Wenn man als Kassenpatient in Deutschland einen Fach- oder Zahnarzttermin haben will, muß man sich über mehrmonatige Wartezeiten nicht mehr wundern. Wenn man zum Hausarzt geht, sind die Warteräume überfüllt. Steht eine Operation an, wird man immer häufiger vertröstet. Die Kapazitäten der Ärzte sind durch eine streng restriktive Budgetierungspolitik längst ausgeschöpft. Doch der staatliche Dirigismus im Gesundheitswesen führt statt dessen unter rot-grüner Federführung den Klassenkampf im Gesundheitswesen unbeirrt fort.

Ein Blick in die Studentenstatistik zeigt, daß Deutschland schon in wenigen Jahren der Ärztenotstand droht. Zwischen 1994 und 2001 sank die Zahl der Absolventen eines Medizinstudiums um 23 Prozent. Zusätzlich wandern viele junge Ärzte ins Ausland ab, offenbar ist der Beruf für viele junge Menschen in Deutschland nicht mehr attraktiv. Wer durch Niederlassung die wirtschaftliche Selbständigkeit anstrebt, erreicht heutzutage geradezu das Gegenteil. Er legt sein Schicksal in die Hände der Gesundheitspolitiker, die mit dirigistischem Ehrgeiz sich täglich neue Verwaltungsvorschriften, Budgetbegrenzungen und Abrechnungskontrollen ausdenken. Das alles hilft nicht. Was fehlt ist die Eigenverantwortlichkeit und die Transparenz für alle Beteiligten.

Unbefriedigend ist auch die Verkrustung und Verschwendung im Lager der Krankenkassen. Zwar gibt es eine Unzahl an Krankenkassen in Deutschland, es wird aber alles unternommen, den Wettbewerb zwischen ihnen zu beschränken. Hier stellt sich die AOK, die im Schutze der Politik in den letzten Jahrzehnten ein Imperium aufgebaut hat, das der Präsenz des Arbeitsamtes gleicht, als besonders einflußreich heraus. Als die Techniker-Krankenkasse mit einem innovativen Modellversuch zum Selbstbehalt überraschte, wurde sie hart von der Ministerin Schmidt mit den Worten „zuviel Wettbewerb" ausgebremst. Auch gab es den irrwitzigen Fall, daß zwei besonders günstige Betriebskrankenkassen per Gerichtsbeschluß zur Beitragserhöhung gezwungen wurden.

Es gibt nur zwei vernünftige Alternativen im Bereich der Krankenversicherung. Entweder wir lassen weiterhin die große Zahl der Kassen zu und heben jede Beschränkung für die Versicherten auf, die Kasse ihres Vertrauens zu wählen. Dabei muß aber der Inhalt der Leistungen verhandelbar sein. Unwirtschaftliche Krankenkassen müssen die Konsequenzen aus dem Wettbewerb tragen und dürfen nicht mehr über umfangreiche Strukturausgleiche für ihre Mißwirtschaft belohnt werden. Dann werden auch die besten Unternehmen den meisten Zulauf bekommen und sich durchsetzen.

Die Alternative hierzu besteht in der Beschränkung auf eine Einheitskasse, welche die Grundversorgung im Sinne Rürups mit einem minimalen Verwaltungsaufwand erledigen muß. Was darüber hinaus an Zusatzversicherungen oder Direktzahlungen geleistet wird, bleibt reine Privatsache.

Rürup hat recht, wenn er den Ball an die Politik zurückspielt. Nur diese kann eine Entscheidung treffen, und sie muß sie auf lange Sicht verantworten können. Geben wir dem Gesundheitssektor eine echte Entwicklungschance. Im Vergleich zu vielen anderen Branchen besitzt er ein großes Wachstumspotential. Die Nachfrage ist jedenfalls auch für die Zukunft gesichert.

Die Bürgerversicherung führt in die Sackgasse

Kaum daß im Gesundheitswesen ein lange beschworener Reformkompromiß erreicht wurde und ein erster zaghafter Schritt in die richtige Richtung gewagt wurde, da tönte aus den unterschiedlichsten Kanälen, der angeblich unumgängliche Weg zur Problemlösung sei langfristig die Bürgerversicherung. Man kann nur hoffen, daß die Befürworter dieser Reformvariante nicht mehr im Sinn hatten als die Initiierung eines Sommertheaters. Das scheint ihnen jedenfalls gelungen zu sein. In einer „Stern"-Umfrage sprachen sich rund die Hälfte der Befragten für die Einführung einer Bürgerversicherung aus. Offensichtlich wurden hier schon einige Erwartungen geweckt.

Wer in diesen Tagen eine Bürgerversicherung als das nachhaltige Heilungsmittel schlechthin anpreist, versucht durch geschickte Wortwahl einen unheilvollen Köder auszulegen. Zu einer modernen Bürgergesellschaft – so könnte man meinen – gehört auch eine Bürgerversicherung. Das klingt schlüssig. Der verantwortungsvolle Bürger leistet seinen Beitrag für das Kollektiv auch im Bereich der Absicherung für Not und Alter. So weit, so gut. Warum aber braucht er dazu eine Einheitsversicherung, die ihm keine Wahl läßt?

So schön wie die Verheißungen seitens der Befürworter einer Bürgerversicherung klingen, so sehr sind die zugrundeliegenden Vorstellungen den alten sozialistischen Utopien verhaftet. Zumindest führen sie in die entgegengesetzte Richtung, die diejenigen gehen wollen, welche den Bürgerbegriff ernst nehmen und mit ihm Eigenverantwortung, Wettbewerb und Chancengleichheit betonen wollen. Vordergründig mag so mancher die Einheitsversicherung sogar mit diesen Werten für verträglich halten. Letztendlich ist sie es aber nicht, und sie würde daher auch keinen langfristigen Bestand haben.

Schaut man einmal, was in der schönen Verpackung „Bürgerversicherung“ drinsteckt, dann offenbart sich im Grunde nichts anderes als eine zweckgebundene allgemeine Steuererhöhung. Hier wäre in der Tat der Vorwurf angebracht, man nehme dem Steuerzahler aus der linken Tasche das, was man ihm in die rechte Tasche hinein gegeben hat. Der Bürger dürfte wieder nicht entscheiden, wofür er sein verdientes Geld verwenden will. Doch Solidarität erfordert keine Entmündigung.

Sozial ausgeglichen soll das Ganze sein, weil man den Einkommensstarken, die vielfach bereits die Möglichkeit genutzt haben, sich aus dem staatlich geschützten Versicherungsmorast auszuklinken, wieder zum Ablaß zwingen will und ihnen dabei besonders schamlos in die Tasche greifen möchte.

Sicher, der Vorteil einer obligatorischen Einbeziehung aller Bürger und Einkommen läge in einer umfangreichen Erweiterung der Finanzierungsgrundlage, ohne den Faktor Arbeit weiter direkt zu belasten. Belastet wird in letzter Konsequenz aber der Bürger. Das bedeutet die Bezeichnung „Bürgerversicherung“! Zu glauben, man könne mit einer zwangsverordneten Einheitsversicherung langfristig eine effiziente Versorgung im Gesundheitssektor sicherstellen, gehört zu den beliebtesten Fehleinschätzungen ewig gestriger Lenkungsideologen. Wer auf Wettbewerb verzichtet, baut letztendlich auf behördliche Kontrollinstanzen und programmiert Ineffizienz und wachsende Verwaltungsbäuche vor. Vermutlich spekulieren die Bürgerversicherungsideologen darauf, daß – einmal eingeführt – der Beitragssatz der Zwangsversicherung beliebig anpaßbar ist. Entziehen kann sich ja dann keiner mehr.

Ein Mißstand, auf den die Verkünder der Bürgerversicherung zu Recht verweisen, bezieht sich auf die sogenannten versicherungsfremden Leistungen. Mutterschaftsgeld oder Erziehungsurlaub beispielsweise sind familienpolitische Maßnahmen und haben nichts mit Absicherung gegen die Not von

Krankheit zu tun. Familienpolitik jedoch ist eine gesamtgesellschaftliche Angelegenheit, die konsequenterweise über Steuern finanziert werden müßte. Aus der Krankenversicherung aber quasi eine Steuer zu machen, nur weil es in der derzeitigen Versicherungspraxis vereinzelte Bereiche gibt, die sauberer über Steuern finanziert wären, hieße das Kind mit dem Bade auszuschütten. Die angemessene Maßnahme lautet selbstverständlich, nur eben diese Bereiche aus der Krankenversicherung herauszunehmen, sie mit Steuergeldern zu finanzieren und damit die Beiträge zu entlasten.

Klar ist, daß auch der jetzt beschlossene Kompromiß nicht die Lösung auf Jahrzehnte bedeutet. Dafür ist er noch viel zu weit vom Ideal entfernt. Daß die Gesundheitsministerin Ulla Schmidt sowie andere Verantwortliche jetzt schon die Notwendigkeit weiterer Reformen in bereits wenigen Jahren für erforderlich halten, sollte man ihnen aber keinesfalls als Versagen auslegen. Wie oft ist etwa bei der Rentenversicherung voreilig und selbstzufrieden von Jahrhundertreformen gesprochen worden, obgleich sie nicht einmal geeignet waren, die nächste Wahlperiode zu überdauern. Mehr Ehrlichkeit und Bescheidenheit in der Beurteilung kann da nicht schaden. Nur so kann vielleicht schrittweise eine Reform gelingen, die offensichtlich durch einen großen Sprung nicht zu schaffen ist. Wichtig ist, daß der erste Schritt die Tür zu einer echten Bürgerversicherung, welche mehr Eigenverantwortung und Wahlfreiheit beinhaltet, öffnet. Denn so wird langfristig eine ausreichende Mindestversorgung für jedermann wahrscheinlicher als durch alle gutgemeinten Lenkungs- und Beschränkungskonzepte.

Solidarität gehört in die Gemeinden

Wir haben uns an die schlechten Monatsstatistiken gewöhnt. Uns erschüttern keine 10,4 Prozent Arbeitslosenquote mehr. Wir hoffen auf Wachstum, mit dem sich alles bessern soll. Doch während die USA – wenn auch zur Hälfte militärisch induziert – für das erste Halbjahr satte 3,1 Prozent Wachstum errechnet haben, wären wir hierzulande schon über ein Prozent richtig froh gewesen. Aber selbst Amerika ist unzufrieden mit den geringen Effekten auf den Arbeitsmarkt. Wir brauchen mehr Wachstum. Soviel steht fest. Wenn wir uns aber nicht in den nächsten Selbstbetrug hineinsteigern wollen, müssen wir einsehen, daß selbst unter optimistischen Annahmen das Wachstum zur Behebung der Massenarbeitslosigkeit nicht ausreichen wird. Wachstum in der hierzu erforderlichen Größenordnung wird es auf überschaubare Zeit mit Sicherheit nicht mehr geben.

Ein weiteres Dauerproblem begleitet uns: Die Alten- und Krankenpflege. Wir haben mit der Einführung der Pflegeversicherung zwischenzeitlich für ruhigen Schlaf gesorgt, weil wir gerne geglaubt haben, daß man die Schwierigkeiten der Überalterung unserer Gesellschaft und des zunehmenden Dranges individueller Selbstverwirklichung durch die Zahlung von ein paar Euro monatlich überwinden könnten. Wir sind inzwischen auch hier gezwungen, den Tatsachen ins Auge zu schauen. Die Pflegeversicherung steht vor dem Zusammenbruch, weil die Kosten für eine professionelle Versorgung auf Dauer viel zu hoch sind.

In dieser Situation schwelt seit einiger Zeit ein zusätzlicher Brand, der ebensowenig durch ein niedrigprozentiges Wachstum gelöscht werden kann: die Gemeindefinanzierung. Viele Kommunen haben mit der Konkursverwaltung begonnen und üben sich in Schadensbegrenzung. Doch notwendige Ersatzinvestitionen bleiben zwangsläufig aus. Die kommunale

Infrastruktur verfällt. Schulen, Schwimmbäder, Turnhallen, Gemeindesäle, Parks und sonstige Selbstverständlichkeiten verwaisen, weil deren Instandhaltung und Betrieb riesige Defizite in kleinen Kassen verursacht.

Als Zugeständnis an die leeren Kassen der Kommunen soll nun im Zuge der Neuregelungen in der Arbeitslosenverwaltung die Vergabe von Sozialleistungen Bundesangelegenheit werden und zentral aus Nürnberg erfolgen. Diesen Weg halte ich für ganz falsch! Statt die Wirkungszusammenhänge sichtbar zu lassen, werden sie durch eine solche Maßnahme verwischt und behindern letztendlich die Entwicklung zu einer eigenverantwortlicheren Bürgergesellschaft, dem langfristig einzig gangbaren Weg. So zerplatzt im Reformreigen wieder eine Hoffnungsblase. Der Druck zu mehr Eigenverantwortung wird abnehmen, weil man den Bezug von Sozialtransfers noch weiter anonymisiert. Das kann sich unsere Gesellschaft nicht mehr leisten. Und für eine finanzielle Entlastung der Kommunen bedarf es keiner solchen Maßnahme. Sie kann auch anders erfolgen.

Die Gemeinschaft ist dem einzelnen in der Not verpflichtet. Das ist ein guter Grundsatz, der auch in einer Bürgergesellschaft seinen festen Platz hat. Jedoch verläuft dort die Verpflichtung auch umgekehrt. Das bedeutet nichts anderes, als daß jeder, der die Solidarität der Gemeinschaft in Anspruch nimmt, auch alles tut, was er selbst noch beitragen kann. In einer kleinen Gemeinschaft – etwa in der Familie, im Verein oder im Freundeskreis – würde das jeder als selbstverständlich empfinden. In einer großen anonymen Gesellschaft aber führt der konkrete Notfall gegenüber der unkonkreten anonymen Gesellschaft schnell zu einer einseitigen Anspruchshaltung. Deshalb ist es wichtig, die lokale Transparenz zu erhalten. Die Solidarität muß möglichst engmaschig sein und für Nehmer wie Geber erkennbar bleiben. Vorort kann durch diese Transparenz nicht nur am wirkungsvollsten einem Mißbrauch vorgebeugt werden. Die Empfänger von Sozialleistungen können dort, wo sie leben, auch am effizientesten für Sozialdienste und gemeinnützige Projekte eingesetzt werden. Die Motivation auf beiden Seiten wäre somit hoch, etwas aus der Notlage zu machen. Die Kommunen könnten öffentliche Güter und soziale Dienstleistungen anbieten, die ansonsten nicht mehr zustande kämen. Die Empfänger von Sozialleistungen hätten zugleich die Chance auf eine sinnvolle Beschäftigung, auch wenn sie nicht ihrer Profession entspricht.

Gerade die Alten und Krankenpflege muß entprofessionalisiert werden, damit sie noch bezahlbar bleibt. Es ist eine weitaus geringere Katastrophe, wenn beispielsweise ein langzeitarbeitsloser Schlosser einer alten Frau das Mittagessen bringt und mit ihr eine Runde spazieren geht, als wenn er nutzlos und deprimiert in der Ecke der Gesellschaft steht, während die alte Frau sich selbst und ihrer Hilflosigkeit überlassen bleibt. Der Vorwurf, gelegentlich zu hohe Ansprüche zu haben, triff daher nicht nur die Bürger, sondern auch unsere Gesetze und Vorschriften. Wir müssen mehr Mut zu suboptimalen Lösungen haben, damit wir überhaupt noch etwas lösen können. Die ganz einfachen menschlichen Dienste, die in unserer Gesellschaft verlorengegangen sind und für die wir nicht unbedingt eine Fachausbildung brauchen, könnten so wieder eine Renaissance erfahren. Und ähnlich wie bei den Zivildienstleistenden, ohne die schon heute nichts mehr funktionieren würde, müßten sich am Ende auch die Sozialhilfeempfänger nicht mehr als Drückeberger verschmähen lassen.

Selbstbetrug tut selten gut

Man kann es nicht oft genug wiederholen: Führung hat viel mit Vertrauen zu tun! Und wenn man bedenkt, daß – auch und gerade in einer Demokratie – Politik nach unserem Grundgesetz nichts anderes ist als ein Vier-Jahres-Auftrag zur politischen Führung, dann besinnt man sich bei dem aktuellen Durcheinander sehr schnell wieder darauf, woran es wohl am meisten fehlt: nämlich am Vertrauen! Die Deutschen haben kein Vertrauen mehr in die Politik und diejenigen, welche sie machen – genausowenig wie in diejenigen, welche sich als Alternativen anbieten.

Der große Politikverdruß ist kein Zeichen von politischem Desinteresse. Er kann genausogut als das Gegenteil gewertet werden – als das Ergebnis einer aufmerksamen Verfolgung der politischen Geschehnisse, an deren Ende allerdings immer die Frustration über den ewigen Vertrauensmißbrauch steht. Die großen Verheißungen der Politiker treten nicht ein. Man sollte deshalb treffender von Politikerverdruß sprechen. Egal worüber debattiert und abgestimmt wird, die Annahmen und Berechnungen der Protagonisten hinken der Wirklichkeit systematisch hinterher. Keiner wagt den Kassensturz, der einmal klar aufzeigen würde, worüber wir wirklich noch entscheiden können.

Zugegeben, trotz alledem bewegt sich etwas im Ton. Man denke etwa an die Rede des Bundeskanzlers vor der SPD-nahen IG-Metall. Die Atmosphäre bei Schröders mutiger Verteidigungsrede zu den Einschnitten im Sozialbereich erinnerte eher an die Wahlkampfrede vor dem SPD-kritischen Bund der Deutschen Industrie (BDI). Mit dem Grundsatz „wir werden tun, was nötig ist" versucht sich der Kanzler in Sachen Führungsstärke im unpopulären Bereich. Doch werden er und seine Mitstreiter niemals „tun können, was nötig ist", wenn sie erstens nicht bereit sind, mit offenen Augen zu sehen, was fehlt, und zweitens in der Umsetzung von Lösungsansätzen nicht schneller sind als der Nachschub an Hiobsbotschaften.

Beides hängt miteinander zusammen. Reformen können nur dann glaubhaft und effektiv sein, wenn sie auf dem Boden der Realität ausgearbeitet werden. Hier versagt die Bundesregierung, weil sie immer wieder mit kurzfristig angelegten Durchhalteparolen einen konjunkturellen Aufschwung herbeifeiern möchte, statt erst einmal klare und realistische Aussagen zu den Rahmendaten der tatsächlichen Möglichkeiten zu verkünden. Die Opposition wiederum lauert darauf, in einem solchen Falle die Rolle des schönredenden Retters zu übernehmen. Als beispielsweise Bundessozialministerin Schmidt ein wenig ihre Position in der Gesundheitspolitik verschoben hatte, wurde sie mit Vollgas von Horst Seehofer, der wie ausgewechselt war, links überholt.

Scheinbar ist die Versuchung doch zu groß, durch das Außerachtlassen bitterer Wahrheiten, politisch kurzfristig zu profitieren – in der Gesundheitspolitik ebenso wie in der Arbeitsmarktpolitik und aktuell wieder in der Rentenpolitik – es wird der Sieg der Hoffnung über die Erfahrung gefeiert. Doch wie verheerend sich diese Politik der Verdrängung langfristig auf die Stimmung im Lande auswirkt, zeigt sich wieder am Beispiel vom gescheiterten Hans, der auszog, um den Schulden das Fürchten zu lehren. Nun kehrt er heim, gezeichnet mit der historisch höchsten Neuverschuldung. Natürlich hätte es mit einer besseren Konjunktur anders ausgesehen. Aber politische Führung heißt, gerade in schlechten Zeiten einen Weg aus der Krise zu zeigen, indem man die notwendigen Kräfte mobilisiert und nicht die tatsächliche Lage verschleiert und die Notwendigkeiten leugnet.

Selbst wenn man für den Moment gewillt ist – ich bin es nicht – anzunehmen, daß der konjunkturelle Verlauf nichts mit der Bundespolitik zu tun hat, hätte der Finanzminister Hans Eichel seinen Haushalt und sein propagiertes Sparkonzept niemals auf Wachstumsraten aufbauen dürfen, deren Höhe Wunschdenken war. Ein verantwortungsvoller Privathaushalt macht das ebensowenig wie ein seriöses Unternehmen. Wer den Mut hatte, der Wahrheit ins Gesicht zu sehen, der wußte auch, daß nur ein Wunder die Einhaltung der Maastricht-Verträge ermöglichen konnte. Jetzt kann allerdings keiner mehr an das Wunder von Berlin glauben. Am Ende siegt die Erfahrung eben doch über die Hoffnung. Was dann bleibt, ist aber nur die Hoffnungslosigkeit in den Köpfen und Herzen der Bürger. Wie will man so einen Aufschwung mobilisieren?

Die noch immer keynesianisch geprägte Wirtschaftsphilosophie vieler Sozialdemokraten setzt allzugern auf Nachfrageinduzierung und will die Kaufbereitschaft der Massen stärken. Vergessen wird, daß gerade Keynes auf die hohe Bedeutung der Psychologie für Investition und Nachfrage hingewiesen hat. Wer schlechte Erwartungen hat, der hält sich zurück, spart sein Einkommen und knausert, selbst wenn er im Moment genug Geld für Konsum oder Investitionen hat.

Klarheit hat die Regierung endlich in der Rentenauszahlung 2004 geschaffen. Doch längerfristig bleibt alles um die Rente weiter ein unkalkulierbarer Faktor für die Bürger. Wieviel bekommen die Rentner von morgen? Wie stark steigen die Rentenbeiträge in den nächsten zehn bis zwanzig Jahren? Die Daten, mit denen man innerhalb verschiedener Szenarien die Antworten geben könnte, liegen vor. Warum diskutieren wir also nicht endlich über glaubhafte Alternativen. Der schlimmste Feind der Konjunktur ist und bleibt die Ungewißheit. Und die ist um so höher, je kürzer die Abstände zwischen den angeblichen Jahrhundertreformen werden.

Zivilgesellschaft statt Zivildienstleistende

Die Erfahrungen der letzten Jahre lassen die Zweifler an der Reformnotwendigkeit der Bundeswehr langsam verstummen. Zur Verteidigung der Landesgrenzen im geteilten Europa von gestern brauchte man noch andere Schwerpunkte als im Europa von heute, das jetzt insbesondere weltpolitisch seine Rolle finden muß. Hier kommt es auf die Einsatzfähigkeit einer gut ausgebildeten Truppe an, die letzten Endes nur durch eine Berufsarmee gewährleistet werden kann. Die Einsicht hierüber scheint sich weiter durchzusetzen.

Skeptisch gegenüber dieser Entwicklungstendenz bleiben viele jedoch aufgrund eines ganz anderen, fachfremden Argumentes: Wenn man in Deutschland die allgemeine Wehrpflicht abschafft, verschwindet auch der alternative Zivildienst. Doch soll man weiter wie bisher jungen Männern die Wehrpflicht abverlangen, um über den einhergehenden Wehrersatzdienst die Kranken- und Altenpflege sowie die Behindertenbetreuung finanzieren zu können? Nein, es handelt sich um zwei inhaltlich vollkommen getrennte Themenbereiche, man sollte sie auch getrennt lösen. Die Tatsache, daß sich der Zivildienst im Laufe der Geschichte der Bundesrepublik zu einem kleinen Ventil für den Kostendruck in den Sozialsystemen entwickelt hat, darf nicht darüber hinwegtäuschen, daß dies erstens weder seine eigentliche Aufgabe war noch das Problem im sozialen Bereich langfristig zu beheben in der Lage ist.

Seit 1990 schwankt die Zahl der Zivildienstleistenden zwischen 80 000 und 140 000. Derzeit befinden sich rund 95 000 in der Pflicht, für den der Bund jährlich 843 Millionen Euro zahlt. Achtzig Prozent davon arbeiten direkt im betreffenden Pflege- und Versorgungsdienst – davon 20 000 in Krankenhäusern. Anhand dieser vergleichsweise bescheidenen Zahlen stellt sich das Problem als eher unbedeutend dar. Lösbar ist es über Steuergelder oder Gebühren dennoch nicht. Die angespannte und perspektivlose Lage in den Sozialkassen und den öffentlichen Haushalten verhindern eine vollständige Professionalisierung der Sozialdienste. Während die unprofessionellen Zivildienstleister rein rechnerisch stündlich nur etwa 2,50 Euro kosten, muß für ausgebildetes Fachpersonal ein Vielfaches bezahlt werden. Diese Differenz kann auch durch die höhere Produktivität und den effizienteren Einsatz nicht ausreichend verringert werden.

Ich ziehe aus der aktuellen Diskussion zwei Schlüsse. Erstens: Wir brauchen für soziale Dienste Arbeitskräfte außerhalb des Tarifsystems. Zweitens: In vielen Bereichen ist hierfür offensichtlich keine Fachausbildung erforderlich. Wie könnte es sonst sein, daß zwanzig Jahre junge Männer – meist noch ohne irgendeine Berufsausbildung – in einer kurzen Zeitspanne von einem Jahr dem deutschen Sozialwesen soviel Segen bereiten. Essen auf Rädern, spazierengehen und reden mit alten Menschen, deren Einkäufe erledigen, Jugendarbeit, Versorgung Obdachloser usw. sind Tätigkeiten, die zwar menschliche Größe und soziales Bewußtsein erfordern, aber keine professionelle Ausbildung.

Wir sollten daher nicht mehr danach fragen, wo nach dem Wegfall der Wehrpflicht der Staat die Gelder für eine Professionalisierung des Sozialdienstes abzweigt, sondern wie wir diese menschlichen Dienste in eine Zivilgesellschaft zurückholen können. Bismarck würde sich im Grab umdrehen, wenn er die Entwicklung des Sozialstaats hätte verfolgen können. Seine Lösung der sozialen Frage hat den Grundstein für die deutsche Mentalität gelegt, alle sozialen Angelegenheiten dem Staat zu überlassen. Wir haben jetzt die Chance, uns in einem ersten Schritt von dieser Fehlentwicklung loszusagen.

In der Not eine Chance zu verstehen, bedeutet in einer Zeit anhaltend hoher Arbeitslosigkeit auch, etwa Langzeitarbeitslosen oder agilen Rentnern die Möglichkeit zu geben, ihrem

Alltag wieder mehr Sinn zu verleihen, indem sie sich ehrenamtlich engagieren. Auch jungen Männern stünde es nach wie vor – sowie jungen Frauen – offen, sich in einem sozialen Jahr oder durch regelmäßige Einsätze bei den Hilfebedürftigen nützlich zu machen. Das wird künftig der zweite Arbeitsmarkt sein.

Wie hoch der Umfang freiwilliger sozialer Leistung zwischen Mitbürgern sein kann, erfährt man durch einen Blick auf die amerikanische Gesellschaft. Die gab im vergangenen Jahr rund 240 Milliarden Dollar für wohltätige Zwecke aus. Das sind pro Kopf etwa 825 Dollar (33 Prozent von Unternehmen). Im Bismarck geprägten Deutschland hingegen werden vier bis acht Milliarden Euro gespendet, maximal also 100 Euro pro Bürger (zehn Prozent von Unternehmen). Für Amerikaner ist es zudem üblich, ehrenamtlich soziale Dienste zu verrichten. Ein nachweisbares Engagement wird von der Gesellschaft belohnt und kann entscheidende Punkte etwa bei einer Stellenbewerbung bringen.

Daß Deutschlands Bürger im Prinzip zu einer Renaissance freiwilliger Solidarität bereit sind, hat uns auch die Überschwemmungskatastrophe 2002 demonstriert. Bei der Flut auf den Auen der Elbe hat die Ebbe in den Kassen des Staates dazu geführt, daß Bürger mit Spenden und Taten Verantwortungsbereitschaft für ihre in Not geratenen Mitmenschen bewiesen haben. Wenn wir zudem durch die Änderung des Teilzeitgesetzes wieder die Möglichkeit eröffnen, im sozialen Bereich auch sehr geringe Stundenlöhne für eine halb-ehrenamtliche Tätigkeit zuzulassen, schaffen wir mit Sicherheit ein ausreichendes Angebot für den Ersatz der Ersatzdienstleistenden und einer von menschlicher Zuwendung getragenen Sozialarbeit.

Die falsche Beruhigungspille

Für die Regierung und speziell die Gesundheitsministerin Ulla Schmidt hängt eine Menge der verbliebenen Glaubwürdigkeit davon ab, ob der den Bürgern auferlegte Ärger mit den Neuregelungen im Gesundheitssystem auch die versprochene kostenreduzierende Wirkung bringt. Einer Allensbach-Umfrage zufolge erwarteten lediglich neun Prozent der Befragten eine Senkung der Kassenbeiträge. Dreimal so viel rechneten sogar eher mit einer Steigerung. Nach anfänglicher Zurückhaltung trotzte die Gesundheitsministerin der ein oder anderen Krankenkasse jetzt eine kleine Signalwirkung ab. Die Beitragsreduzierung um durchschnittlich vielleicht gerade einmal 0,3 Prozentpunkte kann aber nur einer sehr kurzfristig angelegten Erfolgsbilanz dienen, um der Bevölkerung mehr Zuversicht in die Zukunft des anreformierten Gesundheitswesens und damit in die Handlungsfähigkeit der Regierung einzuhauchen. Doch wäre Zuversicht wirklich angebracht? Haben die „gefühlten" Zweifel der Bürger, deren Eindruck von der Gesundheitspolitik laut Allensbach seit zwei Jahren stetig schlechter wird (73 Prozent haben inzwischen einen schlechten, nur noch zehn Prozent einen guten Eindruck), nicht einen sehr berechtigten realistischen Hintergrund?

Anstatt uns gegenseitig zur Beruhigung so lange Zuversicht in die Tasche zu lügen, bis auch das letzte Ultimatum zur rechtzeitigen Weichenstellung verstrichen ist, müssen wir uns mit der tatsächlichen Sachlage auseinandersetzen. Auch wenn es – ähnlich den übrigen reformbedürftigen Bereichen – unangenehme Wahrheiten sind, die verkündet werden müssen, so gibt es dazu nach Maßgabe einer rationalen Politik keine Alternative. Damit wir nicht wieder eine dieser unfruchtbaren und Vertrauen zerstörenden Scheindiskussionen jenseits der eigentlichen Problematik führen, müssen wir als erstes den Mut haben, der Wahrheit ins Auge zu sehen.

Einer derjenigen, der die ungeschminkte Wahrheit als Grundlage für eine nachhaltige Reform unserer Solidargemeinschaft einfordert, ist der Freiburger Finanzwissenschaftler Bernd Raffelhüschen. Er verweist darauf, daß der „doppelte Alterungsprozeß" – gemeint ist die anhaltend geringen Geburtenraten bei gleichzeitig ansteigender Lebenserwartung – in einer umlagefinanzierten gesetzlichen Krankenversicherung unausweichlich zu sinkenden Beitragseinnahmen und steigenden Leistungsausgaben je Krankem führt. Das bedeutet im schlimmsten Fall, daß zur Aufrechterhaltung einer hochwertigen medizinischen Versorgung der Beitragssatz von derzeit ca.14 Prozent innerhalb der nächsten dreißig Jahre auf etwa 25 Prozent steigen müßte. Eine Last, die von der dann erwerbstätigen Generation längst nicht mehr geschultert werden kann. Was nützt da eine kurzfristig herbeigezwungene Kürzung um 0,3 Prozentpunkte? Sie wird jedenfalls weder Neueinstellungen in der Wirtschaft noch finanzielle Vorsorge im Gesundheitswesen bewirken, sondern nur unangebrachte Beruhigung erzeugen.

Jetzt, da sich in Deutschland endlich ein Zeitfenster für grundlegende und zukunftsichernde Reformen öffnet, führen wir immer noch die falsche Diskussion. Eine Aufrechterhaltung der Gesundheitsdienstleistungen bei gleichzeitiger Stabilisierung oder gar Senkung der individuellen Beiträge ist nicht möglich! Daran werden auch die phantasievollsten bürokratischen Lenkungs- und Kontrollierungskonzepte nichts ändern. Der einzig gangbare Weg führt über mehr Eigenverantwortung. Das gilt in einer überalternden Gesellschaft für das Gesundheitssystem konsequenterweise nicht weniger als für das Rentensystem. Alle Vorsorge dem Staat zur Regelung zu überantworten, war – wie der Schweizer Unternehmer und Ex-Politiker Tito Tettamanti unverblümt äußert – „eine Fehlkonzeption aus dem letzten Jahrhundert". Die Vorstellung eines Staates, der uns von der Wiege bis ins Grab von allem verschont und in allem bevormundet, sei überholt. Europas

Bürger müßten diese „Vollkaskomentalität“ ablegen und wieder Eigenverantwortung übernehmen.

Das bedeutet keinesfalls die Ablehnung von Solidarität gegenüber den Schwachen und Gescheiterten. Das Existenzminimum, zu dem auch ein Mindestmaß an medizinischer Versorgung gehört, soll als Errungenschaft der Zivilisation und Humanität auch weiter garantiert werden. Alles darüber hinaus jedoch muß im Hinblick auf eine freie und dauerhaft überlebensfähige Gesellschaft der individuellen Entscheidung überlassen bleiben. Dabei ist die freie Arztwahl ein ebenso schützenswertes Gut wie jede Form der freiwilligen Zusatzversicherung oder Rücklagenbildung. Nur ein Gesundheitssystem, welches dies berücksichtigt, hat Zukunft. Erfahrungen aus der Versicherungswirtschaft zeigen, daß schon ein gewisses Maß an Selbstbehalt einen verantwortungsvolleren Umgang mit der Versicherung bewirken und prinzipiell geeignet ist, eine unnötige Überbeanspruchung zu verhindern. Des weiteren kann eine stärker auf freien Wettbewerb ausgerichtete Struktur nicht nur auf der Versicherungsseite, sondern auch auf der medizinischen Behandlungsseite für mehr Effizienz und Effektivität sorgen.

Noch einmal zur Allensbachumfrage: 81 Prozent der Befragten gaben an, die Gesundheitsreform nur schwer zu überblicken. Das paßt nicht zu ihrer gesellschaftlichen Bedeutung und ist ein Hinweis auf die Intransparenz der Diskussion. Einschneidende Reformen sind aber nur dann durchsetzbar, wenn ihre Notwendigkeit von allen verstanden wird. Und sie muß gerecht sein – auch intergenerativ. Die Volksparteien müssen sich ihrer historischen Verantwortung stellen und das Zeitfenster nutzen.

Linke Tasche, rechte Tasche?

Wenn man die ersten Reaktionen auf den Gesundheitsreformkonsens bedenkt, fragt man sich schon, ob da nicht noch einiger Aufklärungsbedarf über den Status quo und die Ziele herrscht. Selbst ein scharfsinniger Wirtschaftskapitän vom Format eines Hilmar Kopper gestand zur besten Sendezeit in der ARD, er überblicke die Diskussion nicht mehr. Das zeigt, wie sehr wir im gesellschaftlichen Diskurs der wichtigsten politischen Themen Ordnung und Orientierung benötigen. Die Projektkoalition im Gesundheitswesen hat als erste Expertenrunde in diesem Bereich ein durchsetzbares Vorschlagspaket hervorgebracht, das Maßnahmen beinhaltet, die in die richtige Richtung gehen. Wenn es aber nicht gelingt, auch die Bürger unseres Landes davon zu überzeugen, daß es sich hierbei um einen Fortschritt handelt und nicht um Abzockerei, ist zum einen die Gefahr der Zerpflückung nicht gebannt und zum anderen wird der nun schwach keimende Glaube an die Reformfähigkeit des deutschen Sozialstaates erneut erstickt.

Als Anstoß der Kritik gelten insbesondere alle Vorschläge, die jetzt den Patienten höher belasten. Das ist die geplante Zusatzversicherung für Zahnersatz, das Eintrittsgeld für den Arztbesuch und nicht zuletzt die Ausgliederung des Krankengeldes. Außer Frage steht, daß alle gesetzlich versicherten Patienten nach Umsetzung dieser Vorschläge höher belastet werden. Viele Menschen rechnen sich daher – angestachelt durch die einfältigsten öffentlichen Kritiken – bereits wieder ihr Nettoeinkommen aus, und erwarten, daß das Geld, welches ihnen in die rechte Tasche hineingesteckt wurde, aus der linken wieder entnommen wird. Weil das in der Tat eine beliebte Variante der deutschen Finanzpolitik ist, kann man den Bundesbürgern diesen Verdacht nicht übel nehmen. Doch es verhält sich in dem vorliegenden Fall etwas anders.

Es gibt zwei große Probleme im Gesundheitswesen: Erstens haben sich durch den fehlenden Wettbewerb Ineffizienzen im System breit gemacht. Das reicht vom unwirtschaftlich organisierten Krankenhausbetrieb bis hin zur aufgeblähten Verwaltung gesetzlicher Krankenkassen. Auch unter den Ärzten gibt es den ein oder anderen, der auf dem Nährboden des überbordenden Bürokratismus sich so manche Leistung bezahlen läßt, die er nicht oder nicht ordentlich erbracht hat. Die Finanzierung des Gesundheitswesen kann durch eine höhere Effizienz entspannt werden. Mehr Effizienz kommt allerdings nur durch mehr Wettbewerb, der so manchen Beteiligten aus seiner liebgewonnenen Ruhe bringt. Einige Ortskrankenkassen sind jedenfalls schon wach geworden und protestieren. Und auch die Pharmaindustrie sowie die Apotheker können ihre Preise wohl nicht mehr halten.

Zweitens sind sowohl die Bedürfnisse als auch die Möglichkeiten der medizinischen Versorgung gewachsen. Wer früher mit 60 Jahren ein steifes Knie zu beklagen hatte, mußte die restlichen Tage seines Lebens damit auskommen. Heute hingegen werden selbst im hohen Alter Menschen mit hervorragenden Gelenkprothesen versorgt. Wir freuen uns zu Recht über derartige Möglichkeiten, doch sie kosten Geld. Und es gibt leider kein ökonomisches Gesetz, wonach die durchschnittliche Steigerung der Arbeitsproduktivität und die damit verbundenen Einkommenszuwächse die medizinischen Behandlungskosten automatisch kompensieren und auf diese Weise dem Beitragssatz der Krankenversicherung die gewünschte Stabilität verleihen. In den besten Jahrzehnten der Bundesrepublik hat das Wirtschaftswachstum uns vor Konflikten dieser Art bewahrt, vor einigen Jahren aber sind wir ins Stolpern geraten. Die Rücklagen sind inzwischen aufgebraucht und damit auch die Möglichkeiten zur Konfliktvermeidung. Wenn aber außer den Bedürfnissen zur medizinischen Versorgung und der Arbeitslosenquote nichts mehr wächst, ist eine höhere Belastung der Einkommen unabwendbar.

Der Spielraum reduziert sich auf die Wahl zwischen der Belastung des Netto- oder des Bruttoeinkommens. Belastet man das Bruttoeinkommen – so wie in der bisherigen Strategie – dann belastet man auch gleichzeitig den Faktor Arbeit. Deshalb war die Senkung der Lohnnebenkosten als Mittel im Kampf gegen die hohe Arbeitslosigkeit anvisiert worden. Die einzige Alternative ist der Griff ins Nettoeinkommen, was nichts anderes bedeutet, als daß die Bürger künftig mehr aus eigener Tasche bezahlen müssen. Diese leichte Mehrbelastung wird die Menschen aber glücklicherweise zu einem Zeitpunkt treffen, in dem sie mindestens schon ein Jahr lang von der Steuersenkung profitieren. So kann das Geld, welches durch das Vorziehen der Steuerreform in die Taschen der Bürger fließt, zuvor noch den erhofften kurzfristigen Konjunkturimpuls geben.

Daß mittelfristig etwas aus der Tasche wieder herausgenommen werden muß, um die so wichtigen Dienstleistungen für Gesundheit bezahlen zu können, ist weder eine Tragödie noch eine Nivellierung der zuvor gemachten Steuersenkung. Die Verlagerung von der rechten in die linke Tasche ist kein Nullsummenspiel, sondern eine strukturelle Änderung und führt tendentiell zu einer besseren medizinischen Versorgung oder verhindert deren Rückgang. Sie stellt einen ersten Schritt auf das gefürchtete Neuland der Eigenverantwortung im Gesundheitswesen dar. Weitere müssen leider folgen.

Eine Zumutung für die Hilflosen

Schon lange vor Inkrafttreten von Hartz IV, wonach unter anderem Langzeitarbeitslose jede legale Arbeit annehmen sollen, begann wieder die Diskussion um Einschränkungen. Der Brandenburgische Ministerpräsident Matthias Platzeck etwa argumentierte, man dürfe Menschen nicht „für etwas bestrafen, wofür sie nichts könnten". Man solle schärfer hinschauen, wo Maßnahmen die Falschen treffen. Das klingt gut, aber hilft nicht. Der Aufruf Platzecks folgt der bekannten Regel: Alle rufen nach Reformen, doch kaum sind sie beschlossen, findet sich mindestens ein prominenter Politiker, der die Interessen der Betroffenen vertritt und dem man ehrliches Bemühen abnimmt. Und schon beginnt die Aufweichung der mutigen Neuregelung. Meist endet das mit einem Kompromiß, und alle wundern sich schließlich, warum die Wirkung der verstümmelten Maßnahme ausbleibt.

Die neue Zumutbarkeitsregelung soll sicherlich keine Unschuldigen bestrafen. Man trifft auch nicht versehentlich die Falschen. Doch können wir es uns nicht mehr leisten, räumliche und inhaltliche Unbeweglichkeit zu belohnen. Wir müssen uns statt dessen von der Vorstellung verabschieden, wir hätten ein Anrecht auf einen einmal erworbenen Arbeitsplatz. Wir haben nicht einmal mehr das Anrecht auf die lebenslange Ausübung eines bestimmten erlernten Berufs. Globalisierung und zunehmende Schnellebigkeit haben auch die Grenzen der Zumutbarkeit verschoben. Unser ausgeprägtes und überaus großzügiges Sozialwesen hat uns bislang vor den Auswirkungen dieser Entwicklung geschützt. Jetzt bricht der Deich.

Die Einstellung, man habe ein Anrecht auf eine ganz bestimmte Sorte von Arbeitsplatz, ist letztendlich unter der Kategorie „Besitzstandswahrung" einzuordnen. Sie muß daher nach denselben Kriterien beurteilt werden wie der Protest der Rentner gegen ein Aussetzen der üblichen Rentenerhöhung, der Widerstand der Gewerkschaften gegen eine Verlängerung der Wochenarbeitszeit, der Apotheker gegen Internetbestellungen oder der Aufschrei bei der Kritik am Aufbau Ost durch die gleichmäßige Förderung nach dem Gieskannenprinzip. Dies sind nur die jüngsten Beispiele eines ewig wiederkehrenden Prinzips, nach welchem Reformen nur dann gut sind, wenn die Einschnitte bei den anderen liegen. Sobald sie die eigenen Besitzstände angreifen, werden sie schnell mit dem Wort „unsozial" belegt.

Für mich steht außer Frage, daß das wichtigste Ziel in der vorliegenden Thematik sein muß, Arbeitslose insbesondere Langzeitarbeitslose in Brot und Arbeit zu bringen, auf diese Weise den Betroffenen wieder eine Teilnahme am gesellschaftlichen Leben zu ermöglichen und die untragbaren Sozialkosten zu senken. Dem untergeordnet sind die Ziele, sie dort einzusetzen, wo ihre größten Interessen sowie ihre sozialen Kontakte liegen und wo sie am meisten Geld verdienen könnten. Letzteres wäre zwar paradiesisch, wenn aber die optimale Lösung nicht realisierbar ist, müssen Zugeständnisse bei den untergeordneten Zielen gemacht werden. Wen wollen wir denn dafür verantwortlich machen, daß nicht jeder die Arbeitsstelle wiederfindet, an deren Tätigkeit und Entlohnung er gewöhnt war? Nein, aktiv bestraft werden soll selbstverständlich niemand, der unverschuldet seinen Arbeitsplatz verliert. Doch unser System kann nicht die erforderliche Flexibilität hervorbringen, wenn wir gleichzeitig den Druck des Marktes auf ein flexibles Verhalten aktiv entlasten, indem wir in der Arbeitsvermittlung individuelle Zumutbarkeitseinstufungen zulassen. Das hat weder etwas mit freier Berufswahl noch mit Chancengleichheit zu tun.

Um eine ökonomisch sinnvolle und auf ein Höchstmaß an individueller Freiheit ausgerichtete Lösung bei der Verteilung der Arbeit zu erreichen, sind wir trotz gewisser notwendiger Beschränkungen, wie etwa den Mindestlohn, auf ein funktionsfähiges Arbeitsmarktsystem angewiesen. Das ist nicht mehr in Takt, wenn wir bewußt verhindern, daß einerseits Arbeitsplätze besetzt werden und andererseits Arbeitslose mit dem Argument der Unzumutbarkeit über lange Zeit Arbeitslosenhilfe in Anspruch nehmen dürfen. Ist es wirklich unzumutbar, irgendeinen regulären Arbeitsplatz anzunehmen, wenn man sonst (momentan) keinen anderen bekommt? Nein, genau diese Art der Besitzstandswahrung zu beenden, muß geradezu ein zentrales Anliegen jedes ernstgemeinten Reformprozesses sein.

Es ist nach neuesten Erhebungen auch der bisherigen Verschärfung der Zumutbarkeitsregelung zuzuschreiben, daß im Vergleich zu 2002 von der Bundesagentur für Arbeit über ein Drittel mehr Sperrzeiten verhängt wurden. Ein Großteil der insgesamt 424 000 Sperrzeiten sei deswegen ausgesprochen worden, weil der Arbeitnehmer freiwillig gekündigt habe. Zumindest in diesen Fällen dürfte es außer Frage stehen, daß man nicht die Falschen trifft. Wer freiwillig geht, dem muß man konsequenterweise die Inanspruchnahme der Solidargemeinschaft verweigert. Ebenso kann man davon ausgehen, daß derjenige, der trotz Streichung der Arbeitslosenhilfe lieber zu Hause bleibt, als einer angebotenen, aber ungeliebten Arbeit nachzugehen, das Geld nicht wirklich braucht. Auch das Bundessozialgericht scheint diesbezüglich eine neue Strenge zu fordern. Mit einem jungen Urteil zu Bagatellfällen stärkt sie der Bundesagentur jedenfalls den Rücken. Eine Verschärfung der Vergabepraxis halte ich für angemessen und notwendig, allein um den wirklich Hilflosen auch weiterhin unter die Arme greifen zu können. Denn wer diesen helfen will, muß streng zu denjenigen sein, die sich selbst helfen können, aber nicht wollen.

Die Bürgerversicherung als Mogelpackung

Was im letzten Jahr nur sporadisch und unorganisiert diskutiert wurde, ist 2004 unter der Regie des neuen SPD-Parteivorsitzenden Franz Müntefering zu einem Plan gereift, der nach der unglücklichen Ausbildungsabgabe nun zu seinem zweiten „Meisterstück" werden soll: Die Bürgerversicherung. Daß der SPD-Vorsitzende dabei aufs Gas tritt, um sie noch in dieser Legislaturperiode umsetzen zu können, entspringt wohl der Resignation, nur noch diese Wahlperiode zur Verfügung zu haben. Obwohl das Reformvorhaben so überaus bürgerlich, sprich eigenverantwortlich und freiheitlich, klingt, sind die nun erscheinenden Konturen ein echter Bürgerschreck. Sie entstammen auch keinem bürgerlichen Weltbild, sondern sind das Ergebnis einer Arbeitsgruppe unter der Leitung von Andrea Nahles, die zum linken SPD-Flügel zählt. Dieser soll wohl nicht zuletzt auch für die Zumutungen der Agenda 2010 entschädigt werden. Gewinnt die reaktionäre, klassenkämpfende Fraktion damit den schon verloren geglaubten Boden zurück?

Die sogenannte Bürgerversicherung soll die Finanzierungsprobleme bei der Gesundheitsversorgung gesetzlich Versicherter angeblich dadurch lösen, daß erstens Selbständige und Beamte künftig gezwungen werden, in die gesetzliche Versicherung einzuzahlen. Zweitens will man dann alle Einkunftsarten, also auch Kapitalerträge, zur Beitragsbemessung heranziehen und so gleichzeitig einen sozialen Ausgleich mitliefern. Von diesen Maßnahmen verspricht man sich das fehlende Geld, welches notwendig ist, um das bisherige Versorgungsniveau aufrecht zu erhalten, ohne dabei die eigene Wählerklientel zu belasten. Der regierungsberatende Gesundheitsökonom Karl Lauterbach, der ebenfalls Mitglied des SPD-Arbeitskreises ist, hat kürzlich die Bürgerversicherungspläne mit den Worten verteidigt: "Die Einbeziehung aller Einkünfte in die Beitragspflicht ist der Schlüssel, um die Gesetzliche Krankenversicherung mittelfristig zukunftsfähig zu machen." In der Tat würde wohl die Zwangseinlieferung der Besserverdienenden in das marode Gesundheitssystem die Sorgen der AOK mittelfristig beseitigen. Eine Zukunft für eine breitflächig hochqualitative Gesundheitsversorgung gewinnt man dadurch aber nicht.

Unter dem Deckmäntelchen der Solidarität werden statt dessen Ineffizienzen produziert, indem der Bürger weiter entmündigt wird und Wettbewerbsstrukturen abgebaut werden. Nach den Plänen der Bundesregierung wird damit ein zweites Umverteilungssystem eröffnet. Das ist nicht nur finanztechnisch unsauber, führt zu einer weiteren Verkomplizierung sowie Intransparenz bei der Umverteilung und verlangt in letzter Konsequenz nach mehr Bürokratie, sondern ist auch verfassungswidrig. Der bekannte Verfassungsrechtler Isensee kritisiert, daß eine derartige Lösung das Versicherungsprinzip zugunsten eines Versorgungsprinzips aufgebe und zu einer Art Einkommensteuer mutiere. Das verletzt schon allein wegen der fehlenden Ertragshoheit die Verfassung. Dem ganzen den Namen Bürgerversicherung zu verleihen, grenzt schon an Sarkasmus.

Solidarität heißt nicht Sozialismus! Daß es sich in vielen Bereichen der gesundheitlichen Versorgung um etwas ganz Existentielles handelt, steht außer Frage. Hierfür muß es eine Grundsicherung geben, die jedem Gesellschaftsmitglied zuteil wird, unabhängig von seinem Einkommen. In einer Versicherungsgemeinschaft sollte dafür – da kann ich Roman Herzog folgen – allerdings auch jeder den gleichen Beitrag liefern, sowohl ohne Rücksicht auf individuelle Risiken als auch zunächst ohne Rücksicht auf seine individuelle Leistungsfähigkeit. Dem Versicherungsbeitrag muß selbstverständlich ein entsprechender Steuerfreibetrag gegenüber stehen, Kinder müssen schon allein aus familienpolitischen Gründen ausgenommen werden.

Sofern Mitglieder unseres Staates die notwendige Pauschale aufgrund eines zu geringen Einkommen nicht tragen können, haben sie analog zu anderen Grundbedürfnissen einen Anspruch auf Sozialtransfers. Diese müssen aus dem Steuersystem finanziert werden, das dafür geeignet ist, die politisch gewollte, moralisch gebotene und ökonomisch noch vertretbare Umverteilung von Reich an Arm zu besorgen. Hier kann auch der Umgang mit den verschiedenen Einkunftsarten unter Umständen anders geregelt werden. Eine vernünftige, aufwandsneutrale Steuerreform kann das alles berücksichtigen und auch wesentlich übersichtlicher gestalten. Das wichtige arbeitsmarktpolitische Ziel, nämlich die Krankenkassenbeiträge vom Lohn abzukoppeln, wäre mit der Herzog-Pauschale schon erreicht.

Wie weit die Grundsicherung gehen soll, muß diskutiert werden. Um die Kosten für die zwingende Pauschale aber möglichst klein zu halten, muß man sich auch auf einen minimalen Leistungskatalog beschränken. Alles, was an zusätzlichen Annehmlichkeiten gewünscht wird, oder aber Bereiche betrifft, welche die Gesundheit nicht massiv bedrohen, muß eine freiwillige Angelegenheit auf dem Versicherungsmarkt werden, die zwar nicht mehr losgelöst von der Leistungsfähigkeit erfolgen kann, aber den meisten Bürgern noch die Festlegung von Prioritäten ermöglicht. Warum sollte gegebenenfalls der Urlaub nicht etwas bescheidener ausfallen, um etwa eine Zusatzversicherung für einen möglichen Krankenhausaufenthalt zu finanzieren. Die Ärmsten in unserem Land freilich müssen sich auf das Notwendigste beschränken. Das gilt aber ohnehin auch in allen anderen Bereichen und ist ein gewollter Aspekt unseres Systems. Es wäre scheinheilig, das zu leugnen.

Die erstickte Flamme

Im Jahr 2003, als der Kanzler noch SPD-Parteivorsitzender war, veröffentlichte der Leiter des Ifo-Instituts für Wirtschaftsforschung Professor Hans-Werner Sinn sein mittlerweile bekanntes Buch „Ist Deutschland noch zu retten?“. Darin hat er Gerhard Schröders späterem Nachfolger das erste Kapitel namens „Schlußlicht Deutschland“ mit den Worten gewidmet: „Für Franz Müntefering, der glaubt, Deutschland wachse nur deshalb so langsam, weil wir schon da sind, wo die anderen erst noch hinwollen.“ Nun nehme ich an, daß Franz Müntefering seinerzeit wohl kaum die vorliegende Krise des deutschen Sozialstaats meinte, sondern wohl eher das Ausmaß der sozialen Absicherung. Die SPD weiß, daß Deutschland auch hier auf Dauer keinen Sonderweg innerhalb der EU gehen kann. Ob man allerdings dann annehmen darf, daß die Bürger aus anderen Mitgliedsstaaten ein derartig umfangreiches Sozialprogramm wie das deutsche für erstrebenswert halten, weiß ich nicht. Und so wenig ich weiß, wo andere Länder in Sachen Sozialstaat hinwollen, so sehr weiß ich, wo wir uns bereits befinden: nämlich auf dem falschen Dampfer!

Nach den vom Sozialministerium im Sommer 2004 veröffentlichten Zahlen haben die Sozialausgaben 2002 den höchsten Stand in der Geschichte der Bundesrepublik erreicht. Und sie wachsen weiter. Seit 1960 sind sie von Jahr zu Jahr stetig gestiegen. Es ist nicht ein einziges Jahr ohne spürbare Erhöhung des Sozialbudgets vergangen. In fetten wie in schwierigen Jahren fand eines in jedem Fall statt: die Erhöhung der Sozialausgaben. Berücksichtigt man bei der Entwicklung des Sozialbudgets die gesamtwirtschaftliche Situation, indem man die entsprechenden Ausgaben ins Verhältnis zum Bruttoinlandsprodukt setzt, so ergeben sich über die Gesamtzeit hinweg zwar Auf- und Abwärtsbewegungen, doch ist der Trend in den betrachteten 42 Jahren – übrigens ähnlich den Arbeitslosenzahlen – eindeutig steigend. Die niedrigste Quote liegt mit 21,1 Prozent am Anfang, die höchste mit 32,5 Prozent am Ende des Betrachtungszeitraums.

Damit machen die Sozialausgaben inzwischen fast ein Drittel des Wertes der hierzulande erwirtschafteten Güter und Dienstleistungen aus. Und aufgrund der gesamtwirtschaftlichen Lage werden für 2003 und 2004 weitere Rekordzahlen erwartet. Das ist auch für ein Land, das Wert darauf legt, eine „soziale" Marktwirtschaft zu sein, deutlich zu hoch! Wenn bei dieser Sachlage und den nur zögerlich vorgenommenen Einschnitten im Sozialwesen immer wieder zu hören ist, wir würden uns direkt in die neoliberale Kälte begeben, dann ist das reiner Populismus – ein Populismus, den wir uns nicht mehr leisten können.

Läge der Preis für den hohen Grad sozialer Absicherung einfach darin, ein paar Abstriche bei den Wachstumsraten zu machen, könnte man sich zwar immer noch über den Handel streiten, es wären damit aber nicht die Probleme vorliegenden Ausmaßes verbunden. Doch selbst die verteilungsbetonte SPD gewinnt die schmerzliche Erkenntnis, daß Wachstum sich nicht beliebig verteilen läßt. Und so hört man von der neuen Hoffnung der sozialdemokratischen Partei inzwischen auch Worte wie: „Man kann nur verteilen, was man vorher erwirtschaftet hat, und ernten, was man vorher gesät hat." Ein Grundsatz, der einem eingefleischten Sozialdemokraten, der gewohnt ist, mit Bedarfsgerechtigkeit zu argumentieren, schwer über die Lippen geht.

Wachstum ist keine erlegte Beute, die man in Ruhe zerlegen kann, weil sie nicht mehr wegläuft. Wachstum ist ein hochkomplexer Prozeß, der ähnlich einer Flamme seinen Nutzen nur spendet kann, solange die Verbrennung aufrecht erhalten wird. Reicht die Sauerstoffzufuhr nicht aus, erlischt die Flamme. Unser Wachstumsfeuer ist erstickt, weil wir zuviel und auch noch feuchtes Holz draufgelegt haben. Es wieder neu zu entzünden, ist weit schwerer als ein brennendes Feuer am Leben zu erhalten. Und so erhöhen sich von Jahr zu Jahr nicht nur die Arbeitslosenzahlen und die Sozialausgaben, sondern auch die Anforderungen an die Reformen. Je schmerzlicher wiederum die Reformen sein müssen, desto schwieriger wird es, sie durchzusetzen. Und je größer die Kompromisse werden, desto unwahrscheinlicher, daß der Holzhaufen wieder Feuer fängt. Ein Teufelskreislauf!

Dieser Zusammenhang gilt leider völlig unabhängig von dem Wunsch, alle Bürger mit einem Höchstmaß an Absicherung durch die Gemeinschaft zu versorgen. Man kann das wünschen und trotzdem einsehen, daß es nicht funktioniert. Ludwig Erhard schrieb schon in den fünfziger Jahren mahnende Worte über die Gefahr, aus der Sozialen Marktwirtschaft einen Versorgungsstaat zu machen, und nannte es einen „modernen Wahn", alles absichern zu wollen. Leider sind seine schlimmsten Befürchtungen eingetreten. Wir haben vieles gesichert, darunter die stetig steigende Arbeitslosigkeit. Wodurch Ludwig Erhard wirklich überrascht worden wäre, hätte er damals die Zahlenreihen der letzten 42 Jahre schon einsehen können, ist die Tatsache, wie lange es möglich war, einer vernünftigen Kursänderung auszuweichen.

Daß es Menschen gibt, die dringend auf die Hilfe des Kollektivs angewiesen sind, darf keiner leugnen. Und es gehört zu unserer Pflicht, eine Struktur zu schaffen, die diese Hilfe gewährleistet. Die Wachstumsflamme zu ersticken, kann jedoch niemals zu einer erfolgversprechenden Strategie gehören. Die vorliegenden Zahlen sollten uns deshalb daran erinnern, daß wir die Rahmenbedingungen, die uns für die Absicherung zur Verfügung stehen, deutlich überschritten haben.

Wohlstand durch Bildung und Forschung

Beendet das Verantwortungschaos

Die Durchsetzung von Reformen war schon immer schwierig. Sie verursachen zusätzliche Arbeit, beinhalten neue Ungewißheiten und spalten die Gesellschaft zwischenzeitlich in Gewinner und Verlierer. Reformen treffen notwendigerweise auf Widerstand. Die Reformfähigkeit eines Staates hängt daher ganz entscheidend von seinen Regeln zur politischen Willensbildung ab. Daß sich Deutschland mit Reformen so schwer tut, ist nicht zuletzt das Ergebnis einer Fehlentwicklung des Föderalismus, vielleicht sogar seiner teilweise unheilvollen Konzeption im Grundgesetz. Die Konsolidierung der Staatsfinanzen wird ebenso von einer Neuordnung der föderalen Finanzverfassung abhängen wie die Reformen wichtiger Politikfelder von der Korrektur der Entscheidungskompetenzen zwischen den Gebietskörperschaften Bund und Länder.

Die Grundidee des Föderalismus ist, durch die Existenz zusätzlicher regionaler Hoheitsgebiete (Länder) die regionalen Bedürfnissen und Möglichkeiten der Bürger besser zur Geltung zu bringen, als das durch eine einzige zentrale Politik geschehen kann. Auf diese Weise werden die politischen Maßnahmen variationsreicher und man schafft darüber hinaus die Grundlage für einen Wettbewerb um die besseren Lösungen. Die Fruchtbarkeit durch einen Wettbewerb zwischen den Bundesländern kann gar nicht überschätzt werden. Das Maß an Eigenverantwortlichkeit der Länder muß dafür so weit wie möglich ausgereizt werden, sonst sind die Landesadministrationen nicht mehr als der verlängerte Arm des Bundes.

Der hessische Justizminister Wagner kämpfte in diesem Zusammenhang für die Aufnahme des sogenannten „Konnexitätsprinzips" in das Grundgesetz, was bewirken soll, daß der Bund nicht in Regelungen eingreifen kann, für die er dann nicht gerade stehen muß. Der Zusammenhang zwischen Entscheidung und Finanzierung muß gewährleistet und, wenn irgendwie möglich, nur einer Gebietskörperschaftsebene zugeordnet sein. Auch darf der Zusammenhang zwischen Entscheidung und Haftung nicht verwässert werden. Der horizontale Finanzausgleich, durch den die gut wirtschaftenden Länder massiv bestraft und verschwenderische Länder belohnt werden, wirkt äußerst demotivierend und hat seinen Teil zur schlechten Finanzsituation beigetragen.

Im Mittelpunkt der Kritik am deutschen Föderalismus steht die im Grundgesetz Art. 72 verankerte „konkurrierende Gesetzgebung". Dieser Artikel verleiht dem Bund in vielen Bereichen letztendlich die Kraft, die Gesetzgebung aus der Verantwortung der Länder herauszunehmen und sie zentral zu regeln. Eine Möglichkeit, die alle Regierungen der letzten Jahrzehnte ausgenutzt haben. Diese von den Verfassungsvätern sicher nicht gewollte Entwicklung hat das Föderationsprinzip immer mehr ausgehöhlt und den einzelnen Bundesländern – entgegen dem Gebot der Subsidiarität – sowohl wichtige Gestaltungsmöglichkeiten genommen als auch ein intransparentes Chaos an Verantwortlichkeiten produziert. Dieses Durcheinander muß wieder entflochten werden.

Ein Symptom dieser Systemerkrankung, das seit Jahrzehnten regelmäßig auftaucht, ist die Blockadehaltung des Bundesrats. Jeder Bundeskanzler – ist er auch noch so entscheidungsfreudig – kann die Hürde des Bundesrats meist nur mit faulen Kompromissen nehmen. Diese inzwischen übliche Praxis des föderalistischen Systems, in dem das Gremium der Länderregierungen faktisch zur eigentlichen Opposition der Bundesregierung geworden ist, hat den Sinn des Föderalismus vollkommen verdreht. Die Bundesbürger haben das Spiel längst durchschaut. Während die Landespolitiker in den letzten Jahren immer stärker beklagen, daß in ihren Wahlkämpfen die Bundespolitik ungerechterweise den entscheidenden Ausschlag für das Wahlergebnis gebe, haben die Wähler längst begriffen, daß sie bei Landtagswahlen in der Hauptsache die Bundesopposition wählen. Auf diese Weise passiert folgendes:

Diejenige Partei mit den schönsten Wahlversprechen gewinnt die Bundestagswahl. Nach spätestens einem Jahr müssen die Wähler enttäuscht feststellen, daß die Versprechen nicht gehalten werden können und sind frustriert. Dann kommt die Zeit der Landtagswahlen, wo viele die Bundesoppositionsparteien wählen. So stärkt der Wähler bewußt die Blockadehaltung im Bundesrat. Wer sich aber hochmütig über die angebliche Einfalt des Wählers aufregt, dem er im Prinzip unterstellt, er könne nicht zwischen Landes-. und Bundespolitik unterscheiden, irrt gewaltig. Der Wähler verhält sich rational, indem er die Geltungskraft eines Ministerpräsidenten hauptsächlich auf seine Funktion im Bundesrat beschränkt. Er weiß, daß fast alle wichtigen Entscheidungen für sein Bundesland inzwischen ebenfalls in Berlin getroffen werden. In dem sicheren Gefühl, ohnehin nichts für die aktive Politikgestaltung seines Bundeslandes tun zu können, votiert der Wähler für das Korrektiv im Bundesrat. Auf diesem Weg ergibt sich quasi automatisch ein gegenläufiges Mehrheitsverhältnis zwischen Bundestag und Bundesrat, was jede tiefgreifende Reform seit vielen Jahren blockiert.

Kein Wunder, daß in einer solchen Situation der Ruf nach einer großen Koalition wieder laut wird. Doch eine große Koalition birgt andere Nachteile und Gefahren. Man sollte hier nicht mehr fordern als notwendig. Eine projektbezogene Koalition nach dem Beispiel der angestrebten Gesundheitsreform reicht vollkommen aus. Wenn jetzt also Politiker aller großen Parteien eine Projektkoalition mit dem Ziel schließen, die Föderalismusreform durchzuführen, darf man wirklich hoffen.

Das Land der Dichter und Denker

Das Problem der Massenarbeitslosigkeit in Deutschland entspringt letztendlich einem Entwicklungsbruch, der – wie ich meine – nach neuesten Studien etwa auf das Jahr 1980 datiert werden kann. Damals setzte die bis heute andauernde Stagnation des Bildungsniveaus der deutschen Erwerbsbevölkerung ein. Zwar hatten wir damals bereits einen hohen Bildungsstand erreicht, doch konnte uns diese Tatsache nicht von der Pflicht zu weiteren Anstrengungen entheben. Stillstand bedeutet auch in diesem Bereich Rückgang.

Das Ergebnis ist nun, daß Deutschland im Vergleich mit anderen OECD-Staaten nur noch den zwölften Platz belegt. Während also die anderen kräftig nachholten, haben wir mit einer gewissen Selbstgefälligkeit ein viertel Jahrhundert lang nur noch Ersatzinvestitionen in das Humanvermögen unserer Volkswirtschaft getätigt. Der Lebensstandard ist gestiegen, doch die Arbeitsplätze im innovationsintensiven, hochproduktiven Bereich sind nicht mehr entsprechend stark nachgewachsen. Am anderen Ende der Qualifikationsskala stehen die Langzeitarbeitslosen, die entweder keine Ausbildung haben oder frühzeitig aus einer entwicklungsorientierten Weiterbildung ausgestiegen sind oder ausgeschlossen wurden. Im Niedriglohnsektor gäbe es zwar genug Arbeit, jedoch auf dem wirtschaftlich hohen Entwicklungsstand nicht mehr zu einem bezahlbaren Preis.

Einige Nationen leben von ihren Energiereserven, andere von ihrem Reichtum an Rohstoffen. Was Deutschland zu einer führenden Wirtschaftsnation gemacht hat, war hingegen der hohe Bildungsstand seiner Bevölkerung sowie der technologische Wissensvorsprung und Erfindergeist. Deutschland, das Land der Dichter und Denker, hat eine lange Bildungstradition, die unsere kulturelle Identität geprägt hat und auf die wir zu Recht stolz sein können.

Nicht nur von der ganzen Welt gefeierte Komponisten wie Bach, Beethoven und Wagner oder Philosophen vom Kaliber eines Kant, Schopenhauer und Nietzsche sind aus dem deutschen Bildungssystem hervorgegangen und verleihen unserer Gesellschaft die tiefsinnige Aura. Aus seinem Schoß stammen auch Männer wie Gutenberg, der mit seiner Buchdrucktechnik die Welt revolutionierte, oder wie Konrad Zuse, der bereits in den dreißiger Jahren mit der Entwicklung des ersten auf einem binären Zahlensystem beruhenden Computers den Weg zum 21. Jahrhundert wies. Die Entwicklung des Automobils durch Gottlieb Daimler und Carl Benz brachte Deutschland einen Wissensvorsprung, der bis heute Wohlstand und unzählige gutbezahlte Arbeitsplätze begründete. Robert Koch, Pionier in der Bakteriologie, und sein Assistent und spätere Nobelpreisträger Emil von Behring haben mit ihrem Know-how den Grundstein für eine prosperierende deutsche Pharmaindustrie gelegt. Und – gleichgültig wie man dazu steht – hat der Chemie-Nobelpreisträger Otto Hahn mit der Erforschung der Kernspaltung in mancherlei Hinsicht ein ganzes Jahrhundert geprägt. Das waren die bekanntesten Beispiele. Man könnte noch viele weitere nennen.

Die Amerikaner haben immer gewußt, wie wichtig solche Talente für Wirtschaft und Gesellschaft sind und nie gezögert, aus aller Welt – häufig auch aus Deutschland – Geisteskraft abzuziehen, indem sie den Forschern optimale Arbeitsbedingungen boten. Mit dem Namen Silicon Valley verbindet sich diese Strategie wohl am eindringlichsten. Laut einem EU-Kommissionsbericht wird aktuell jeder siebte in Deutschland promovierte Nachwuchswissenschaftler von den Vereinigten Staaten abgeworben. Ein Drittel von ihnen bleibt dort dauerhaft, und man darf vermuten, daß es sich dabei meistens um die Leistungsstärksten handelt. Dieser sogenannte „brain drain“, die Abwanderung der klügsten Köpfe, findet auf leisen Sohlen statt. Doch der Schaden an unserer Gesellschaft kann gar nicht überschätzt werden.

Als Bundespräsident Rau 2003 China besuchte, erfuhr er, daß bei aller Unterschiedlichkeit der fernöstliche Riese unter sehr ähnlichen Problemen leidet. Doch die Chinesen haben schnell verstanden, daß die Wettbewerbsfähigkeit der Verteilung der Talente folgt und kämpfen nun um die Rückkehr der im Westen ausgebildeten Akademiker. Mit Erfolg bietet China den ersehnten Heimkehrern beste Startbedingungen für Unternehmensgründungen. Bereits 30 000 hochgebildete Rückkehrer arbeiten am Aufbau ihrer eigenen Firma.

In diesem weltweiten Wettbewerb um die besten Köpfe sind Europa und Deutschland noch schlecht aufgestellt. Die Forschungsmöglichkeiten für den tatenhungrigen Nachwuchs sind hierzulande ebenso knapp geworden wie die Chancen zur innovativen Unternehmensgründung. Viele junge Menschen haben bereits den Eindruck, daß sich lange und intensive Ausbildungswege nicht mehr auszahlen. Zumindest dann nicht, wenn sie in Deutschland bleiben wollen.

Wir müssen den Entwicklungspfad wieder aufnehmen und an die alten Bildungsideale anknüpfen. Nur so können wir langfristig den Grundlagen unseres Wohlstandes Rechnung tragen. Wir müssen es uns wieder etwas kosten lassen, unseren Kindern ein Höchstmaß an zeitgemäßer Bildung zu vermitteln. Den Engagiertesten und Talentiertesten müssen sich bessere berufliche Perspektiven eröffnet. Hierzu fehlt es in Deutschland an geeigneten Einrichtungen, an denen Bildung, Forschung und Unternehmertum zusammengeführt werden. Wenn wir dieses Problem bewältigen, lösen sich viele andere Sorgen in Wohlgefallen auf, weil dann der wichtigste Rohstoff „qualifizierte Menschen mit Tatendrang“ wieder zur Verfügung steht.

Der Chefkoch in der kalten Küche

„Wenn wir Deutschlands Spitzenstellung erhalten wollen, dann wird dies nur möglich sein, wenn wir von Vergangenheitssubventionen in Zukunftsinvestitionen umschichten können.“ Diese weisen Worte, die jeder Wirtschaftsexperte ungekürzt unterschreiben würde, sprach der Kanzler vor der Frauenhofer-Gesellschaft und verschwand. Daraufhin kürzte sein Kabinett den Etat der Bundesforschungsministerin Edelgard Bulmahn um 84 Millionen Euro, während er gleichzeitig den hilfesuchenden Kohlekumpel mit der Zusage von 15,9 Milliarden Euro eine „Perspektive über das Jahrzehnt hinaus“ gab. Die einzig mögliche Interpretation: Der Bundeskanzler als Chefkoch läßt die Küche kalt werden und gibt die Zukunft preis.

Man kann sich vorstellen, was der Kanzler und sein Finanzminister auf diesen Vorwurf antworten werden. In Zeiten leerer Kassen gebe es weniger zu verteilen. Jeder müsse ein Opfer bringen. Die Subventionen in der Steinkohle sollen schließlich bis 2012 um mehr als die Hälfte gekürzt werden. Und man habe letztlich den Bereich der Forschung weniger belastet als zunächst geplant. Doch reicht das? Nein! Ginge es nur darum, überall Gelder zu sparen – gleichgültig wo –, müßte man die derzeitigen Beschlüsse und Pläne wohl alle als kleine Erfolge feiern. Doch es geht um mehr. Es geht in Sachen Forschung, die Schröder zur Chefsache erklärt hat, um die Zukunft unserer wirtschaftlichen Leistungsfähigkeit – es geht um die Sicherung des Wohlstands unseres Landes.

Doch die erreicht man nicht allein mit dem Sparkonzept in der Tasche. Das wäre so, als wolle man ein Unternehmen einzig durch die Empfehlungen des Finanzvorstands zu nachhaltigen Erfolgen führen. Nein, einem Sparkonzept müssen immer auch die richtigen Investitionspläne gegenüberstehen. Weder ein Unternehmen noch eine Volkswirtschaft, die wie

Deutschland ohne wertvolle Rohstoffe auskommen muß, ist jemals in den Genuß großer Prosperität gekommen, ohne vorher die richtigen Investitionen getätigt zu haben. So muß die Frage erlaubt sein, welche Perspektive die Deutschen bis 2012 und darüber hinaus eröffnet bekommen, wenn sie nicht zufällig im Bergbau beschäftigt sind.

Den Bilanzen der europäischen Forschungspolitik zufolge, sind nicht nur die Aussichten Deutschlands, sondern auch die ganz Europas äußerst trübe. Seit langem – zuletzt vor einem halben Jahr in Barcelona – haben die 15 EU-Forschungsminister beschlossen, ihre Etats zu erhöhen. Die aktuelle Mindestforderung liegt bei einer Anhebung von durchschnittlichen 1,9 Prozent (2003) des jeweiligen Bruttoinlandprodukts auf drei Prozent im Jahre 2010. Doch statt sich diesem Wert langsam anzunähern, sinken die Anteile seit den neunziger Jahren.

Und das hat schnellere Folgen, als der ein oder andere Verdrängungskünstler wahrhaben möchte. Vergleichsweise zur Situation in Deutschland und Europa ist die USA ein Forscherparadies. So etwas spricht sich in Fachkreisen schnell herum. Man braucht sich also nicht darüber zu wundern, daß einem weiteren Bericht der Kommission zur europäischen Forschungspolitik zufolge der sogenannte „Brain drain", sprich der Abfluß europäischer Forscher, seinen Lauf nimmt. Als Gründe für ihre Entscheidung, in den USA zu leben und zu arbeiten, nennen Wissenschaftler und Ingenieure die „Qualität der Arbeit", „leichteren Zugang zu modernsten Techniken" und „bessere Aussichten". Das sind alles Faktoren, welche direkt von der Forschungspolitik und ihrem Etat beeinflußt werden.

Forschung kommt nicht ohne Forscher aus. Das dürfte jedem einleuchten. Wenn wir uns in Europa aber die Chance bewahren wollen, bis 2010 wenigstens das Mindestziel von drei Prozent Forschungsetat zu erreichen, müssen wir uns auch darüber im klaren sein, daß dafür rund 700 000 neue Forscher eingestellt werden müßten. Die werden nicht zu einem beliebigen Zeitpunkt einfach abrufbar vor der Tür stehen. Hier benötigt man eine weitsichtige und langfristige Planung, die Verläßlichkeit und Kontinuität schafft. Bevor bei der Forschung, die letztendlich ein wichtiger Grundpfeiler unserer hochtechnologischen Gesellschaft ist und ohne massive staatliche Förderung naturgemäß nicht zustande kommt, gespart wird, müssen alle anderen Möglichkeiten gänzlich ausgeschöpft sein. Dann erst wäre eine Kapitulation unserer technologischen Führungsrolle gerechtfertigt. Dieses Primat der Forschungspolitik, das natürlich auch die Bildungspolitik beinhaltet, ist der einzige Garant für die Fortdauer unseres Wohlstands. Es sollte daher jedem, der in dieser Zeit des Sparens im Namen nachwachsender Generationen zu Recht auf die Schuldenbedrohung hinweist, bewußt sein, daß auch die heutigen Versäumnisse in der Forschungspolitik eine unverzeihliche Bürde für unsere Kinder und Enkel nach sich zieht.

Wir leben nicht im Schlaraffenland. Wir haben es früher nicht getan und tun es heute sicherlich auch nicht. Wirtschaften ist und bleibt eine Notwendigkeit im menschlichen Dasein und bedeutet, Entscheidungen über Prioritäten zu treffen. Klug entscheidet derjenige, der sein Geld dort einsetzt, wo sich die Zukunft abspielt, und nicht im Übermaß die Vergangenheit bedient. Der Kanzler sollte also noch einmal über seine eigenen Worte nachdenken und der Weisheit gegenüber der Popularität den Vorzug lassen. Die Chancen, posthum zum „besten Deutschen“ gewählt zu werden, steigen mit weisen Entscheidungen.

Alte Weisheiten für neue Lösungen

Der Druck auf die öffentlichen Haushalte ist für viele Bereiche vielleicht das einzige Mittel, das zu Reformen führt. Nicht die Tatsache, daß bessere und effektivere Lösungen denkbar sind, zwingt zu Korrekturen ungerechter oder offensichtlich schlechter Regelungen, sondern nur die bittere Wahrheit, daß die althergebrachten nicht mehr bezahlbar sind. Nicht anders ist es auch im Beamtenrecht. So kam es wohl auch zur Kritik des Bundesinnenministers Otto Schily, der die Zeit für reif hält, mehr als nur die Wochenarbeitszeit seiner Staatsdiener zu verändern. Schily setzt vielmehr darüber hinaus ein altes ordnungspolitisches Thema auf die Reformagenda, welches in guten Zeiten keine Chance hatte, sich Gehör zu verschaffen: Wo ergibt der Beamtenstatus überhaupt einen Sinn und wo nicht? Für Professoren und Lehrer jedenfalls sieht er keinen einsichtigen Grund, sie weiterhin in den Schutzkreis der Staatsdienerschaft aufzunehmen. Und den sehe ich auch nicht.

Den Zeitpunkt seiner Forderung hat Schily sachlich richtig gewählt. Nicht weil hierin ein Weg zu sehen ist, die hohen Staatsausgaben schnell zu reduzieren, sondern weil die Aufhebung des Beamtenstatus im Bildungssektor meines Erachtens neben anderen eine geeignete Maßnahme darstellt, die 2004 vom Kanzler verkündete große Innovationsinitiative einzuleiten. Bildung, Forschung und Unternehmertum sind die drei Fäden, an denen gezogen werden muß. Will man hier die erstrebte Dynamik entfachen, dann ist es notwendig, zu allererst die erforderlichen Anreizstrukturen zu schaffen. Auch der Bildungssektor muß sich zukünftig verstärkt als Anbieter von Dienstleistungen verstehen. Für Universitäten gilt das noch mehr als für Schulen, obwohl auch bei letzteren unter dem Vorzeichen stärkerer Wettbewerbsstrukturen riesige ungenutzte Potentiale verborgen sind.

Die ewige Lehrerschelte hilft nicht. Sie ist zudem ungerecht, weil sie den Eindruck erweckt, es handele sich bei dieser Berufsspezies um die schlechteren Menschen. Doch ebenso falsch ist der Glaube, Lehrer und Professoren seien die besseren und würden 30 Jahre lang in einem leistungsfeindlichen System mit Konstanz und Leidenschaft ihren originären Pflichten nachkommen. Sogar der Vorsitzende des Deutschen Beamtenbundes Peter Heesen hat das indifferente Besoldungssystem ins Visier genommen und brach mit seiner Forderung nach einer leistungsgerechteren Einstufung innerhalb der Beamtenschaft ein Tabu.

Schily und Heesen befinden sich mit ihrer Kritik in historisch prominenter Gesellschaft. Der schottische Aufklärer und Urvater der klassischen Wirtschaftswissenschaft Adam Smith berichtete vor fast 230 Jahren schon von denselben Problemen und forderte in seinem berühmten Werk „Der Wohlstand der Nationen“ sogar, die Lehrer auf keinen Fall fest zu besolden, „weil sie dadurch nur nachlässig und träge werden würden“. Ich kann den Reformern des Bildungswesen nur wärmstens ans Herz legen, sich einmal Smiths ungeschmückte Kritik der verfehlten Entlohnungsmodelle der Professoren und Lehrer im damaligen Empire zu Gemüte zu führen. Die Grundaussagen haben für den Fall Deutschland an Aktualität nichts verloren. Smith, der lange Zeit selbst Professor war, wußte wovon er sprach, wenn er mit der Vielzahl von Zwängen an den Schulen und Hochschulen hart ins Gericht ging, weil diese in der Regel den Freiräumen der Dozenten und nicht dem Ziel der Ausbildung dienten. Smith plädierte letzten Endes nicht nur für die uneingeschränkte Freiheit der Studenten, sich den „Scheinvorlesungen“ so manches unvorbereiteten Professors ungestraft entziehen zu können, sondern hielt es auch für notwendig, daß die Dozenten von den Leistungsempfängern – sprich den Studenten – bezahlt werden. So werde nur derjenige gut verdienen, der seinen Studenten dauerhaft eine qualitativ hochwertige Ausbildung bietet. Schikane würde ebenso sanktioniert wie Nachlässigkeit.

Dennoch ist es aus verschiedenen Gründen weder wünschenswert noch durchsetzbar, die Finanzierung der Schul- und Studienausbildung allein den Betroffenen selbst zu überlassen. Man sollte aber versuchen, den Dozenten ein Höchstmaß an Verantwortung für die von ihnen zu erwartende Dienstleistungen zu übergeben. Ein gewisses Maß an Studiengebühren wird dafür unvermeidbar sein. Denkt man Schilys und Heesens Ansatz also konsequent zu Ende, dann kann eine systemkonforme Leistungsgerechtigkeit nur durch die Einführung einer wettbewerblichen Struktur erfolgen.

Ich rate somit als ersten Schritt einer Bildungsreform zur Einführung einer gemäßigten Studiengebühr in Verbindung mit der Abschaffung des Beamtenstatus für Dozenten. Um gleichzeitig zu verhindern, daß junge Menschen sich aus Angst vor Verschuldung gegen ein Studium entscheiden, sollte man zu einer direkten Förderung der Studenten übergehen, statt die Hochschulen mit obligatorischen Geldern auszustatten. Gleichzeitig müssen die lokalen Entscheidungskompetenzen der Universitäten und Fachhochschulen deutlich gestärkt werden. Durch den Druck, der durch diese Maßnahmen entstünde, setzt sich der Zug langsam in Bewegung. Hochschulen müßten viel stärker als bisher ihr Angebotsprofil schärfen, sich um private Forschungsgelder bemühen, zukunftsorientierte Ausbildungsprogramme entwerfen und sich um eine bessere Betreuung ihrer Schützlinge bemühen. Ausbildung und Forschung werden an Qualität gewinnen und Adam Smith würde es wohl freuen!

Hartz IV für die Zukunft

Hartz IV ist noch nicht einmal umgesetzt und schon ist von oberster ökonomischer Autorität zu hören, daß entgegen allen Hoffnungen der Regierung diese Maßnahmen nutzlos für die Schaffung neuer Arbeitsplätze seien. Der Wirtschaftsweise Peter Bofinger verwies auf die Tatsache, daß man mit Druck auf die Arbeitlosen schließlich keine einzige neue Stelle schaffe. Eine ganz direkte Auswirkung auf die Arbeitsstellenangebote wird Hartz IV in der Tat nicht haben können – eine indirekte aber sehr wohl. Der Wirtschaftsweise denkt zu kurzfristig, wenn er nur auf die unmittelbaren Wirkungen schaut.

Die Stärke der Marktwirtschaft liegt in ihrer Selbstregulierungskraft. Diese ist auf dem Arbeitsmarkt durch die Überregulierung des Staates gestört. Sicher, der Arbeitsmarkt ist kein gewöhnlicher Markt. Die Arbeitskraft ist keine Ware und auch keine Ressource herkömmlicher Art, sondern mit ihr untrennbar verbunden ist der Mensch selbst. Daher braucht der Arbeitsmarkt durchaus auch schützende Rahmenbedingungen, die über jene eines Warenmarkts hinausgehen. Wird dieses Engagement allerdings übertrieben – wovon in Deutschland auszugehen ist –, bremst man die Selbstregulierung gänzlich aus. Wer daher die Arbeitsmarktsituation verbessern will, sollte nicht nach weiteren diffusen Eingriffsmöglichkeiten des Staates Ausschau halten, sondern versuchen, den Selbstregulierungsprozeß wieder in Gang zu setzen, ihn von den erstarrenden Elementen zu befreien.

Man sollte deshalb bei der Bewertung von Hartz IV die dynamischen Potentiale stärker würdigen, statt sich hinter einer statischen Bestandsaufnahme von Jobgesuchen und Jobangeboten zum Stichtag X zu verschanzen. Daß die offenen Stellen auch bei größter Flexibilität der Arbeitslosen nicht ausreichen, ist unbestritten. Ebenso unbestritten ist aber, daß die Höhe der Sozialausgaben die öffentlichen Haushalte schwer belastet. Dem ist schon seit langem nur entweder mit Steuer- oder mit Schuldenerhöhung oder aber mit beidem zu begegnen. Die hohen Anteile der Sozialausgaben und des Schuldendiensts in den öffentlichen Haushaltsplänen verhindern eine alternative Verwendung der Steuergelder für zukunftsträchtige Investitionen. Wenn Hartz IV es also bewirken kann, daß erstens die offenen Stellen besser besetzt, zweitens ungerechtfertigte Forderungen zurückgewiesen werden können und drittens der Verwaltungsaufwand bei den Sozialtransfers, zu denen eben auch die bisherige Arbeitslosenhilfe gehört, reduziert wird, so wird das in Zukunft wertvolle Steuergelder sparen – Steuergelder, die für eine zukunftsträchtige Infrastruktur gebraucht werden.

Zukunftsträchtig sind Ausgaben im Bildungs- und Forschungsbereich. So wichtig es ist, daß auch Menschen, die nicht zu den anspruchvollsten Dienstleistungen in der Lage sind, ihren Lebensunterhalt und Sinn aus einer regelmäßigen Arbeit ziehen können, so unerläßlich sind Spitzenleistungen an der technologischen Entwicklungsfront. Hier liegt der Wohlstand der gesamten Gesellschaft begründet. Nur dann, wenn es gelingt, ganz vorne auf den großen Innovationswellen zu reiten, kann Deutschland bei seinem gegenwärtigen Lebensstandard wettbewerbsfähig bleiben. Verzichten wir heute darauf, hierfür den Grundstein zu legen, entscheiden wir uns gegen den Wohlstand von morgen. Man kann in diesem Zusammenhang nur immer wieder betonen, daß sich die Mitgliedsstaaten der EU in Barcelona aus gutem Grund darauf geeinigt hatten, bis zum Jahr 2010 mindestens drei Prozent ihres jeweiligen Bruttoinlandsprodukts für Forschung auszugeben. Davon sind wir noch weit entfernt. Und weil wir seit einiger Zeit aus dem Forschungsvorzeigeland Deutschland eher ein Forschungsverhinderungsland gemacht haben, treiben wir viele unserer wertvollsten Nachwuchswissenschaftler in die Arme der Standortmitbewerber.

Der Abwanderungsdrang der begabtesten jungen Wissenschaftler – insbesondere in die USA – hält an. Der Grund für die Entscheidung, Deutschland zu verlassen, liegt laut Umfragen fast immer in den wesentlich interessanteren Forschungsmöglichkeiten sowie in dem allgemein höheren gesellschaftlichen Ansehen des Berufsstands, was sich auch in den Gehältern widerspiegelt. Aufgrund dieses „brain-drains" und aufgrund der weitläufigen Verschlechterung unserer universitären Ausbildung haben wir den notwendigen Nachwuchsstrom derartig verengt, daß wir auszutrocknen drohen. Vielen anderen Ländern Europas geht es nicht besser. Neuen Schätzungen des EU Forschungskommissars Philippe Busquin zufolge würden im Jahr 2010 in der EU bei einer Aufstockung der Ausgaben auf das angestrebte Niveau rund 700 000 Wissenschaftler – nicht deren Stellen – fehlen.

Deutschland hat noch nicht alle Chancen verpaßt. Das zeigt die Tatsache, daß unser Land der USA immer noch als sprudelnde Quelle höchstqualifizierten Nachwuchses dient. Indes muß es für einen talentierten Forschergeist schleunigst wieder attraktiver werden, am Standort Deutschland zu agieren. Das wird zwangsläufig Steuergelder in Anspruch nehmen. Auch das wird in einer rein statischen Zeitpunktbetrachtung das Problem der Massenarbeitslosigkeit nicht lösen. Die dynamische Kraft, welche eine ernsthafte Großoffensive brächte, wäre allerdings außerordentlich vielversprechend. Hartz IV könnte zu dieser notwendigen Umschichtung im öffentlichen Haushalt einen echten Beitrag leisten.

Innovationspolitik ist mehr als die Förderung der Forschung

Wunsch und Wirklichkeit

Zwei große Tageszeitungen hatte ich mir im Oktober 2004 während eines Flugs in die USA gegriffen, um nachzulesen, welche Themen den amerikanischen Wahlkampf beherrschen. Ich war überrascht, eine große Zeitung titelte: „Bush setzt Ideologie über Wissenschaft" und die andere: „Kerry's wissenschaftlicher Aufbruch". Der Wahlkampf drehte sich um die Stärkung von Wissenschaft und Forschung und das Ziel, mit den besten Wissenschaftlern und den modernsten Forschungseinrichtungen Amerika noch schneller voran zu bringen. Trotz der Tatsache, daß der amtierende Präsident im Gegensatz zu seinem Herausforderer erhebliche Einschränkungen bei der Förderung embryonaler Stammzellenforschung verlangte, bemühte sich seine Mannschaft zu erklären, daß sich Bush im Bereich der neuen Hochtechnologie von niemandem übertreffen lassen werde.

Auf der Wirtschaftsseite kam sogleich ein umfassender Bericht über den Wettbewerb der amerikanischen Bundesstaaten im Bereich der Biotechnologie. Es wurde berichtet, daß die Bundesstaaten Kalifornien und Massachusetts mit Abstand am meisten Biotech-Firmen angesiedelt hätten. Von den rund 1500 Biotech-Firmen seien 420 in Kalifornien und 193 in Massachusetts beheimatet. Die kalifornische Industrie erwarte zudem, daß im nächsten Monat einer Initiative zur Bereitstellung von drei Milliarden Dollar öffentlicher Gelder für die Finanzierung embryonaler Stammzellenforschung zugestimmt werde. Und 40 US-Bundesstaaten hätten die Biotechnologie zum wichtigsten Forschungsschwerpunkt erklärt. Unter ihnen auch solche, die dabei auf die embryonale Stammzellenforschung verzichten. In den USA ist eine unglaublich offene Debatte im Gange über die Frage, wie das Wissenschafts- und Forschungspotenzial im Wettbewerb der Bundesstaaten vorangebracht werden kann.

Auf dem Rückflug nach Deutschland habe ich dann nachlesen können, welche Diskussion innerhalb der Bundesregierung im Hinblick auf die grüne Gentechnik geführt wird. Dabei ist vor allem bemerkenswert, daß dieselbe Regierung, die sich unaufhörlich zu innovativen Technologien und zur Stärkung von Forschung und Entwicklung bekennt, im Fachressort von Frau Künast mit einem Wust bürokratischer Genehmigungsverfahren und Haftungsregeln wirkungsvoll eine Gegenbewegung aufbaut. So muß etwa ein Landwirt, der Genpflanzen anbaut, für jede Übertragung und Beeinträchtigung benachbarter konventioneller Anbauflächen haften. Bei einem Versuchsanbau in Sachsen-Anhalt müssen Bauern ihre Beteiligung geheim halten, weil ihre Pflanzen sonst von Gegnern der Gentechnik zerstört würden.

Die Vorsitzenden großer deutscher Unternehmen wie Bayer und BASF, die gewaltige Summen in die Erforschung der grünen Gentechnologie stecken, sind ratlos. Und auch der Präsident der Deutschen Forschungsgemeinschaft (DFG), Ernst Ludwig Winnacker, warnt vor den Plänen der Verbraucherministerin. Sie könnten das Ende auf einem Gebiet markieren, auf dem Deutschland noch eine Spitzenstellung einnimmt.

Deutschland wird ein Hochlohnstandort bleiben. Das bedeutet, wir müssen in der hochinnovativen Spitzenklasse aufholen. Das tut man aber nicht, indem man Entbürokratisierung predigt und gleichzeitig neue, wirkungsvollere Hürden gegen den Fortschritt aufbaut. Demnächst wird die Europäische Kommission einen Zwischenbericht zu den Beschlüssen von Lissabon aus dem Jahr 2000 vorlegen, um zu prüfen, was aus dem großen gemeinsamen Entschluß der Europäischen Regierungschefs, Europa innerhalb von zehn Jahren wieder zur dynamischsten Weltregion zu machen, geworden ist. Die ersten Zahlen deuten eher darauf hin, daß der Abstand zwischen den USA und Europa immer größer wird.

Das zeigt auch die Übersicht über die Patentanmeldungen, auf deren hohe Zahl wir so stolz sind. Wer nämlich die Zahl der Patentanmeldungen der großen amerikanischen Universitäten und Forschungseinrichtungen mit den deutschen vergleicht, sieht, daß unsere Patente vor allem von großen Konzernen und weniger von den öffentlichen Wissenschaftseinrichtungen angemeldet werden. Der japanische Konzern Matsushita hat im Jahre 2003 in Deutschland 1191 Patente, Hewlett-Packard 977 und Samsung aus Südkorea 838 angemeldet, während die Fraunhofer Gesellschaft nur 532 einbrachte. Deutsche Forscher und Unternehmer klagen zu Recht darüber, daß in unseren Wissenschaftseinrichtungen zwar viel Know-how sei, sich aber aus Mangel an Risikokapital und struktureller Unterstützung für Existenzgründer nicht genügend sogenannte Spin-offs entwickeln.

Die Gründungszahlen in den forschungsintensiven Zweigen sind seit 2000 in Deutschland stark zurückgegangen. Ein Alarmsignal. Wir können es uns nicht leisten, in Deutschland die Forschung zu betreiben, wovon andere die Wertschöpfung haben, sagt der Technologiechef von Henkel. Recht hat er. Soll Deutschland etwa zukünftig die Forschung bezahlen und die Entwicklung von kommerziellen Produkte dann an die USA und andere weltweite Standorte abgeben?

Daß sich die deutsche Öffentlichkeit unter Führung der politischen Parteien mit der Neuordnung der Sozialsysteme beschäftigt und die Überregulierung des Arbeitsmarkts zum Gegenstand der öffentlichen Debatten erhebt, ist natürlich wichtig. Noch wichtiger ist allerdings, daß wir die Zukunftsthemen bearbeiten, von denen die Wachstumsaussichten abhängen, die langfristig wieder neue hochwertschöpfende Arbeitsplätze schaffen.

Ratingagenturen gängeln die Unternehmer

Im Spätsommer 2003 stufte die Rating-Agentur Standard & Poor´s (S&P) die Bonität der Münchener Rück abermals herab. Das erhöhte die Kosten der Finanzierung, verschreckte Kunden und schaffte klare Wettbewerbsnachteile. Ähnlich wie Thyssen-Krupp gegen ihre Bewertung protestierte, probte dann der Rückversicherer den Aufstand, weil die Herabstufung seines Erachtens absolut ungerechtfertigt war.

Nun könnte man sagen, die großen Spieler auf den Kapitalmärkten sollen das unter sich ausmachen, wenn das Problem nicht weit über den vorliegenden Fall hinausgehen würde. In letzter Zeit haben mir viele kleine und große Mittelständler erzählt, daß sie jetzt im Rahmen eines Ratings jede Menge Fragebögen für Kredite aus langjährigen Bankbeziehungen ausfüllen müßten. Bei jungen Selbständigen werden die Kontokorrentkredite sogar dann einem Rating unterzogen, wenn selbstschuldnerische Bürgschaften wohlhabender Eltern vorliegen.

Und hier beginnen nun die grundsätzlichen Bedenken, denn da wird eine gefährliche Entwicklung deutlich, in die die allmächtige Basel-II-Fraktion die wirtschaftlichen Prozesse lenken will. Erst ein Fall mit der Dimension des weltgrößten Rückversicherers erzeugt die Aufmerksamkeit, die diese Fehlentwicklung verdient und unter welcher der Mittelstand bereits schwer zu leiden hat. Jeder, der sieht, wie massiv die Unternehmensleitungen gezwungen sind, die Vorstellungen der unternehmensfremden Agenturen zu verwirklichen, muß Zweifel am Rating-System bekommen. Sollen die Unternehmer und Vorstände künftig nur noch die Erfüllungsgehilfen derjenigen sein, die sklavisch einen sturen und starren Bewertungsbogen abgearbeitet haben?

Glaubt man tatsächlich, daß die Rating-Agenturen die besseren Unternehmer sind? Anscheinend ja! Die heimliche

Sehnsucht nach der obersten Kotrollinstanz, die prüft und einen Stempel setzt, hat sich in neuer Gestalt reformiert. Der Lehrer, der alles weiß, kontrolliert und benotet die Hausaufgaben seiner Schüler. Wer nicht hört, wird abgestraft und muß das Schuljahr wiederholen. Toll, wenn das so funktionieren würde. Wie einfach wäre es, mit diesem Wissen dann, zukunftsträchtige Investitionen und bahnbrechende Innovationen zu fördern.

So aber funktioniert es nicht! Und das wissen auch alle. Trotzdem glaubt man durch die Rating-Praxis mehr Sicherheit zu bekommen, indem man alle durch dasselbe Raster schickt und nach Schema F abfertigt. Bekommt man gute Noten, steht einem alles offen. Wer kein gutes Rating bekommt, weil allein schon seine Strategie nicht ins Schema F paßt, wird niemanden – und schon gar keinen Banker – mehr finden, der es noch wagt, ihm Geld zu leihen. Das Hausbankprinzip, wonach ein mittelständisches Unternehmen und eine lokale Bank eine fruchtbare Risikogemeinschaft bildeten und unter gemeinsamer Verantwortung auch erfolgversprechende, aber notwendigerweise manchmal risikoreiche Wege gegangen sind, wackelt durch die Baseler Vereinheitlichungen schon lange.

Mit dem Münchener Rück-Fall aber stürzt man noch eine Stufe tiefer. Jetzt werden sogar schon die großen Unternehmen schematisch gegängelt. Was bei alledem herauskommt, kann man an drei Fingern abzählen. Die Vielfalt des Unternehmertums wird deutlich sinken. Die wirtschaftliche Entwicklung, die auf diese Vielfalt an Ideen und Strategien angewiesen ist, wird dem Sicherheitsbedürfnis geopfert. Doch sicher ist damit nur eines: der volkswirtschaftliche Rückfall!

Die naive Komplexitätsreduzierung, bestehend aus ein paar Buchstaben mit plus und minus verziert, haben die Banken durch die zunehmende Vernachlässigung ihres Kerngeschäftes provoziert. Das schadet letztendlich unserer Gesellschaft erheblich. Profitieren können vom Rating-Wahn nur die drei marktführenden Agenturen S&P, Moody´s und Fitch, die gemeinsam bereits 95 Prozent des Rating-Marktes kontrollieren. S&P allein 42 Prozent. Um soviel Einfluß in den Chefetagen deutscher Unternehmen kann die Agenturen jeder Aufsichtsrat nur beneiden. Wer aber akzeptiert, daß Wettbewerb der bessere Garant für den Wohlstand ist als eine Zentrallenkung, der muß bei dieser Konstellation hellhörig werden. Wettbewerb ist das Mittel der Wahl, um herauszufinden, was lohnt und was nicht. Eine Organisation, die dieses Wissen faktisch vorwegnehmen will, ist per se verdächtig. Und wer bewertet eigentlich die Rating-Agenturen?

Eine Bonitätsprüfung muß individuell und dem Geldgeber vorbehalten sein. Andernfalls wird der Wettbewerb durch die alles- und nichtssagenden „Zentral-Ratings“ ausgehöhlt. Die Banken wiederum sollten zu der verlorengegangenen spezifischen Kompetenz zurückkehren, die ihnen eine subjektive sach- und personengerechte Bonitätsprüfung ermöglicht, statt sich hinter scheinbar objektiven „A“s zu verstecken.

Wie sollen unter diesen Bedingungen noch junge innovative Unternehmen entstehen, die das Risiko neuer Produkte und Verfahren eingehen und damit gute neue Arbeitsplätze schaffen? Wenn der Sachverstand unserer Banken gebündelt mit dem Vertrauen von Geldanlegern Risikokapital nicht mehr bereitstellt, weil es dem Sicherheitsbedürfnis eines Rating-Systems nicht entspricht, dann dürfen wir uns nicht wundern, wenn die Zahl verantwortungsbereiter Selbständiger ab- und statt dessen die der Berater zunimmt. Am Ende haben wir mehr Schiedsrichter als Stürmer. Die Kraft unserer Leistungsgesellschaft nimmt ab, die Bürokratie zu.

Guter Rat ist innovativ

Es sei dem Kanzler verziehen, daß er 2004 die Einberufung eines Innovationsrats ankündigt, noch bevor er die bereits 2001 eingesetzte gleichnamige Kommission aufgelöst hat. Bei so vielen Räten kann man schon mal den Überblick verlieren. Insbesondere dann, wenn derartige Zusammenkünfte zwar nach Auskunft ihrer Mitglieder zufriedenstellend verliefen, jedoch offensichtlich nichts Handfestes produziert haben. Wenn ein Innovationsrat mehr sein soll als ein Alibi, dann müssen dort Programme erarbeitet werden, die eine echte Weichenstellung bewirken könnten. Bundeskanzler Gerhard Schröder muß daher zu allererst sicherstellen, daß der neue Rat sich nicht aus Lobbyisten zusammensetzt, welche die Runde nur für den Kampf der Besitzstandswahrung nutzen. Der Rat sollte statt dessen vornehmlich ein Rat der Idealisten sein – nicht im Sinne von Traumtänzern, wohl aber von Menschen, die das eigentliche Ziel nicht nach der ersten Zahlenpräsentation des Finanzministers aus den Augen verlieren: nämlich die breitflächige Rückgewinnung weltweiter Technologieführerschaft.

Wagen wir also einen zweiten Anlauf. Die Zeit ist reif. Wer – wie auch ich – immer wieder auf die Zukunftsförderung drängt und die alten Tugenden der Deutschen beschwört, die uns im vergangenen Jahrhundert viele weltführende Technologien beschert haben, der kann sich über die neue Schwerpunktsetzung der Regierungspartei nur freuen. Innovationsförderung ist jetzt beschlossene Sache. Und daß auch die Klausurtagung der CDU ihrerseits unter anderem diesen Schwerpunkte bestätigt hat, können alle, die die Hoffnung noch nicht aufgegeben haben, nur begrüßen.

Doch worum geht es eigentlich? Innovation ist für viele nicht mehr als ein Schlagwort, das synonym für Hochtechnologie und wirtschaftliche Leistungsfähigkeit steht. Dahinter verbirgt sich jedoch ein komplexer sozialer Prozeß, an dessen Anfang meist die Bildung steht, dicht gefolgt von der Forschung. Damit ist aber nur die halbe Wegstrecke zurückgelegt. Innovation bezeichnet genaugenommen den dann folgenden Umsetzungs- und Anwendungsprozeß. Hier spielt das klassische Unternehmertum in einer Neuerungen begünstigenden Gesellschafts- und Wettbewerbsordnung die entscheidende Rolle. Will man die Weichen für den Zug in Richtung Zukunft richtig stellen, so bedarf es in jedem Fall der Berücksichtigung aller drei Bereiche: Bildung, Forschung und Unternehmertum. Eine nur teilweise Operation wird den Patienten Bundesrepublik nicht aus dem Koma wecken.

Zwar haben wir durchaus noch Technologien und Produkte, in denen wir weltweit spitze oder doch wenigstens noch konkurrenzfähig sind. Der Trend, in dem sich unsere Wirtschaft seit einigen Jahren befindet, ist jedoch alarmierend. Ein paar Zahlen zeigen schnell, von welcher Größenordnung hier die Rede ist. So hat sich die Ausbildung in den einschlägigen Technologiefächern Physik, Maschinenbau und Elektrotechnik in den letzten zehn Jahren fast halbiert. Erschreckender noch erscheint mir die Tatsache, daß seither bei forschungs- und entwicklungsintensiven Produkten der Anteil deutscher Unternehmen am Welthandel um rund ein Drittel gesunken ist. Auch zeigen Studien, daß Deutschland im zukunftsweisenden IT-Sektor durch die Ausgabenstagnation seit den neunziger Jahren bei Ausbildung, Forschung und Verbreitung auf ein europäischen Mittelmaß herabgefallen ist.

Thema Bildung: Schon in den Schulen stehen seit längerem Gelder für eine volle Unterrichtsversorgung und eine zeitgemäße Ausstattung nicht mehr zur Verfügung. In vielen Bundesländern besteht nicht einmal mehr die Lehrmittelfreiheit. Wie soll da die Zahl qualifizierter hochschulreifer Jugendlicher gesteigert werden?

Auch unsere Hochschulen können sich im internationalen Vergleich keine Spitzenposition mehr ergattern. Hier hilft jedoch nicht einfach eine Aufstockung des Etats, sondern nachhaltig nur eine Strukturreform. Deutschlands Hochschulsystem braucht mehr Wettbewerbselemente in Form von Handlungsfreiheit und Eigenverantwortung der Universitäten. Das würde unter anderem eine stärkere Verzahnung von Forschung und Wirtschaft, welche die Umsetzung von Forschungsergebnissen unterstützt, fördern. Auch ist bei einer Befreiung der Universitäten die Herausbildung der gewünschten Elite-Unis zu erwarten.

Derzeit steckt die Grundlagenforschung in Deutschland in einem Dilemma. Die staatlichen Ausgaben sind seit den neunziger Jahren deutlich gesunken. Gleichzeitig lagern große Firmen ihre Forschung zunehmend aus. Davon könnten zwar die Universitäten im Prinzip wieder profitieren. Aufgrund ihrer schlechten Ausstattung sowie einengender Vorschriften aber wenden sich inzwischen die Unternehmen mit ihren Forschungsaufträgen lieber ausländischen Universitäten zu. Im Ergebnis wird hierzulande immer weniger geforscht, und die Arbeitsbedingungen für talentierte Nachwuchswissenschaftler werden immer unattraktiver. Über den zunehmenden brain-drain, der Abwanderung der klügsten Köpfe, braucht sich daher keiner zu wundern.

Zu guter Letzt sind es die hohen bürokratischen Hemmnisse und fehlendes Risikokapital, welche die unternehmerische Umsetzung technologischer Erfindungen oft erschwert oder gar verhindert. Auch hieran muß weiter gearbeitet werden. Man sieht, es gibt viel zu tun für den Innovationsrat, von dem ich für meinen Teil ein phantasievolles ganzheitliches Konzept erwarte. Je innovativer, desto besser!

Die Sicherheitsfalle im System

Das allgemeine Bedürfnis nach materieller oder finanzieller Sicherheit gehört zum Menschen vielleicht ebenso wie Hunger und Durst. In einer saturierten Gesellschaft bedeutet „Sicherheit" zu wissen, daß man morgen mit demselben Einsatz mindestens noch genausogut leben kann wie heute. Und weil der Wohlstand unverändert erhalten bleiben soll, glaubt man gerne, genau dies durch die Erhaltung des Status quos zu erreichen. Nach dem Motto: Was gestern funktioniert hat, tut es auch morgen. Doch das ist ein weitverbreiteter Irrglaube. Zumindest in der Wirtschaft gilt: Stillstand bedeutet Rückschritt. Wer daher fort- statt zurückschreiten will, der muß immer wieder neue Wagnisse eingehen und das eingezäunte Gelände verlassen. Ein Unternehmer kann dauerhaft nur auf diese Weise – also durch Innovationen – erfolgreich sein. Und eine Volkswirtschaft kann nur wohlständig bleiben mit erfolgreichen Unternehmern. Wer Unternehmer werden will, der muß bereit sein, Risiken einzugehen. Der Kapitalismus offenbart seine Vorteile nur so lange, wie es Menschen gibt, die einen ersten Schritt wagen und Ideen zur Realität verhelfen. Die Möglichkeit des Scheiterns ist dabei zwangsläufig immer inbegriffen.

Eine Gesellschaft wiederum, die versucht, jegliches Risiko aus ihrem Alltag zu verbannen, kann keine ausreichende Zahl an Unternehmern hervorbringen. Zum einen erhöht eine allgemein risikoaverse Stimmung die Anforderungen an potentielle Unternehmer. Führt das neue Projekt nicht zum Erfolg, wird sein Schöpfer in jedem Fall für das Scheitern verantwortlich gemacht. Dann heißt es: Selbst dran Schuld, wenn man sich auf so etwas einläßt. Als klug und moralisch sauber gilt nur, was sicher ist. Zweitens erkennt eine risikoscheue Gesellschaft die wagnisreiche Pionierarbeit nicht als wirkliche Leistung an, sondern wertet einen Erfolg im Nachhinein häufig als Glücksache. Der unternehmerisch gewonnene Reichtum wird deshalb ähnlich einem Lottogewinn häufig geneidet. Drittens kommt es innerhalb der gesellschaftlichen Institutionen zu einer strukturellen Benachteiligung von unternehmerischen Menschen. Durch den – an sich aussichtslosen – Versuch, den Wohlstand zu sichern, indem man sämtlichen Lebensrisiken vorbeugen will, entstehen Regeln und Beschränkungen, die das Verlassen der eingetretenen Pfade für den einzelnen noch beschwerlicher und damit risikoreicher machen. Und zu guter Letzt werden die wenigen Erfolgreichen, die noch übrig bleiben, notwendigerweise gerne besonders geschröpft und durch weitere Beschränkungen entmutigt.

Alle Punkte treffen wohl so in etwa auf die aktuelle Situation in Deutschland zu. Doch sind das weniger typisch deutsche Merkmale als vielmehr die Gefahren, die wahrscheinlich jeder Wohlstandsgesellschaft drohen. Die Geschichte bietet hierfür Beispiele und auch unter den Zeitgenossen befindet sich Vergleichbares. Auf dem gegenüberliegenden Teil unseres Globusses, im wohlhabenden Stadtstaat Singapur zum Beispiel, litt man bis vor kurzem ebenfalls unter einer allgemeinen unternehmerfeindlichen Risikoaversion. Einen sicheren Job aufzugeben, um das Wagnis einer Unternehmensgründung einzugehen, galt vor wenigen Jahren noch als außerordentlich dumm. Eine Haltung, die uns nicht unbekannt vorkommen dürfte. Die Regierung erkannte allerdings das Problem und verbesserte Image und Rahmenbedingungen des Unternehmertums. Während des Dot-com-Booms etwa zeichneten staatliche Medien Menschen aus, die einen sicheren Arbeitsplatz gegen eine Unternehmensgründung eintauschten. Das hat durch den Zusammenbruch der New Economy nicht jedem das erhoffte Glück gebracht. Doch anstatt in die alten Sicherheitsmuster zu verfallen, hat man – in der Gewißheit, prinzipiell den richtigen Weg eingeschlagen zu haben – nach der Pleitewelle den „Phoenix Award“ für gebrannte Kinder, die es nach einem Fehlversuch nochmals wagten, ins Leben gerufen.

Gleichzeitig wurden ganz grundlegende und langfristig wirkende Reformen unternommen. So ist das Erziehungssystem umgekrempelt worden – weg von reinen Nachmachübungen und hin zur Förderung von Kreativität. Es werden sogar mittlerweile Kurse für Unternehmertum in Singapurs Schulen angeboten. Und damit die erzeugte Lust auf unternehmerische Selbständigkeit nicht am Sicherheitsbedürfnis des Bankensektors (auch ein Phänomen der Sicherheitsgesellschaft) scheitert, hat die Regierung die Verfügbarkeit von Risikokapital deutlich verbessert. Mit diesem Maßnahmenbündel, das sowohl auf die Einstellung der Akteure als auch ihre reellen Möglichkeiten, unternehmerisch tätig werden zu können, gerichtet war, hat man innerhalb eines einzigen Jahres beispielsweise die Anzahl der Patente einheimischer Unternehmen verdoppelt.

Wenn wir hierzulande von Unternehmern sprechen, dann denken wir eher an eine verschworene Klasse von Topmanagern, deren materielles Risiko nicht höher ist, als das eines Beamten. Das Feindbild wird auch in rückwärtsgerichteten Tarifverhandlungen, wie wir sie immer wieder bei den Metallern erleben, gepflegt und verstellt den Blick auf das wahre Unternehmertum. Das befindet sich im sogenannten Mittelstand und benötigt dringend mehr Flexibilität. Es sind im wesentlichen die kleinen und mittleren Unternehmen, welche die Innovationen repräsentieren. Menschen, die mit Visionen etwas aufgebaut haben, mitunter aus dem Nichts. Wir brauchen wieder eine Stimmung und eine Struktur, die Vision, Wagnis und Einsatz emotional wie materiell belohnen.

Der Wachstumsmotor benötigt Kredite

Der wirtschaftliche Aufschwung ist ein zartes Pflänzchen und reagiert empfindlich auf jede klimatische Beeinträchtigung. Die restriktive Kreditvergabe der deutschen Finanzinstitute beeinträchtigt den ohnehin geschwächten Investitionswillen der Unternehmer. Dabei geht es vor allem um den Mittelstand.

Der in Deutschland sowohl für die Produktion wie für den Dienstleistungsbereich so wichtige Mittelständler finanziert sich nach wie vor ganz wesentlich über Kredite bei seiner Hausbank. Die dazu gegebenen Alternativen, auf welche die Bankenwelt immer gerne verweist, haben de fakto nur große Unternehmen. Die Eigenkapitaldecke mittelständischer Unternehmen ist zudem dünn, und obwohl immer wieder behauptet wird, Basel II beeinträchtige im Ergebnis nicht die generelle Kreditbereitschaft, sondern lediglich die Kreditkonditionen, sieht die Realität leider anders aus. Selbst den relativ erfolgreichen mittelständischen Unternehmen, die jetzt investieren wollen, um am heraufbeschworenen Wachstum teilzunehmen, werden obligatorisch die Kreditlinien gekürzt. Die öffentlichen Meldungen hierzu klingen dabei vornehm und eher harmlos: Die Bundesbank stellt eine „leichte Anspannung auf dem Kreditmarkt" fest. Im vierten Quartal 2003 hätte fast ein Fünftel der Banken die Richtlinien verschärft. Ein knappes Drittel plane sogar im ersten Quartal 2004 weitere Verschärfungen. Oder die europäische Zentralbank teilt mit, daß europaweit eine Verschärfung der Kreditkonditionen jetzt schon bei der fünften Quartalserhebung infolge stattfand.

Worum es tatsächlich geht, zeigt das Ergebnis einer KfW-Umfrage, die das Ausmaß dieser Entwicklung deutlich macht: 43 Prozent der befragten 4600 Unternehmen erklärten, daß es noch schwieriger geworden sei, Kredite zu bekommen.

Besonders Handwerk und Einzelhandel leiden unter der restriktiven Vergabepraxis. Tatsache ist, daß sich die Privatbanken immer mehr aus dem traditionellen Kreditgeschäft zurückziehen und statt dessen nur noch den großen Unternehmen teure Alternativen wie Bonds oder andere Kapitalmarktprodukte als Fremdkapital- oder Eigenkapitalersatz anbieten. Systematisch rausgekürzt wird das Risikokapital für den eigenkapitalschwachen Mittelstand. Anders als in vielen Ländern, vor allem den USA, gibt es bei den Privatbanken sowohl für junge Unternehmen als auch für die traditionellen mittelständischen kein Geld mehr. Ausschließlich durch das Sparkassensystem und die Genossenschaftsbanken findet noch eine Finanzierung im Risikobereich statt. Und während die Privatbanken in einer ordnungspolitischen Diskussion kritisch auf den öffentlichen Einfluß im Sparkassenwesen hinweisen und auf die wachsenden Anteile, die an der Unternehmensfinanzierung über öffentlich verbürgte oder wenigstens von der Kreditanstalt für Wiederaufbau (KfW) verbriefte Finanzierungsmittel den echten Wettbewerb im deutschen Bankensystem verzerrten, so beschäftigt mich gegenwärtig mehr die ganz konkrete Frage, was denn passiert, wenn der Mittelstand überhaupt keine ausreichende Fremdfinanzierung geschweige denn Risikokapitalfinanzierung angeboten bekommt.

Gewiß, die Unternehmen müssen sich daran gewöhnen, daß fremdes Geld, vor allem dann, wenn es eigenkapitalersetzend ist, nur sehr teuer zu bekommen ist. Aber in der Schere zwischen einerseits hoher Besteuerung, welche die Eigenkapitalbildung beeinträchtigt, und andererseits teurer Fremdfinanzierung, die man – selbst wenn man sie zu zahlen bereit ist – auf dem deutschen Markt kaum bekommen kann, können nicht die Unternehmen entstehen, die neue innovative Produkte und Dienstleistungen anbieten, damit Wachstum schaffen und mit den ersehnten hochproduktiven, neuen Arbeitsplätze die Wirtschaft wieder in Gang bringen.

Mein Briefkasten quillt über vor mit Beispielen gespickten Briefen, die mir zeigen, daß von ausreichender Kapitalversorgung für den unternehmerischen Mittelstand keine Rede sein kann. Kein Wunder, daß wir schon dazu übergehen müssen, die Statistiken zu schönen. So werden die rapide zurückgehenden Unternehmensgründungszahlen durch die Einbeziehung der sogenannten Ich-AGs, das heißt der Umwandlung der Arbeitslosen, die in vielen Fällen dadurch nichts zu verlieren haben, in selbständige Unternehmen, ausgeglichen.

Nein, ein leidenschaftlicher Anhänger der Privatisierung im deutschen Finanzmarkt werde ich erst wieder, wenn ich entdecke, mit welchen Ideen die privaten Banken unter notwendiger Risikobereitschaft die Marktnachfrage versorgen wollen. Wenn die Vorstellung der auf vollständige Privatisierung drängenden Geschäftsbanken in der ersatzlosen Streichung der Risikokapitalversorgung des Mittelstands liegen sollte, kann ich in einer Strukturveränderung keine Verbesserung mehr erkennen. Wer den Staat und seinen Einfluß zurückdrängen will, muß überlegene private Alternativen erkennen lassen. Solange die sich öffnende Versorgungslücke nicht durch ein entsprechendes Engagement der deutschen Privatbanken geschlossen wird, wird auch die Politik mit der weiteren Zurücknahme des öffentlichen Einflusses zögern und kann sich dabei sogar noch auf die Unterstützung der Privatwirtschaft, zumindest der kleinen und mittleren Unternehmer, berufen. Damit haben Deutschlands Banken wieder einige Hausaufgaben zu erledigen. Also, Angebote sind gefordert, und zwar rasch!

Stillstand kommt vor dem Fall

Eine der großen Herausforderungen der Gegenwart ist die Gentechnologie. Für den ärmeren Teil der Menschheit, der aufgrund seines Bevölkerungswachstum und der schwierigen klimatischen Bedingungen nach wie vor um die rudimentäre Versorgung kämpft, ist die Gentechnologie in der Landwirtschaft ein ähnlicher Hoffnungsschimmer wie für die reichen Länder die Bekämpfung schwerer Krankheiten. Bevor die Menschen in den ärmsten Regionen der Welt an Krebs erkranken können, sind sie schon längst an Unterernährung gestorben. Das Interesse an Pflanzen, die mit weniger Wasser und Pestiziden auskommen, ist daher ethisch wie wirtschaftlich gerechtfertigt.

Ein Rechtsstaat birgt die Gefahr, daß er im Laufe der Jahre immer umfangreichere und ausgeklügeltere Gesetzestexte entwirft. Deutschland ist in diese Falle gelaufen. Für die wirtschaftliche Entwicklung einer Gesellschaft ist Rechtssicherheit zwar unverzichtbar; doch was zunächst die Unternehmeraktivität beflügelt, indem durch die eindeutige Regelung von Eigentums- und Handlungsrechten gewisse Risiken kalkulierbarer werden, bremst diese bei Übertreibung aus. Die Mutationsrate, also die Anzahl und Geschwindigkeit von Innovationsversuchen, wird heruntergesteuert. Dahinter verbirgt sich meist die Absicht, den Status quo nicht zu gefährden. Die Gesellschaft hat sich von einer aufbrechenden, über eine gesättigte hin zu einer gewandelt, die das Erreichte nur noch konservieren möchte. Zu diesem Zweck werden die Handlungsfreiräume immer mehr eingeengt, und man verliert sich zunehmend in endlosen Rechtsstreitigkeiten. Deutschlands Richter sind überlastet, obwohl ihre Anzahl pro Kopf der Bevölkerung mittlerweile sechsmal so hoch ist wie in Großbritannien, das sich bereits unter Thatcher wieder etwas entfesselt hatte.

Der Wunsch, im ausgewogenen und gerechten Endzustand zu leben, in dem der konservierte Wohlstand herrscht, erinnert an die Amish People, die mitten im hochkapitalistischen Amerika isoliert wie unter einer Glasglocke ihr Utopia ausleben. Wer als Freund des Natürlichen diese altertümlichen Siedlungen besucht, der mag verzückt sein – eine Art historisches Disneyland für Ökos. Doch die allermeisten Bürger der westlichen Welt haben andere Lebensentwürfe und sehen es als eindeutigen Fortschritt an, sich ein wenig von den Grenzen und Launen der Natur unabhängig gemacht zu haben. Die rund zehntausend Jahre alte Geschichte der Agrarwirtschaft ist eine Geschichte von Verbesserungsversuchen, die im wesentlichen die Überlistung der Natur zum Ziel hatten. Sie ist aber von Beginn an auch die Geschichte von Auseinandersetzungen um Nutzungsrechte gewesen. Wer eine neue Pflanze anbaute oder mit neuen Methoden arbeitete, ging unweigerlich stets auch Risiken ein, die nicht von allen geduldet wurden. Sind wir jetzt, im dritten Jahrtausend, etwa am Ende unserer Entwicklungsmöglichkeiten, gar am Ende der historischen Zeit, angekommen, in der wir kein Risiko mehr einzugehen brauchen? Selbstverständlich nicht!

Jede tiefgreifendere Innovation, die in der Lage ist, echte Wohlstandssteigerungen herbeizuführen, hat auch massive Auswirkungen auf die Sozialstruktur und die Gewohnheiten der in ihr lebenden Menschen. Das produziert auch Widerstände auf seiten herkömmlicher Lösungen. Ausgeprägte Haftungsregelungen zu Lasten des Innovators sind da eine typische Reaktion. Wer die Mutation jedoch derartig sanktioniert, braucht sich über Innovationsmüdigkeit nicht zu wundern. So befindet sich die Gesellschaft nur noch in einer konservativen Abwehrhaltung, in der Besitzstandswahrung ihr oberstes Ziel ist. Nach dem Motto: Wir haben doch schon alles! Warum sollten wir noch weitere Risiken eingehen?

In jungen weit weniger saturierten Volkswirtschaften, die erst seit kurzer Zeit ein funktionstüchtiges Rechts- und

Behördensystem haben, besitzen die Bürger noch eine ganz andere Haltung. Hier stehen noch nicht die Risiken im Mittelpunkt der Betrachtung, sondern die Chancen. Ihre Wirtschaft explodiert deshalb geradezu. Bei uns hingegen explodiert nur noch die Regulierung. Alle Parteien wollen den Vorschriftenballast angeblich abbauen. Doch gleichzeitig entstehen auf allen Ebenen neue Kontrollinstanzen und Haftungsregelungen. Der Einigungskonsens reicht scheinbar nur so weit, wie man veraltete Paragraphen entsorgt, um wieder Platz für neue, wirkungsstärkere zu schaffen. So gesehen wird unser Paragraphenwald nur modernisiert anstatt ausgedünnt.

Wer hierzulande gentechnologisch veränderte Pflanzen anbauen will, soll vollkommen ausschließen, daß seine Saat Nachbarfelder infiziert. Andernfalls muß er dafür haften. Da ein solches wirtschaftliches Risiko für den einzelnen Bauern nicht zu bewältigen ist, kommt das einem Verbot gleich. Sich hier aus dem internationalen Wettbewerb auszuklinken mit dem Argument, es könnten nicht alle Risiken mit letzter Konsequenz ausgeschlossen werden, entspricht weder dem Entwicklungsgeist, mit dem wir unseren Wohlstand begründet haben, noch den ethischen Ansprüchen, die in den Diskussionen um Gentechnik immer hervorgehoben werden. Jetzt haben wir die Vergiftung durch Kohlekraftwerke und Benzinverbleiung überwunden und offenbar geschworen, daß uns ähnliches nie wieder passieren darf. Vergessen haben wir jedoch, daß alle diese Unzulänglichkeiten Stufen auf dem Weg zu unserem Wohlstand waren, einem Wohlstand, der sich nur halten läßt, wenn man den Innovationsprozeß auch weiterhin zuläßt und nicht alles verbietet, was nicht hundertprozentig abgesichert ist. Diese Sicherheit kann es sowieso immer nur im Nachhinein geben.

Industriepolitik ist keine Innovationspolitik

So uneinig sich Regierung und Opposition in vielen Fragen der Sozialreformen sind, so einig scheinen sie zu sein, wenn das vor Kraft und Zukunft strotzende Wort „Innovation" auftaucht. Innovation ist gut, Innovation bringt uns voran, macht uns reich und einzigartig. Die politische Schlußfolgerung heißt schnell, daß Innovationen unbedingt gefördert werden müssen. Doch da melden sich schon die ersten ernstzunehmenden Kritiker zu Wort: Hände weg von einer Innovationsförderung, sonst wird alles nur noch schlimmer! Was soll man damit nun anfangen? Haben wir jetzt noch ein bewegliches Ziel mehr auf der politischen Agenda, das uns die notwendige Orientierung versagt? Nein, die Auseinandersetzung basiert auf einem falschen Verständnis von Innovation und dessen Förderung.

Man kann berechtigter Weise jede Technologie, Produkt oder Produktionsverfahren, die erfolgreich am Markt eingeführt werden konnten, als Innovationen bezeichnen – zumindest solange sie noch relativ neuartig sind. Die Hürde der Markteinführung ist quasi der Test für einen neuen Lösungsversuch, ob es sich hierbei denn tatsächlich um etwas Besseres handelt oder nicht. Der Prozeß der Durchsetzung am Markt ist die eigentliche Innovationsleistung. Die hohe Ungewißheit und das allgemeine Beharrungsvermögen machen sie zu einer risikoreichen und beschwerlichen Tat. Allein die Idee zu einer neuen Lösung, sprich die reine Erfindung, verdient den Namen Innovation hingegen noch nicht.

Wenn man also über Innovationsförderung diskutiert, sollte man nicht den beliebten Fehler machen und meinen, es müsse um die Förderung bestimmter Technologien, Produkte oder gar Unternehmen gehen. Eine so verstandene Maßnahme wäre nichts anderes als die sogenannte Industriepolitik. Sie steht für hohe Subventionen, welche an Unternehmen überwiesen werden, die von Behörden auserwählt wurden. Doch das verzerrt letzten Endes nur den Wettbewerb und steht zu Recht in der aktuellen Kritik. Wer hingegen begriffen hat, daß Innovation eigentlich nicht einen Zustand, sondern einen Prozeß bezeichnet, in dem es darum geht, neue Lösungen – Produkte wie Herstellungsmethoden – marktgängig zu machen, der darf deren Durchsetzung gerade nicht einer staatlichen Behörde überlassen. Der Vorteil des Kapitalismus besteht darin, daß die Auswahl über die Konkurrenz auf dem Kapitalmarkt, dem Arbeitsmarkt und natürlich dem Produktmarkt erfolgt. Läuft alles rechtmäßig, fließt das Geld dorthin, wo die besten Lösungen warten. Daß die Fülle der dafür notwendigen Informationen hingegen niemals von einer Behörde zentral bewältigt werden kann, hat unter anderem das Scheitern des Sozialismus gezeigt.

Doch jenseits einer falsch verstandenen Innovationspolitik, die selektiv bestimmte Technologien fördert, gibt es sehr wohl Möglichkeiten, den Innovationsprozeß als solchen, dessen Protagonist der klassische Unternehmer ist, zu begünstigen. Konsensträchtig ist da zunächst einmal die Forderung nach Abbau von bürokratischen Hemmnissen und lähmendem Verwaltungsaufwand. Wer mehr Dynamik bei der Suche nach neuen Lösungen schaffen will, muß die Zügel etwas locker lassen. Wenn sich diese Erkenntnis endlich auch bei Politikern, die häufig nur in den Kategorien der Gängelung und Kontrolle denken, durchsetzt, wäre schnell viel erreicht – und zwar bei gleichzeitigen Einsparungen von Steuergeldern.

Ein weiteres Feld steht im Mittelpunkt der Diskussion. Da in der Hochtechnologie Innovationen meist auf neuen wissenschaftlichen Erkenntnissen aufbauen, gilt das Ausmaß an Forschung ebenfalls als innovationsförderlich. Hier wird es allerdings schon schwieriger. In München tagte das „Council on Public Policy“ mit Vertretern aus Wissenschaft und Wirtschaft. Dort wurde von verschiedenen Teilnehmern auf die prinzipielle Unzulänglichkeit des Staates auch bei der Forschungsförderung verwiesen. Jeder staatliche Euro verdränge 1,50 Euro von im Wettbewerb stehenden Privatinvestoren. Das gelte sogar für die Grundlagenforschung. Die Argumente sind nachvollziehbar, soweit sie dem obigen Muster folgen. Falsch schätzt man meines Erachtens jedoch erstens die Bedeutung der Einheit von Lehre und Forschung ein. Es ist unerläßlich für eine Spitzenausbildung des Nachwuchses, wie wir sie von den Universitäten erwarten, nicht nur bereits bestehendes Wissen zu vermittelt, sondern insbesondere die Methoden und Erfahrungen zur Wissenserweiterung. Praxisnähe in Sachen Wissenschaft kann es nur geben, wenn auch eine ernsthafte Forschung in den auf staatliche Hilfe angewiesenen Hochschulen betrieben wird.

Es kann nicht bestritten werden, daß es wichtige Forschungsprojekte gibt, deren Zeithorizont weit über den einer privatwirtschaftlich Forschungs- und Entwicklungsabteilung hinaus geht. Langfristige Projekte – ob sie nun Grundlagenforschung genannt werden oder nicht – dürfen nicht systematisch diskriminiert werden. Um die Stärken sowohl der privaten Wettbewerbswirtschaft als auch der öffentlichen Institutionen zu nutzen, bleibt es daher vielversprechend, die Möglichkeiten einer kooperativen Zusammenarbeit beider Arten weiter zu verbessern. Die Verzahnung von universitärer Forschung und privatwirtschaftlicher Profitorientierung ist daher nichts Schlechtes. Die Erfahrungen, die bisher gemacht wurden, sind jedenfalls allesamt hervorragend und helfen Wissenschaft, Wirtschaft und Gesellschaft gleichermaßen. Hier muß ein wesentlicher Pfeiler in der Innovationsförderung liegen.

Falsche Rollenverteilung

Jetzt schlägt die Politik zurück. Lange genug hat sich der Kanzler angehört, was die Wirtschaft alles an seiner Politik kritisiert. Nun dreht er den Spieß um: Im Falle Karstadt wirft er den Verantwortlichen ein „krasses Managementversagen" vor. Es reizt ihn sehr, Karstadt zur Chefsache zu machen, wäre da nicht die bittere Erfahrung mit der Philipp-Holtzmann-AG. So halten sich der Kanzler und sein Wirtschaftsminister zurück und weisen auf die begrenzten Möglichkeiten der Politik hin.

Im Klartext: Es gibt nicht nur begrenzte, sondern überhaupt keine Einwirkungsmöglichkeiten der Politik. Hier wird ein großes Einzelhandelsunternehmen, was in der jetzigen Form keine Überlebenschancen mehr hat – mit gewiß schlimmen Folgen für Beschäftigte und wohl auch für die Aktionäre –, saniert. Aber vergessen wir nicht, wie viele kleine Einzelhandelsunternehmen in den letzten Jahren leise gestorben sind.

Überraschend ist die Entwicklung daher nicht. Und sie war es auch nicht für das Karstadt-Management. Die Branchen Bau und Einzelhandel verlieren insgesamt an Umsatz und Beschäftigung. Das hat bei vielen kleinen Unternehmen Folgen, aber natürlich auch bei so großen wie Holtzmann und Karstadt. Für die konkreten Vorgänge müssen die Manager sowohl gegenüber den Aktionären als auch gegenüber der Belegschaft und der Öffentlichkeit Verantwortung übernehmen.

Das alles ist in einer kapitalistischen Ordnung normal und letztendlich auch notwendig. Ist die kapitalistische Dynamik in Takt, so werden mit dem Angebot neuer Produkte und Dienstleistungen und mit dem Angebot alter Produkte in neuen Strukturen wieder neue, produktivere Arbeitsplätze entstehen. Und hier kann die Politik aus diesen Vorgängen wirklich etwas lernen: Uns fehlen in Zukunft die vielen neuen Unternehmer, die wir brauchen, um die alten zu ersetzen.

Wir brauchen Menschen, die wirtschaftliche Verantwortung übernehmen, Vermarktungsideen haben und bereit sind, ein gewisses Risiko auf sich zu nehmen. Ohne diese Rolleninhaber kann eine kapitalistische Gesellschaft nicht auskommen. Nur dann funktioniert der von Schumpeter so eindrucksvoll beschriebene „Prozeß der schöpferischen Zerstörung". Der verlangt uns ab, auch den Niedergang von Unternehmen zu akzeptieren, damit sich das Bessere durchsetzen kann. Dieser Prozeß kommt nicht ausreichend in Gang, wenn der Anteil der Menschen, die keine unternehmerische Verantwortung übernehmen wollen oder können, in einer Gesellschaft überhand nimmt. Die Verlierer sind dann letztendlich wir alle.

In Deutschland hat nur jede zehnte Erwerbsperson eine eigene Firma. In Irland, Europas neuem Musterschüler, trifft das auf jede fünfte Person zu. Der europäische Durchschnitt liegt bei einer Selbständigenquote von immerhin 14 Prozent. Der Zusammenhang zwischen Wachstum und Unternehmertum scheint sich somit auch in harten empirischen Zahlen widerzuspiegeln. Das weiß seit 2003 auch die Bundesregierung und strebt seither an, hier wenigsten die europäische Durchschnittsquote einzuholen. Ein guter Vorsatz, der jedoch massive Zusatzanstrengungen notwendig macht. Ein Blick auf die Altersstruktur von Unternehmensgründern zeigt schnell warum.

Laut Gründungsmonitor der KfW Mittelstandsbank sind über 60 Prozent der Jungunternehmer zum Zeitpunkt der Gründung nicht einmal 40 Jahre alt – nur ein knappes Fünftel ist 50 Jahre und älter. Die Entscheidung zur Selbständigkeit wird aus gutem Grund meist in jungen Jahren getroffen. Hier sind Nerven und Energie, die man zweifellos benötigt, noch gut. Auch die Risikobereitschaft ist im allgemeinen höher. Scheitert man, bleibt noch Zeit, es anders zu versuchen. Geht man daher von einer relativ gleichbleibenden Altersverteilung aus, dann droht der Unternehmerbestand in Deutschland regelrecht auszudünnen. In der Altersgruppe der 30- bis 39jährigen, auf die zuletzt mit rund 152 100 noch das Gros der Neugründungen entfiel, werden sich 2050 nur noch 91 500 Frauen und Männer für die Selbständigkeit entscheiden – ein Minus von 40 Prozent gegenüber 2003. In der zweitstärksten Gründergruppe, den 20- bis 29jährigen, sind 30 Prozent weniger Jungunternehmer zu erwarten. Insgesamt kann man einen Rückgang der Existenzgründungen bis 2050 fortschreiben, der doppelt so stark ausfallen wird wie der der Gesamtbevölkerung. Die geringen Reproduktionsraten holen uns also auch auf diesem zentralen Feld ein.

Anstatt sich in den Wettbewerb einzumischen, können und müssen Politiker versuchen, den Anteil an Selbständigen massiv zu erhöhen. Darin liegt die Zukunft der Arbeit. Ein Hinweis auf die derzeit schlechten Rahmenbedingungen für das deutsche, mittelständische Unternehmertum spiegelt sich auch in Statistiken zum Generationswechsel wider. Fast zwei Millionen der kleinen und mittleren Betriebe sind Familienbetriebe. Allein in den nächsten fünf Jahren stehen rund 355 000 der Unternehmer vor dem Problem, einen Nachfolger finden zu müssen. In 7,5 Prozent der bisherigen Fälle mußten die Betriebe stillgelegt werden, weil sich kein geeigneter Nachfolger gefunden hat. Hochgerechnet auf die nächsten zehn Jahre wären demnach bis zu 70 000 Unternehmen in ihrer Existenz bedroht. Dieses Thema darf der Kanzler zur Chefsache machen, ohne ordnungspolitischer Vergehen schuldig zu werden. Davon hängt die Zukunft unseres Landes ab. Ich will nur hoffen, daß wir diesbezüglich niemals von einem „krassen Politikversagen" werden sprechen müssen.

Die Wahrheit kommt ans Licht

Bei Karstadt wurde nur etwas an der Oberfläche sichtbar, was tiefer greift – so etwas wie Rauchwolken, die einem Vulkanausbruch immer vorhergehen. Meist kommt danach der große Schub. Seit vielen Jahren findet ein gnadenloser Wettbewerb und Konzentrationsprozeß im Einzelhandel statt und die vielen Verkaufsflächen, die trotz stagnierender Konsumnachfrage von den großen erfolgreichen Wettbewerbern aufgebaut wurden, sind inzwischen durch das restlose Verschwinden der Tante-Emma-Läden und vieler kleinerer mittelständischer Unternehmen ausgeglichen worden. Still und leise sind Tausende von Arbeitsplätzen verschwunden.

Die Hoffnungen auf eine wachsende Konsumnachfrage haben sich nicht erfüllt. Die Menschen brauchen ihr Nettoeinkommen für die Altersvorsorge und für die Gesundheitskosten. Sie kaufen deshalb weniger ein, und sie tun es preisbewußter und immer weniger spontan. Im Verhältnis zu unseren Nachbarstaaten hat Deutschland noch eine viel zu große Verkaufsfläche. Einzelhandelsketten kündigen deshalb an, Arbeitsplätze – wie das so schön heißt – „sozialverträglich" abzubauen.

Eine ähnliche Entwicklung erleben wir auf dem Automobilmarkt. Bei stagnierenden Absatzmärkten in Deutschland wurden weitere Kapazitäten aufgebaut, und um international wettbewerbsfähig zu bleiben, werden immer mehr Komponenten und sogar ganze Autoserien in den mittel- und osteuropäischen Nachbarländern produziert. Durch den Kostenmix und hohe Investitionen in die Rationalisierung wurden Standortnachteile Deutschlands, die vor allem in den hohen Lohn- und Lohnnebenkosten bestehen, ausgeglichen.

Gleichzeitig kaufen die Deutschen, die immer preisbewußter werden, zunehmend ausländische Autos und Autos deutscher Hersteller, die im Ausland günstig produziert werden. Um die Wettbewerbsfähigkeit der deutschen Autoindustrie oder besser gesagt: der Autoindustrie in Deutschland zu halten, werden in fast allen Autokonzernen Verhandlungen über Tarifzugeständnisse und Arbeitszeitverlängerungen ohne Lohnausgleich geführt. Das Lohn- und Tarifsystem wird hinter der Fassade von gestern gründlich umgebaut – immer mit der Drohung, sonst werde noch mehr ins Ausland verlagert.

Bei Opel ist das richtig ausgebrochen. Da geht es nicht nur um das Grollen des Vulkans, sondern hier kommt schon heiße Lava den Vulkankegel herunter. Ein internationaler Konzern hat ganz einfach beschlossen, seine Produktion weltweit neu zu ordnen. Und da er in China neue Kapazitäten aufbaut und in Osteuropa bereits aufgebaut hat, überprüft er, an welchen Standorten innerhalb seines Produktions- und Vertriebsnetzwerkes die Markt- und Wettbewerbslage am schlechtesten ist. Und da kam offensichtlich heraus, daß der teure Standort Deutschland, mit Ausnahme des hochmodernen Eisenacher Werks, nicht mehr rentabel ist. Konsequenterweise erwägt man, an teuren Standorten alte Werke zu schließen und an preisgünstigeren Standorten neue Werke aufzubauen. Das alles ist rational und nachvollziehbar. Natürlich mögen Managementfehler, falsche Markteinschätzungen oder Fehler bei der Produktpalette eine Rolle spielen. Aber das macht ja gerade den Wettbewerb aus. Diejenigen Anbieter, die clever waren, können noch die hohen Preise für ihre Autos realisieren, die anderen nicht.

Sowohl hinter der Diskussion bei Opel wie bei Karstadt wird etwas sichtbar, was der Chef von General Electric Jeffrey, R. Immelt, bei Sabine Christiansen völlig ohne Schnörkel gesagt hat: Er würde in Deutschland wegen der hohen Kosten immer weniger traditionelle Industrieprodukte fertigen lassen. Es gäbe günstigere Standorte auf der Welt und auch in Europa. Aber gleichzeitig investiert GE zweistellige

Millionenbeträge in ein neues Forschungszentrum in München. Es gibt, so sein Hinweis, fast keinen Platz der Welt, der für solche komplexen Technologieentwicklungen anziehender wäre als Deutschland mit seinen technologischen Universitäten und Forschungszentren. Das gelte für die Biotechnologie oder für neue Werkstoffe genauso wie für andere Innovationen.

Es ist ja bezeichnend, daß am selben Tag, als um den Abbau von 10 000 Stellen bei Opel gerungen wurde, die Softwarebranche in Deutschland meldete, daß sie bis zu 10 000 neue Stellen schaffen werde. Wenn wir daher innerhalb des Strukturwandels eine Krise bekommen, dann nicht, weil im internationalen Wettbewerb bestimmte Produkte aus Deutschland in Billiglohnländer abwandern, sondern weil wir nicht den Ersatz geschaffen haben, also ausreichende Voraussetzungen für die Entwicklung und Produktion neuer hochinnovativer Technologien und Dienstleistungen. Wer aber Arbeitsplatzgarantien fordert, muß wissen, daß solche in einem Wettbewerbssystem nur solange gelten, wie auch die betreffenden Produkte verkauft werden können. Arbeitsplatzgarantien ohne die entsprechenden Absatzchancen sind Täuschungsmanöver, die wie andere Lügen kurze Beine haben.

Wann blüht der Osten?

Im Osten was Neues?

Zwei Nachrichten, eine gute und eine schlechte. Die schlechte zuerst: Trotz des enormen Transfers für den Aufbau Ost gelingt es immer weniger, die einst gesteckten Ziele zu erreichen. Die gute Nachricht: Der Reformwille schreitet voran. Das Tabu um die Frage nach der Effektivität des Solidarpakts ist gebrochen. Seit der von Klaus von Dohnanyi geleitete „Gesprächskreis Ost“ seine gnadenlose Bilanz der bislang geflossenen 1250 Milliarden Euro Brutto-Transferleistungen von West- nach Ostdeutschland veröffentlicht hat, will die Diskussion über die Aufbauhilfe Ost nicht enden. Das war längst überfällig, doch ein zu heißes Eisen für Politiker, die sich bei der ostdeutschen Bevölkerung nicht dem Verdacht eines Solidarbruchs aussetzen wollten. Kein verantwortungsvoller Politiker stellt die Gesamthöhe des Transfers in Frage, doch jetzt darf endlich über alternative Konzepte gesprochen werden.

Die Kernforderung der Kommission, der sich aus scheinbar unterschiedlichsten Gründen mancher spontan anschließt, der andere reflexartig ablehnt, ist eine radikale Umstrukturierung in der Verwendung der Gelder – weg von der Gießkannenförderung, hin zu einer gezielten selektiven. Da kann ich vom Grundsatz her nur zustimmen. Verfolgt man jedoch die Diskussionsbeiträge, so kann man unter dieser Grundforderung offenbar sehr unterschiedliche Vorstellungen entwickeln. Meines Erachtens sind keineswegs alle vielversprechend. Manches, wie der Vorschlag einer Sonderwirtschaftszone, bergen sogar die Gefahr, vom Regen aus der Gieskanne in die Traufe zu führen. Der Tabubruch darf nicht gleich wieder zum hysterischen Durcheinander werden. Wo also sollten genau die Eckpunkte einer notwendigen und sinnvollen Restrukturierung liegen?

Hauptziel einer jeden Förderung muß sein, daß der Adressat nach absehbarer Zeit auf eigenen Füßen stehen kann. Hilfe zur Selbsthilfe. Mit einer weitflächigen Verteilung der Aufbaugelder erreicht man zwar ein Höchstmaß an kurzfristiger Verteilungsgerechtigkeit, um alle Gebiete gleichmäßig schlecht zu versorgen. Man verliert aber die Chance auf eine Initialzündung, die das Rad überhaupt erst einmal in Schwung setzt. Mit den jährlich von West nach Ost geschaufelten 90 Milliarden Euro kann nur eine eng begrenzte Anzahl von wirkungsvollen und nachhaltigen Investitionen finanziert werden. Wenn man das erst einmal akzeptiert hat, erscheint die Summe allerdings von vielversprechender Höhe. Sie entspricht immerhin fast dem doppelten Bundesbildungsetat.

Der Wirkungsgrad einer aufwandsneutralen, aber wesentlich geballteren Förderung wird noch einmal deutlich erhöht, wenn man auf einen schon vorhandenen Standortvorteil aufbauen kann. Doch Vorsicht! Falsch sind die Vorstellungen, vorhandene Unternehmen direkt durch Subventionen zu stärken. Von dieser ausgedienten Strategie versuchen wir uns ja gerade aus guten Gründen zurückzuziehen. Gezielt fördern muß man im Globalisierungszeitalter die Bildung sogenannter innovativer „Cluster", also einem engen branchenmäßigen Verbund aus High-Tech-Unternehmen, Hochschulen und mittelständischen Dienstleistern. Hierin liegt in einer globalisierten Welt der wirtschaftliche Segen. Ähnlich dem astrophysikalischen Phänomen vom schwarzen Loch wächst die Anziehungskraft für Investitionen je geballter sich eine Branche in einem engen geografischen Gebiet präsentiert. Hier muß man an ausgewählten Orten die Infrastruktur so intensiv fördern, daß die kritische Masse erreicht wird und es für die im Markt befindlichen Unternehmen zum Wettbewerbsvorteil wird, an dieser Infrastruktur und dem engen Verbund teilzunehmen.

Wir haben in Ostdeutschland bereits ein paar solcher Hoffnungsträger. Ich denke da an die Chipindustrie um Dresden, die Leipziger Automobilindustrie, die Optik in Jena, und auch um die Hauptstadt Berlin braucht man sich wohl keine Sorgen zu machen. Hinzu kommen könnte etwa die traditionelle Maschinenbaustandort Chemnitz. Eine – mit Ausnahme von vielleicht Greifswald und Rostock – problematische Gegend ist sicherlich Mecklenburg-Vorpommern. Doch würde man selbst hier im Endeffekt mehr erreichen, wenn man sich nicht weiter der Illusion hingeben würde, mit der Gieskanne ein Pflänzchen in der Wüste hochpäppeln zu können. Eine zukunftsträchtige Industrielandschaft im Emsland zu installieren, hat schließlich auch nicht funktioniert. Warum sollte man jetzt in Mecklenburg-Vorpommern erfolgreich sein. Auch der bitter gescheiterte Versuch mit einer Chipfabrik im Brandenburgischen Frankfurt müßte uns endlich eines Besseren belehren.

Die Förderung von Clustern an ausgewählten Standorten in den Neuen Bundesländern muß zum einen über die Errichtung und den zielorientierten Ausbau der jeweils relevanten Bildungs- und Forschungseinrichtungen erfolgen. Hier kann die Forderung nach dem Aufbau von Elite-Universitäten voll ausgetobt werden. So kann man den Osten gleichzeitig auch für junge Menschen wieder attraktiv machen. Die Förderung muß gekoppelt sein an einem Maßnahmenbündel zur Erleichterung für Unternehmensgründungen – vom Risikokapital bis zur Bürokratiebewältigung. Ostdeutschland darf nicht den fatalen Fehler begehen, in den falschen Wettbewerb einzusteigen. Die Konkurrenz mit den Löhnen der neuen osteuropäischen Länder kann es im Endeffekt nicht gewinnen. Nur die Offensive in den hochinnovativen Bereich kann Ostdeutschland eine Perspektive eröffnen. Wir müssen die letzte Chance nutzen, das Lenkrad rumzureißen und Schritt für Schritt die Karre aus dem Dreck ziehen.

Der Mezzogiorno in Mitteleuropa

Jetzt gehört zusammen, was zusammenwachsen muß. Die Grenze verlief nach einem rund vierzigjährigen Leben in zwei inkompatiblen Systemen nicht nur auf der Landkarte, sondern schlug sich auch ein Stück weit in den Wertvorstellungen und den Lebensgewohnheiten der Menschen nieder. Darüber waren sich zwar viele im klaren. Die Vorstellungen aber, wie lange ein Angleichungsprozeß dauern würde, lagen dagegen weit auseinander. Es gab viele Menschen, die glaubten, nach spätestens zehn Jahren gemeinsamen Staatstreibens und kräftiger Solidaritätsleistungen sei die Angelegenheit vollkommen erledigt.

Daß wir vor vier Jahren leider nicht soweit waren, ist – zumindest, was die wirtschaftliche Prosperität anbelangt – bekannt. Daß aber auch die innere Heilung, die Überwindung der unterschiedlichen Herkunftsidentität bislang nicht erreicht wurde, ist eine deutlich geringer wahrgenommene Tatsache, die uns aber beunruhigen muß. Schlimmer noch: Es gibt Anzeichen und Untersuchungen, wonach sich Ost- und Westdeutsche immer weiter von einander entfernen. Das Institut für Demoskopie Allensbach führt seit Jahren Buch über die Meinungen, welche „Wessis" und „Ossis" voneinander haben. Demnach hielten im letzten Monat die Westdeutschen ihre Mitbürger aus dem Osten für unzufriedener, mißtrauischer, ängstlicher und bequemer als sie dies noch vor zwei Jahren taten. Gleichzeitig verstärkte sich das Negativ-Klischee in umgekehrter Richtung. Mehr noch als schon vor zwei Jahren wurden die Wessis als arrogant, aufs Geld aus, selbstbewußt, bürokratisch und oberflächlich eingestuft.

Es gibt andere Anzeichen für die Vertiefung der Gräben. Entgegen allen Erwartungen schrumpft die Wählerschaft der PDS nicht, je weiter wir uns von der Geburtsstunde des vereinten Deutschlands entfernen, sondern sie baut ihren Zuspruch in den neuen Bundesländern zum Teil deutlich aus. Die Ursache hierfür zu erraten, fällt auf der Grundlage der obigen Indizien nicht schwer. Offensichtlich ist die PDS die einzige Partei, welche den Menschen, die in der DDR aufgewachsen sind, nicht das Gefühl gibt, ihre Kultur sei eine einzige Verfehlung gewesen. Die Westdeutschen und viele der Ostdeutschen, die im Westen ihre neue Identität und Heimat gefunden haben, mögen es nicht gut finden, wenn der westdeutsche Kapitalismus von den Ostdeutschen als zu kalt und ungerecht empfunden wird. Man muß aber bedenken, daß sich Systeme nicht überstülpen lassen, sondern von denjenigen, für die sie gelten, auch akzeptiert und getragen werden müssen. Und genau da liegt ein Bruch, der zu leichtfertig abgetan wird. Laut Allensbachumfrage nämlich wird der Wert der Freiheit bei Westdeutschen im Durchschnitt deutlich höher bewertet als der Wert der Gleichheit, während es bei den Ostdeutschen genau umgekehrt ist.

Das alles deutet auf mehr als eine unvermeidbare Narbenbildung hin. Der Heilungsprozeß an sich ist gefährdet. Man kann hierüber schweigen und hoffen, daß das, worüber man nicht spricht, mit der Zeit in Vergessenheit gerät. Nach dem Motto: Lösen wir uns endlich von der Vergangenheit, tun einfach so, als seien wir eigentlich niemals getrennt gewesen und ordnen die bestehenden Ost-West-Probleme nach so vielen Jahren der Wiedervereinigung endlich den herkömmlichen politischen Konfliktfeldern zu. Doch diese Strategie kann nicht aufgehen. Der Unmut schwelt im Untergrund und bahnt sich seine Wege. Einer davon war der Eklat bei der Umsetzung von Harzt IV. Eine Verkettung von Entscheidungen verschiedener Akteure führte dazu, daß Tausende von ehemaligen Telekombeamten, welche in einer Auffanggesellschaft auf Arbeit warteten und gleichzeitig logistisch wie ausbildungstechnisch die besten Voraussetzungen für einen derartigen Einsatz boten, in den Osten geschickt wurden, um dort

Arbeitslose zu verwalten. Der dann folgende Aufruhr ist nur erklärbar auf der Grundlage des schwelenden Konflikts zwischen Ost und West. Aus der Sicht der neuen Bundesländer gleicht diese Maßnahme eher einer bürokratischen Unterwerfungsaktion einer Besatzungsmacht auf Kosten der Okkupierten.

Das Schema Ost-West blüht. Man sollte das nicht schönreden. Statt dessen brauchen wir eine offene Diskussion darüber. Zum Zeitpunkt der Wiedervereinigung waren zum einen die Erwartungen zu hoch, zum anderen das Selbstbewußtsein der in den Kapitalismus Eingegliederten zu gering. Jetzt, da es an vielen Stellen nicht voran geht und die finanzielle Belastung der Zahlenden anhält, bricht der Konflikt auf. Wir müssen ihm offensiv und nicht mit Tabus begegnen. Und wir müssen gerade vor diesem Hintergrund noch einmal die Diskussion um die Verwendung der Transfergelder führen. Denn eines dürfte in jedem Fall klar sein: Solange die „ehemalige DDR“ vom „Westen“ mit obligatorischen Geldern versorgt wird, so lange wird dieser Konflikt kein Ende finden, sondern in ein nordeuropäisches „Mezzogiorno“, nach dem Muster der ewigen wirtschaftlichen Teilung Nord- und Süditaliens, verfallen. Alles, was unter der Aufbauhilfe Ost in die neuen Bundesländer fließt, müßte daher streng nach dem Aspekt der Hilfe zur Selbsthilfe geprüft werden. Der größte Feind der inneren Wiedervereinigung ist nicht die Absolutheit der Hilfezahlungen, sondern die dauerhafte Alimentierung. Bei alledem muß die Schaffung von Perspektiven für junge Menschen im Mittelpunkt stehen. Nur sie können den neuen Bundesländern auch die neue Identität verleihen, die es den Ostdeutschen im Allgemeinen erst möglich macht, von einer generellen Verklärung der Vergangenheit abzulassen.

Der Mythos vom dritten Weg

Es soll ja Leute geben, die sich darüber freuen, daß der Bundeskanzler für seine Politik neuerdings nicht mehr nur mit Worten, sondern auch mit Eiern beworfen wird. Sogar Ohrfeigen waren schon im Programm. Manche sehen darin offenbar ein legitimes Mittel, sich gegen ungewollte politische Maßnahmen zur Wehr zu setzen. Zwar mag aus solchen Verfehlungen Verzweiflung der Täter herauszulesen sein, legitim sind sie – daran darf kein echter Demokrat zweifeln – sicherlich nicht. Alles schon dagewesen und Einzeltaten von Spinnern? Nein, dahinter steckt mehr. Das zumindest legen die anläßlich Hartz IV neu aufgelegten Montagsdemonstrationen nahe.

Demonstrieren an sich ist – wie schon das Wort (Demos = das Volk) signalisiert – in einer Demokratie (= Herrschaft des Volkes) durchaus zulässig. Fühlt man sich nicht beachtet und ungerecht behandelt, geht man auf die Straße und wirbt um sein Anliegen. So weit, so gut. Was jedoch als Neuauflage der Montagsdemonstrationen zelebriert wurde, paßt nicht mehr in die Logik einer parlamentarischen Demokratie. Das ist nicht nur geschmacklos im Hinblick auf das persönliche Lebensrisiko, das die Montagsdemonstranten trugen, sondern sachlich unangebracht und bedenklich.

Der Hinweis „Wir sind das Volk" war und ist ein gerechter Schlachtruf eines betrogenen Volkes in einer Diktatur. Sich „Demokratische Republik" zu nennen und gleichzeitig das Volk einzusperren und bei jeder Entscheidung auszugrenzen, Wahlen vorzutäuschen und Kritiker zu inhaftieren, war ein zynischer Etikettenschwindel übelster Art. Die Herrschaft einer mehr oder weniger von der damaligen Sowjetunion ernannten politischen Elite, die ihren unangreifbaren Status durch die Stasi absicherte, hat den Zorn des Volkes heraufbeschworen, das mit friedlichen Mitteln mutig seine weitere

Gefolgschaft verweigerte. Das war großartig, ein wahrlich demokratischer Anfang und das Ende der in Wahrheit Deutschen „Diktatorischen“ Republik.

Was jetzt angeblich wegen Hartz IV wiederholt wird, ist statt dessen in letzter Konsequenz schon wieder der Wunsch der Akteure nach dem Ende unangenehmer Entscheidungen, zu denen die Demokratie die Kraft haben muß und erinnert an die Doktrin von der Herrschaft des Proletariats. Hier ruft aber nicht das Volk, sondern nur ein kleiner aufgewiegelter Teil. Man sollte sich hüten, diesen Teil einfach mit allen Ostdeutschen zu identifizieren. Und die Rolle, die dabei der Politikberater aus dem Westen Lafontaine übernimmt, macht mich fassungslos.

Unser Bundespräsident ermahnte die Politiker genau hinzuhören und den Protest ernst zu nehmen. Dem kann ich nur zustimmen. Doch kann das nicht bedeuten, daß wir einen Akustik-Darwinismus einführen: Wer am lautesten schreit, der setzt sich durch. Der Kanzler bleibt jetzt endlich hart. Sein Parteivorsitzender Müntefering winkt hingegen schon wieder mit konterkarierenden Angeboten wie Mindestlohn. Ernst nehmen muß man den Montagsprotest nicht etwa, weil die Argumente gegen Hartz IV – sofern solche überhaupt formuliert werden – stichhaltig sind, sondern weil die ungerechtfertigten Ängste einer sich ausgegrenzt fühlenden Gruppe die politische Radikalisierung fördert. Die Parteien an den Rändern der Demokratie und jenseits dessen sind die Gewinner dieses unnötigen und deplazierten Aufstands, der sich gegen die Beutelung der Armen und Wehrlosen richten soll, obwohl die vielleicht erste Reform, die den Namen seit Beginn der Diskussion verdient, nicht der Vernichtung, sondern der Rettung des Sozialstaates dient.

Hartz IV ist genaugenommen gar nicht der Gegenstand sozialpolitischer Kritik, sondern Kristallisationspunkt nostalgischer Systemkritik. Der Kern der heutigen Montagsdemonstranten und ihrer zwielichtigen Dompteure tritt nicht für eine alternative sozialpolitische Variante ein, sondern sehnt sich nach einer Veränderung des gesamten Systems. Nach Einschätzung der Allensbacher Meinungsforscherin Renate Köcher bedeutet das zwar nicht, daß diese Gruppierung überwiegend ostdeutscher Bürger die alte DDR zurück haben möchte. Dennoch sei bis heute die Mehrheit davon überzeugt, daß nicht das System versagt habe, sondern nur die damals Verantwortlichen. Geblieben ist der Mythos von einem „dritten Weg", in dem das beste von beiden Systemen beliebig mischbar ist.

Die Politik hat es seit der Wiedervereinigung versäumt, hier das notwendige Maß an Aufklärung und Sozialisierung zu betreiben. Und jetzt, wo der Reformdruck so hoch ist, daß langsam der richtige Weg entdeckt wird, treten die Pfadfinder von einem Fettnäpfchen ins nächste. Der Fehltritt, der vermutlich die Montagsdemonstrationen letztendlich ausgelöst hat, war Clements spontane Idee, die zusätzliche Vergütung bei Aufnahme einer angebotenen sozialen Tätigkeit als „Ein-Euro-Job" zu bezeichnen. Viele der Betroffenen haben seither die Vorstellung, für einen Stundenlohn von nur noch einem Euro arbeiten zu müssen. Ungeschickter kann man die an sich richtige Idee von einer Zusatzvergütung nicht vermitteln. Keiner beachtet mehr die Tatsache, daß es sich eigentlich um einen Kombilohn handelt, der in der Summe beträchtlich höher sein kann als das Arbeitslosengeld II ohne Arbeit. Bei Annahme, daß Langzeitarbeitslose unter dem Gefühl der gesellschaftlichen Nutzlosigkeit ebenso leiden wie die Gesellschaft unter den hohen Sozialkosten, ist das ein vielversprechender Ansatz. Dessen ungeachtet dient nun der Titel „Ein-Euro-Job" jedem alten Klassenkämpfer als Breitseite. Es ist höchste Zeit, durch klare Worte aller verantwortungsvollen Demokraten endlich wieder für Besinnung zu sorgen.

Kein Grund zur Hysterie

Man kann sensationelle Meldungen aus dem Ergebnis der Landtagswahlen 2004 in Brandenburg und Sachsen ableiten. Zum Beispiel, daß im sächsischen Landtag die SPD nur einen Sitz mehr hat als die NPD, daß in Brandenburg die PDS zweitstärkste politische Kraft geworden ist, daß in beiden Ländern fast jeder Dritte links- oder rechtsextrem gewählt hat, daß die CDU in Sachsen satte zweistellige Stimmenverluste einstecken oder die Volksparteien insgesamt erhebliche Verluste zugunsten der Protestparteien hinnehmen mußten.

Aber was war eigentlich an diesen Ergebnissen überraschend? Nicht nur, daß sie mit nur geringen Abweichungen den vorhergesagten Prognosen gefolgt sind. Es konnte auch niemand annehmen, daß in der aufgeheizten Atmosphäre der Montagsdemonstrationen gegen die künftige Arbeitsmarktpolitik die emotionale Stimmung ohne Auswirkungen auf die Wahlergebnisse bleiben könnte. Wo also liegt die Sensation? Sie ist eigentlich ausgeblieben. Die Wähler haben klare Aussagen getroffen und den längst bekannten Unmut nur bestätigt.

Was die Wahlbeteiligung angeht, so könnte man schon fast von einer positiven Überraschung sprechen. Es wurde spekuliert, daß die Zahl der Bürger, die aus Protest nicht zur Wahl gehen, neue Dimensionen erreichen könnte. In Brandenburg ist statt dessen die Wahlbeteiligung in dem nur geringem Ausmaß von 2,3 Prozentpunkten gesunken und in Sachsen sind mit 59,6 Prozent fast genauso viele Wähler zu den Urnen gegangen, wie schon bei der letzten Landtagswahl 1999 (61 Prozent). Also keine Sensation, wenngleich eine höhere Wahlbeteiligung grundsätzlich wünschenswert ist.

Die großen Parteien, die sich klar hinter die schwierige Operation Hartz IV gestellt haben, müssen mit oder gegen ihre Überzeugung akzeptieren, daß dieses bundespolitische

Thema alle landespolitischen Fragen derzeit überlagert und das Protestpotential steigert. Die Protestbewegung ging – auch das ist natürlich keine Überraschung – sowohl nach links als auch nach rechts und stärkte in Brandenburg mehr die PDS und in Sachsen mehr die NPD. Laut ZDF waren satte 86 Prozent der Stimmen für die rechtsextreme NPD Protest- und keine Sympathiewähler. Dort, wo in Brandenburg die beiden Volksparteien in einer großen Koalition regierten, wurden sie mit nahezu gleichem Stimmenverlust bestraft. In Sachsen mußte aus der selben Logik heraus die CDU als alleinregierende Partei auch die Strafe weitgehend allein tragen. Ihr Verlust war entsprechend rund doppelt so hoch wie in Brandenburg. Bei der SPD, die es 1999 in Sachsen bereits kaum über zehn Prozent schaffte, bekam hier eher den Mitleidsbonus.

Bei allen Protesten hat der Wähler klar zum Ausdruck gebracht, wer künftig regieren soll. In Sachsen hat die CDU, trotz ihrer großen Verluste, nicht viel weniger Stimmen bekommen als SPD, FDP, PDS und GRÜNE zusammen. Das läßt keinen Zweifel daran, daß der Ministerpräsident bleiben soll. Die CDU braucht freilich erstmals einen Koalitionspartner. Die SPD stand bereit. Und in Brandenburg konnte der Wählerauftrag nur heißen, daß die abgestrafte große Koalition fortgesetzt werden soll.

Die Wahl der NPD in Sachsen sollte man nicht zu hoch hängen. Als ich 1968 zum ersten Mal in den Baden-Württembergischen Landtag kam, zog ich ebenfalls zusammen mit 12 NPD-Abgeordneten (zehn Prozent der Sitze) in den Landtag ein. Auch die damalige große Koalition wurde bei den Landtagswahlen im März 1968 aus verschiedenen Gründen abgestraft, wobei die SPD die höchsten Verluste tragen mußte. In der ersten Entrüstung und Enttäuschung über die Ergebnisse wollte die SPD die Koalition verlassen, aber die SPD-Führung mahnte die gemeinsame Verantwortung der Demokraten an. Das war die einzig richtig Antwort. Eine erfolgreiche Zusammenarbeit zwischen SPD und CDU sorgte dafür, daß die Episode der NPD im Landtag von Baden-Württemberg 1972 wieder endete.

Verfangen wir uns also nicht in wilden Spekulationen, welche Veränderungen in der Parteienlandschaft Deutschlands noch möglich werden. Es geht jetzt darum, zügig die Reform des Wirtschaft- und Sozialstaats Deutschland voranzubringen, um die Voraussetzungen für ein Wachstum mit Arbeitsplätzen zu schaffen. Die Verantwortlichen in den Parteien können und dürfen dem Druck der Straße nicht nachgeben. Deshalb ist es vielleicht gar nicht so schlecht, daß in den neu gewählten Landesparlamenten sowohl die gestärkte PDS als auch die NPD nun erklären muß, was sie außer ihren Kampfparolen an konzeptionellen Vorschlägen zu bieten hat. Adam Riese kann man nämlich nicht abwählen.

Die insgesamt schwierige Lage unseres Landes wird die Volksparteien zwingen, immer wieder große projektorientierte Koalitionen zu schließen. Die Erfolge der extremistischen Parteien haben vielleicht auch den positiven Nebeneffekt, daß die demokratischen Volksparteien sich ihrer Verantwortung für Deutschland wieder etwas stärker bewußt werden. Es ist jetzt wichtig, vor allem in den neuen Bundesländern nach neuen Lösungen zu suchen, um auch denjenigen, denen Hartz IV nicht nützen wird, zu irgendeiner Beschäftigung zu verhelfen. Wir müssen die Protestwahl der Menschen als einen Hilferuf an die Gesellschaft verstehen und nicht als Kriegserklärung an die Demokratie. Gemeinsame Anstrengungen statt gegenseitige Schuldzuweisungen sind gefragt. Das wird von den Wählern bei den nächsten Wahlen wieder honoriert werden. Auch das wäre am Ende jedenfalls keine Überraschung.

Der Osten braucht Konzepte

Die Wahlen in den neuen Ländern sind vorbei. Die Überraschungen blieben aus und die alten und neuen Regierungen machen sich wieder an die Arbeit. Jetzt kann auch die Nabelschau beendet werden und der Streit um die Frage, wieviel Transferleistungen wirklich in den Osten geflossen sind, hilft uns auch nicht. Ohne Zweifel aber ist davon ein viel zu hoher Anteil zur Abfederung der sozialen Probleme verwandt worden und zu wenig Geld in die Zukunftsinvestitionen geflossen. Und richtig ist auch, daß von den Investitionsmitteln zum Teil unnötige und überdimensionale Infrastrukturprojekte finanziert wurden. Die Flughäfen sind überdimensioniert, die Abwasseranlagen auch. Erschlossene Gewerbegebiete werden nicht gebraucht, und den Arbeitslosen in den strukturschwachen Regionen helfen auch nicht die renovierten Arbeitsämter. Den Aufbau einer neuen Produktions- und Dienstleistungsgesellschaft, die im internationalen Wettbewerb auf Hochkostenniveau wettbewerbsfähig sein soll, kann man nicht mit einer Subventionspolitik aus der großen Gießkanne erreichen.

Die Optimisten rechnen Problembranchen wie den Bausektor aus der offiziellen Statistik heraus und finden dann – welche Überraschung –, daß die erfolgreichen neuen Industriezweige wie die Halbleiterindustrie und die Optoelektronik durchaus höhere Wachstumsraten haben als der Gesamtdurchschnitt des Westens und daß auch die Exportraten rasch wachsen. Eine übereinstimmende Meinung kommt bei allen Analysen und auch bei den Vorschlägen der „Arbeitsgruppe Ost" unter Vorsitz von Klaus von Dohnanyi zum Ausdruck: Die Leuchtturm- oder sogenannte Clustertheorie ist der Ansatz, auf dem rasch weiter aufgebaut werden muß. Anstatt sich weiter über Autobahnen oder Eisenbahnlinien zu streiten, muß man den Wissenschafts- und Technologiebereich mit größten Anstrengungen und totaler Priorität ausbauen. Aus Universitäten, Fraunhoferinstituten und Einrichtungen, die von der früheren Akademie der Wissenschaften der DDR übrig geblieben sind, muß ein Netzwerk für die Umsetzung wissenschaftlicher Erkenntnisse zu Produkten und Verfahren im Technologietransfer erwachsen. Mit tatkräftiger Unterstützung und Risikokapital müssen die Voraussetzungen für neue Unternehmensgründungen als Kern einer mittelständisch orientierten Wissenschafts- und Technologielandschaft organisiert werden.

Wenn man einmal untersucht, was um die Zentren in Dresden oder Jena an neuen Technologieunternehmen und Dienstleistungseinrichtungen entstanden ist, wird der richtige Ansatz sichtbar. Wer sich das Rating der technischen Universitäten der neuen Bundesländer ansieht, weiß, daß hier eine große Zahl junger Menschen ausgebildet wird, die nicht wegziehen würde, wenn sie in und um die Universitäten herum geeignete Arbeitsplätze fänden.

Was fehlt, ist eine Organisation, die sich dem raschen Wissens- und Technologietransfer und der Verbindung zwischen Ideen, Markt und Finanzierung widmet. Während beispielsweise die Universitätskliniken in den alten Bundesländern längst über Jahrzehnte ihre Forschungsbeziehungen zur Pharmaindustrie aufgebaut haben, leiden die Kliniken im Osten, obwohl sie die neuesten und modernsten Einrichtungen mit höchst qualifiziertem Personal besitzen, unter viel zu wenig Kontakt zu der industriellen Forschungs- und Entwicklungsumwelt.

Warum nimmt sich die Bundesregierung zusammen mit den Landesregierungen und der KfW nicht dem Aufbau eines solchen Wissenschafts-, Forschungs- und Transfernetzwerks an und schafft das finanzielle Rückgrat für eine solchen Entwicklung. Die in allen Ländern vorhandenen Einrichtungen zur Förderung von Unternehmensgründungen und mit Unterstützung des privaten Kapitalmarkts können ausreichend Kapital für die jungen Gründer bereit gestellt werden?

Es gibt ein gutes Vorbild aus Baden-Württemberg. Hier wurde 1971 die Steinbeis-Stiftung gegründet. Ihr Namenspatron ist Ferdinand von Steinbeis, der sich im Auftrag des Königs von Württemberg im 19. Jahrhundert um Industrie-, Handels- und Wirtschaftsförderung bemühte. Das kleine Königreich Württemberg hatte weder Rohstoffe noch lag es verkehrsgünstig. Die ersten Exportartikel waren daher Landeskinder, die in die USA ausgewandert sind, weil die kleinen bäuerlichen Höfe sie nicht ernähren konnten. Die Entwicklung von Gewerbeschulen und später technischen Fachhochschulen und Universitäten schafften die Grundlagen für eine Bildungs- und Forschungsstruktur, die den Aufstieg des armen Agrarlandes zur heutigen High-Tech-Region ermöglichte. Heute ist die Steinbeis-Stiftung so erfolgreich, daß sie auf öffentliche Fördermittel nahezu verzichten kann und im Jahre 2003 in 565 Transferzentren in 50 Ländern der Welt allein 21 000 Projekte bearbeitet hat.

Man kann die Frage stellen, warum die Steinbeis-Stiftung heute Transferzentren in Südafrika einrichtet und im Nahen und Fernen Osten tätig ist, aber niemand auf die Idee kommt, eine solche Einrichtung, die inzwischen sogar eine eigene Hochschule in Berlin betreibt, beauftragt, ein solches Netzwerkskonzept zu errichten. Würde dann noch die KfW mit all ihrer Erfahrung gemeinsam mit den Landesbanken die Bereitstellung von Risikokapital und Bürgschaften organisieren, käme ganz sicher Bewegung in den Aufbau solcher Cluster.

Gewiß, auch solch ein Projekt ist mit Risiken verbunden, aber „no risk, no fun“. Wir haben in der Vergangenheit nichts gewagt und wollten mit statischen Konzepten die ostdeutschen Landschaften zum Blühen bringen. Jetzt darf sich keiner darüber wundern, daß vielen der Spaß vergangen ist. Wir sollten daraus lernen.

Grenzen der Besteuerung

Rauchen zum Wohle Deutschlands

Wer hätte das gedacht? Deutschlands Zukunft liegt im Rauchen. Noch vor einem Jahr ist Bundeskanzler Gerhard Schröder in die Kritik geraten, weil er zuviel Geld für seine großen Zigarren ausgegeben hat. Jetzt haben sich solche Vorwürfe überholt. Endlich wurde ein Weg gefunden, wie man die Hingabe an das Laster mit der gemeinnützigen Sanierung der Staatsfinanzen sowie der Sozialsysteme kombinieren kann. Wir legen beim Genuß jeder Zigarre oder Zigarette einfach noch ein bißchen Geld oben drauf.

Auch ich rauche gelegentlich gern mal eine Zigarre und werde mich ab sofort gleich wohler dabei fühlen, wenn ich weiß, daß es für einen guten Zweck ist. Da will ich gerne auch öfter als bisher in die Kiste greifen. Es würde mir und sicherlich auch anderen noch leichter fallen, wenn man künftig diese häßlichen Sprüche auf den Verpackungen ändert. Anstatt „Rauchen gefährdet die Gesundheit“ oder „Rauchen verursacht Krebs“ sollte man unter dem neuen sozialen Finanzierungsgesichtspunkt die Packungen lieber mit positiven Aufklebern versehen: „Vom Erlös dieser Packungen geht ein Euro in das Gesundheitswesen“ oder „Rauchen für Deutschlands junge Mütter“. Oder wir schreiben sogar einen Award aus: „Deutschland sucht den Superraucher“. Das motiviert und bringt uns in die längst ersehnte Aufbruchsstimmung.

Wer behauptet, jede Steuererhöhung wäre in Zeiten wirtschaftlicher Flauten Gift, versteht offenbar nichts von Finanzpolitik. Wenn man es der Bevölkerung nur richtig darstellt und ihr den Sinn und die Notwendigkeit einer solch ausgeklügelten Maßnahme vermittelt, gibt man dem Bürger endlich einen klaren Anhaltspunkt, was er für das Land und seine leeren Kassen tun kann: Rauchen! Was man mit Tabak politisch alles erreichen kann, zeigt das Beispiel Kuba. Dort hat mit Hilfe seiner großen Zigarrenkultur bislang sogar Fidel Castro und sein Sozialismus überlebt.

Wenn also Hans Eichel, wie jüngst geschehen, den jährlichen Erlös der geplanten Tabaksteuererhöhung von zunächst erhofften 4,5 Milliarden Euro auf nunmehr 2,5 Milliarden Euro herunterschätzt, ist das doch viel zu pessimistisch. Der brave Hans rechnet nicht mit der Lasterfähigkeit der Deutschen. Und er vergißt auch die Einsparpotentiale im Rentensystem. Wer über die Vergreisung der Gesellschaft klagt, sollte sich über jede Maßnahme freuen, die der Überalterung entgegen wirkt. Herz- und Lungenerkrankungen verkürzen die Rentenbezugsdauer um so manches teure Jahr. Und damit nicht genug. Auch die Belastung der auf der Kippe stehenden Pflegeversicherung würde deutlich sinken.

Mit der Erhöhung der Tabaksteuer ist der Bundesregierung also ein echter Coup gelungen. Doch sie sollte hier nicht aufhören. Wie steht es mit dem Alkoholkonsum oder anderen Suchtmitteln und liebgewonnenen Gewohnheiten? Das gute bei Suchtmitteln ist ja immer, daß es nicht so leicht zur Steuervermeidung kommt. Auch Haschisch sollte man bei der Gelegenheit legalisieren und am Verkauf endlich mitverdienen. Die Grünen haben ja bereits in dieser Richtung Vorschläge gemacht. Vielleicht finden sie jetzt mehr Gehör beim großen Koalitionsbruder.

Schön und gut, Scherz beiseite! Was man mit Satire, die von der Übertreibung lebt, bis zur Absurdität führen kann, hat immer einen wahren Kern. Wahr ist, daß die Erhöhung der Tabaksteuer eine glatte Fortsetzung der finanzpolitischen Ungereimtheiten der rot-grünen Regierung ist, die wir bereits von der Ökosteuer kennen.

Aus finanzpolitischer Sicht gibt es prinzipiell zwei legitime Gründe, eine Steuer einzuführen oder zu erhöhen: Entweder soll sie Geld in die Staatskassen bringen oder aber sie soll als sogenannte Lenkungssteuer bestimmte Verhaltensanreize setzen. Wie steht es im vorliegenden Fall? Während in Deutschland die Erhöhung irgendeiner anderen Steuer momentan auf breiter Basis abgelehnt wird, stößt die Rechtfertigung einer Tabaksteuererhöhung in der Öffentlichkeit eher auf Verständnis, weil sie zum einen massive Anreize setzt, den erwiesenermaßen ungesunden Tabakkonsum deutlich einzuschränken oder sich das Rauchen sogar vollständig abzugewöhnen, und zum anderen diejenigen per Steuer zur Kasse bittet, welche die Gesellschaft mutwillig mit Krankheitskosten belasten. Isoliert betrachtet ist dieses Argument nachvollziehbar. In der Umsetzung und der Gesamtbetrachtung ist es jedoch vollkommen fehlerhaft.

Die Diskussion verläuft inzwischen genauso ungeordnet wie unser Steuersystem selbst. Während die reformscheue Bundesregierung lediglich verzweifelt nach Möglichkeiten sucht, die Löcher im Haushalt durch Mehreinnahmen zu stopfen und in der Tabaksteuer einen vergleichsweise geringen Widerstand vermutet, werden die gesundheitspolitischen Argumente vorgeschoben, um ein paar Milliarden mehr an der kleinlauten Rauchergesellschaft zu verdienen. Beide Ziele, also das offensichtliche Ziel, die Staatseinnahmen zu erhöhen, und das vorgeschobene gesundheitspolitische Lenkungsziel, können aber gemeinsam nicht erreicht werden. Sie stehen in Konkurrenz zueinander und schließen sich gegenseitig aus. Entweder raucht man weiter wie bisher, dann kommt es auch zu höheren Staatseinnahmen, oder man erreicht, daß die Raucher fortan gesünder leben. Dann aber wird man in entsprechendem Maße auf Mehreinnahmen verzichten und vielleicht sogar Mindereinnahmen in Kauf nehmen müssen.

Was will man nun eigentlich? Die Zielsetzungen der Regierung sind hier ebenso widersprüchlich wie schon zuvor bei der Ökosteuer: Will man die Rente durch Benzinsteuer retten, nach dem Motto „Rasen für die Rente“ oder will man den Straßenverkehr und die Schadstoffemission drosseln?

Eine derartige Praxis ignoriert darüber hinaus das haushaltsrechtliche Verbot der steuerlicher Zweckbindung (Nonaffektationsprinzip), welches gewährleisten soll, daß die Handlungsalternativen bei der Aufstellung des Haushaltsplans nicht schon vor der parlamentarischen Entscheidung extrem eingeschränkt sind. Die vom Volk legitimierten Entscheidungsträger werden durch diese Zweckbindung umgangen. Diese schleichende Untergrabung der demokratischen Gestaltungsspielräume muß endlich einmal kritisch beleuchtet werden.

Was bleibt, ist das Argument, man entlaste die Gemeinschaft durch eine Strafsteuer für Unvernünftige. Auch das wird man allerdings nur in der isolierten Betrachtung als gerecht empfinden. Erstens könnte von Krankenversicherungen ein Risikozuschlag kalkuliert werden, was zum Teil auch schon getan wird. Dort gehört er sachlich auch hin und nicht in das Steuersystem. Zweitens kann man sich nicht einfach eine einzige Unvernunft heraussuchen und andere wie den Alkoholkonsum, gefährliche Sportarten, ungesunde Ernährung, Bewegungsarmut und ähnliches unberücksichtigt lassen. Versteht das die Bundesregierung unter Solidarität?

Wenn wir tatsächlich bereit sind, echte Reformen in Angriff zu nehmen, dann sollten wir uns nicht weiter in diese Ungereimtheiten verstricken. Der zu erwartende Nettoertrag ist die Diskussion ohnehin nicht wert. Unser Steuersystem gleicht inzwischen einem Flickenteppich. Und wenn jetzt noch die schrillen Forderungen nach Erhöhung der Erbschaftssteuer und Wiedereinführung der Vermögenssteuer ertönen, wird der Teppich eindeutig zu bunt!

Gute Zeiten, schlechte Zeiten

Die Regierung marschierte, wenn auch mühsam, in die richtige Richtung, aber jetzt droht sie offenbar, schlapp zu machen. Daß der deutsche Wohlfahrtsstaat nicht mehr zu bezahlen ist, vermittelt sich zunehmend allen als eine wichtige Erkenntnis. Die Logik: Was an Sozialleistungen nicht gekürzt wird, wo und wie auch immer, muß durch Wachstum des Bruttosozialprodukts oder durch zusätzliche Zuweisung aus den öffentlichen Haushalten bezahlt werden.

Spätestens nach den neuen schon wieder verminderten Wachstumserwartungen ist die stets wachgehaltene Hoffnung, durch die Verbesserung der Wirtschaftskonjunktur werde ein neuer Finanzierungsspielraum entstehen, endgültig verflogen. Während sich weltweit eine Verbesserung der konjunkturellen Situation abzeichnet, steht für Deutschland fest: Bevor dieses Land nicht seine umfassende Sanierung abgeschlossen hat, wird es auch kein ausreichendes Wachstum geben. Sanierung, das merken jetzt auch die Meister im Verdrängen und Schönreden, besteht zwar aus schlechten und guten Nachrichten, aber eben in dieser Reihenfolge. Und die nächsten zwei bis drei Jahre müssen wir ausschließlich mit schlechten Nachrichten leben.

Bleiben wir bei den Sozialsystemen. Die neue Strukturierung des Arbeitsmarkts durch mehr Flexibilität bedeutet im Ergebnis, ob es uns paßt oder nicht, mehr Arbeit gegen weniger Geld. Die Abwanderung von Produktionsbetrieben nach Osteuropa und Asien kann nur langsam und mit hohen Investitionen in Bildung, Forschung und Qualifikation ausgeglichen werden. Da jedoch zusätzliche Haushaltsmittel für die Entlastung der Sozialsysteme nicht zur Verfügung stehen, müssen wir noch mehr im Verbrauch kürzen, wenn wir in die Infrastruktur der Zukunft investieren. Das heißt, der Bürgen hat weniger Einkommensanteile für den zeitnahen Konsum zur Verfügung, weil sie für die Zukunftsvorsorge gespart werden müssen. Und – was mich persönlich nicht überrascht – die Menschen haben das begriffen. Die Sparrate in Deutschland steigt, und die Konsequenz ist natürlich ein nachlassender Konsum, also keine Wachstumsimpulse aus diesem Bereich. Ein Euro kann entweder gespart oder ausgegeben werden. Lange haben die verantwortlichen Politiker gesagt, man solle sparen, und beschweren sich jetzt darüber, daß die Leute das Geld nicht ausgeben.

Gleichzeitig brechen die öffentlichen Haushalte zusammen, weil die Personal- und Sozialausgaben durch die Altersentwicklung sowie das ausbleibende Wirtschaftswachstum dynamischer ansteigen als erwartet und mit abnehmenden Steuereinnahmen nicht mehr ausgeglichen werden können. Aus diesem Grund und um den Bürger nicht noch härtere Einschränkungen zuzumuten, werden still und leise die Investitionshaushalte bei Bund, Ländern und Gemeinden heruntergefahren und die Infrastruktur, das heißt die einzig zukunftsträchtigen Investitionen, nämlich Bildung, Forschung, aber auch die handfesteren und sichtbaren in Schiene und Straße, vernachlässigt. Anfangs konnte man da mit kleinen, später mit größeren Finanzierungstricks die Probleme lösen oder mindestens verschieben und manchmal auch ein bißchen verschleiern in der Hoffnung, bei besserer Konjunktur das ganze wieder in Ordnung zu bringen. Doch die Zeit, das so zu handhaben, ist zu Ende. Schon mit Wachstumsraten von 1,5 Prozent geht das nicht mehr. Und 2006, dem Bundestagswahljahr, schwächt sich die Weltkonjunktur möglicherweise schon wieder ab.

Man fragt sich nach der politischen Logik? Die lautet folgendermaßen: Die Regierung spürt den kollektiven Unwillen der Betroffenen gegen weitere unabdingbare Einschränkungen und die Angst der Abgeordneten vor Ärger und Mandatsverlust. Die Opposition wiederum weiß, daß bei dieser Lage nur noch schlechte Nachrichten kommen können. Sie braucht also nur anzukündigen, was sich jeder sowieso schon ausrechnen kann: Neue Steuerausfälle, neue Finanzlöcher im Haushalt, bei Renten-, Kranken- und Pflegeversicherung, bei Bahn- und Straßenbau, bei Universitäten und Forschungseinrichtungen, Wegfall des Bundesbankgewinns und vieles mehr. Der Scherbenhaufen ist so groß, daß die Opposition wahrscheinlich nicht einmal echte Alternativen anzubieten braucht. Der Hinweis, die Regierung ist auf breiter Linie erfolglos geblieben und schlimmer kann es gar nicht kommen, genügt, um nicht nur einfache Gemüter von der Abwahl zu überzeugen. Und so retten sich alle auf Kosten des Gemeinwohls bis zu den nächsten Wahlen, während die eigentlichen Probleme ungelöst bleiben. Im Interesse des Landes müßten die Parteien statt dessen aufeinander zugehen. Hier wäre des Kanzlers Aufruf zu einer patriotischen Haltung weitaus angemessener als gegenüber wirtschaftlich denkenden Unternehmern.

Am Anfang muß eine nüchterne Bestandsaufnahme der Finanzlage stehen. In der Privatwirtschaft sind die großen Unternehmen zu Vierteljahresberichten verpflichtet, in denen sie falsche Einschätzungen bei der Fortschreibung ihrer Budgets in sogenannten Forecasts korrigieren müssen, um ihren Aktionären ein ungeschminktes Bild zu präsentieren. Das sollte die Regierung jetzt auch tun. Denn am Jahresende erfahren wir es ja doch, ob 10, 15 oder gar 20 Milliarden Euro fehlen. Nur bitte jetzt nicht wieder die Wahrheit scheibchenweise servieren und jedes Mal versichern, das sei jetzt aber alles. Die Menschen kennen doch die Zyklen des wirklichen Lebens: gute Zeiten, schlechte Zeiten – da muß man eben durch.

Die Suche nach neuen Geldquellen geht weiter

Die Frage nach neuen Geldeintreibungsmöglichkeiten zieht Politiker an wie ein Magnet. Reflexartig reagieren sie auf Finanzierungsengpässe mit der fieberhaften Suche nach neuen Einnahmequellen. Dabei zeigen sie das, was man so häufig bei ihnen vermißt: Phantasie. Deutschland braucht Menschen, die mit Phantasie und Einfallsreichtum nach neuen Einnahmemöglichleiten suchen. Doch wir brauchen diesen Instinkt in der Wirtschaft, nicht in der Steuerpolitik.

Derzeit richtet sich der Eifer auf die Gewerbesteuer. Hier ist der Einfallsreichtum schon zu Beginn der Diskussion so groß, daß man dem Objekt der Begierde bereits einen neuen Namen zugedacht hat: Gemeinde-Wirtschaftssteuer. Das ist aus verfassungsrechtlichen Gründen notwendig, da man zukünftig auch allen klein- und mittelständischen Dienstleistern, die unter der Bezeichnung Freiberufler laufen, eine Steuererhöhung servieren will. Für die meisten freiberuflich tätigen Finanzberater, Ärzte, Rechtsanwälte, Architekten, Steuerberater, Journalisten etc. würde nämlich ein höherer Hebesatz gelten als der auf die Einkommensteuer anrechenbare von 360. Frankfurt und München etwa haben einen Satz von 490. Ein niedergelassener Rechtsanwalt oder Arzt könnte dort seine „Gemeinde-Wirtschaftsteuer" also zu mehr als einem Viertel nicht von der Einkommensteuerschuld abziehen. Diese getarnte Steuererhöhung wird von ihren Erfindern gerne heruntergespielt. Tatsache ist aber, daß der Finanzminister schon mit jährlich immerhin 600 Mio. Euro Mehreinnahmen der Kommunen aus der freiberuflichen Quelle rechnet.

So wird die einstige Industriesteuer, die ursprünglich das Realvermögen großer Industrieunternehmen besteuerte, um einen Ausgleich für deren massive Nutzung der kommunalen Infrastruktur als auch für die Lärm- und Schmutzbelästigung herzustellen, zu einer ungerechtfertigten Besteuerung von Humanvermögen bei kleinen und mittleren Unternehmen im Dienstleistungssektor. Offenbar sieht die Bundesregierung eine Notwendigkeit, den Wandel von der Industrie- in die Dienstleistungsgesellschaft mit dem Design einer neuen Steuer zu begleiten. Im Grunde geht es doch gar nicht allein um die Gemeindefinanzierung, sondern ebenso darum, die Leistungsträger der Dienstleistungsgesellschaft stärker unter Besteuerungsgewalt zu bekommen. Daß man die hochqualifizierten freiberuflichen Kleinunternehmer, die nach der bisherigen Regelung nur über die Einkommenssteuer zu erreichen sind, durch die Einkommenssteuerreform automatisch mitentlastet, war dem Finanzminister offenbar ein Dorn im Auge. Jetzt, da den Kommunen das Wasser bis zum Halse steht, nutzt man den Notstand als Hebel zur erneuten Erhöhung der Steuerbelastung dieser Klientel. Nach dem Motto: den armen Gemeinden muß doch geholfen werden. Und auf Freiberufler kann jede Gemeinde zurückgreifen, was ihre Einnahmen verstetigt.

Die Verbesserung der kommunalen Finanzsituation ist in vielen Fällen eine unbestreitbare Notwendigkeit. Ihr mit einer Ausweitung der Steuererhebung zu begegnen, führt aber wieder in die falsche Richtung. Zur Erinnerung – die Aufgabe der Stunde heißt: Sanierung der Finanzen ohne Steuererhöhung! Doch da gerät die Phantasie der so einfallsreichen Politiker offenbar an ihre Grenzen. Wo sind die Vorschläge zur Einsparung in der Verwaltung? Wo sind die Konsequenzen aus zahlreichen Steuergeldverschwendungen? Wo sind die Maßnahmen zur Privatisierung dazu geeigneter Objekte? Hier steckt noch viel Potential, auch und gerade auf kommunaler Ebene.

Was vor dreißig Jahren beispielsweise noch ein Standesbeamter alleine zu erledigen wußte, braucht heute einen ganzen Stab von Beamten und Angestellten im öffentlichen Dienst. Auch wissen in nahezu jeder Gemeinde die ansässigen Bürger von Steuergräbern zu berichten. Der Druck auf die Finanzen hat leider noch längst nicht die Zeit der Verschwendung beendet. Man darf bei dem derzeitigen Gejammer nicht vergessen, daß es auch Kommunen gibt, welche die Zeichen der Zeit längst erkannt und die Weichen bereits so gestellt haben, daß sie die Situation auch ohne den Geldsegen von Großkonzernen beherrschen. Hieran muß man sich orientieren – nicht an denen, die es gewohnt waren, in wirtschaftlich guten Zeiten die Steuergelder mit vollen Händen auszugeben. In wirtschaftlich schwachen Zeiten kann auch der Staatsapparat nicht ungeschoren davon kommen, sondern muß Unnötiges streichen und Ineffizientes straffen. Statt dessen wird der Schwarze Peter selbstgefällig an die ohnehin unter Druck stehende Wirtschaft weiter gereicht.

Mit der Neugestaltung der Gewerbesteuer sollen Schlupflöcher für die internationalen Großkonzerne endlich gestopft werden. So gerecht das auch erscheinen mag – im Globalisierungszeitalter wird die Bundesregierung jedoch keine wirksamen Mittel finden, die nicht gleichzeitig die Gesamtsituation verschlechtern würden. Und sie wird sich deshalb wieder einmal an denen schadlos halten, die nicht weglaufen können: dem Mittelstand samt den vielen Kleinunternehmen der Freiberufler. Genau das schafft aber statt der notwendigen unternehmerischen Phantasie und Begeisterung Frust und Resignation. Vielleicht ist dies eine geeignete Maßnahme, die Bürgermeister zu begeistern. Eine Motivation der Bürgergesellschaft sieht jedenfalls anders aus.

Wir „steuern“ gen Osten

Daß die Gestaltung der Finanzpolitik die nationalstaatlichen Dimensionen längst verlassen hat, ist allgemein bekannt. Nicht nur die allgegenwärtige Globalisierung verlangt den nationalen Schatzmeistern ein Umdenken ab, sondern hierzulande tut dies noch viel unmittelbarer die Europäisierung. Unser Finanzminister Hans Eichel hat das 2002, 2003 und 2004 in der Auseinandersetzung um die Einhaltung der Schuldengrenzen ausreichend zu spüren bekommen. Aufgrund der Kollidierung mit den damals in Maastricht gesteckten Höchstgrenzen zur öffentlichen Verschuldung forderte Deutschland, der einstige Musterknabe, die Regeln zu lockern und sie nach Maßgabe der konjunkturellen Lage zu flexibilisieren.

Ein neues Intermezzo hat sich nun durch die bevorstehende EU-Osterweiterung angebahnt. Diesmal geht es nicht um eine Höchstgrenze bei den Schulden, sondern um eine Mindestgrenze bei den Steuern. Finanzminister Eichel ließ durch eine Sprecherin verkünden, die Einführung eines steuerlichen Mindeststandards auf EU-Ebene hätte eine „hohe Priorität“. Obwohl wir seit Jahren aus dem Finanzministerium hören, daß entgegen allem Gejammer und Behauptungen Deutschlands Unternehmen im internationalen Vergleich steuerlich unter dem Strich gut bedient seien, bekommt es Eichel jetzt wohl doch mit der Angst zu tun und befürchtet, daß Deutschlands Unternehmer scharenweise zum aktiven Widerstand übergehen und ihre Steuerpflicht ins europäische Ausland verlegen, weil man eben doch so ziemlich überall billiger wegkommt. Der Hintergrund ist folgender.

Hans Eichel fürchtet den europäischen Wettbewerb der Steuersätze, weil Deutschland schon jetzt den Unternehmen mit über 39 Prozent Körperschaft- und Gewerbesteuer die höchsten Tarife innerhalb der EU zumutet. Die Wettbewerbsfähigkeit des Standorts Deutschland droht bezüglich der Gewinnbesteuerung durch den Beitritt der osteuropäischen Staaten, die im Durchschnitt den Unternehmensgewinn mit gerade einmal 23 Prozent schmälern, nochmals erheblich zu sinken. Ab 1. Mai 2004, dem Beitrittstag von zehn überwiegend osteuropäischen Ländern, liegt die Spanne in der Gewinnbesteuerung innerhalb Europas zwischen 12,5 Prozent und 39,4 Prozent. Deutschland steht damit noch mehr unter Druck. Nicht nur, weil es in der Steuerdisziplin erneut das Schlußlicht Europas ist, sondern hinzu kommt auch noch die Tatsache, daß gerade Polen und Tschechien mit nur 19 Prozent direkt vor unserer Haustür liegen. Wie sollen sich Unternehmer verhalten, wenn Nachbarstaaten den halben Steuersatz anbieten?

Gewiß ist im Standortwettbewerb die Höhe der Besteuerung nur ein Faktor von vielen. Ihm gegenüber steht meist die Qualität der Infrastruktur – vom Verkehrsnetz über die Verfügbarkeit von gut qualifizierten Facharbeitern bis hin zu guten Forschungsmöglichkeiten. Doch konnte man früher gelassen auf eine positive Bilanz zwischen Vor- und Nachteilen verweisen, ist Deutschlands Plazierung bekanntlich in alle diesen relevanten Punkten in einen Abwärtstrend eingetreten. Sie können den drohenden steuerlichen Wettbewerbnachteil daher nicht ausgleichen.

Ein weiteres wichtiges Kriterium bei der Auswahl des Standortes ist das Lohnniveau. Auch hier schreiten wir nahezu ungebremst auf der Wachstumsskala voran, anstatt es den Notwendigkeiten durch mehr Flexibilisierung wieder anzugleichen. Unter der Voraussetzung, daß die erforderliche Qualifikation bei den Arbeitskräften vorhanden ist, haben deutliche Unterschiede bei den Löhnen einen direkten Einfluß auf die Wettbewerbsfähigkeit eines Unternehmens. Es ist daher kein Wunder, daß schon seit dem Wegfall der Grenzüberschreitungshürden einige Unternehmen ihre Fertigungsstätten in die aufstrebenden Länder Osteuropas verlegt haben. Audi etwa läßt seine Motoren in Ungarn produzieren, Porsche seine Cayenne-Karosserie komplett in der Slowakei. Bei Volkswagen läuft die Verlagerung etwas weniger offensichtlich. Wenn VW aber, wie angekündigt, weltweit 5000 Stellen abbauen will, weil man für die hochgezüchteten und zu teuer gewordenen Modelle keine Abnehmer mehr findet, wird die Tochter Skoda, die in Tschechien fertigt und inzwischen die ursprünglich erfolgreiche Sparte von VW vertritt, mit Sicherheit dadurch nicht benachteiligt. Bluten werden dagegen unter anderem deutsche Fertigungsstätten. Und zu guter letzt hat auch Siemens gemeldet, Arbeitsplätze nach Ungarn verlegen zu wollen.

Offenbar schwinden langsam die wichtigsten Argumente, sich für Deutschland als Unternehmensstandort zu entscheiden. Da ist es nur konsequent, wenn sich aufgrund einer niedrigeren Besteuerung so manches Unternehmen gleich ins Ausland begibt oder ausländische Unternehmen nicht mehr in Deutschland investieren wollen. Völlig unnötig wird dieser Prozeß noch finanzpolitisch begünstigt durch die steuerliche Anrechenbarkeit der Verlegungskosten in Deutschland, während der dann erzielte Gewinn dem Fiskus des steuergünstigen Ziellandes zufällt. Wenn sich hier nicht rasch alles ändert, braucht sich keiner mehr Sorgen um die Einwanderung von Arbeitskräften im Niedriglohnbereich zu machen. Dann werden nämlich die Osteuropäer nicht nach Deutschland drängen, sondern deutsche Unternehmer werden gen Osten „gesteuert“. Von wegen gründliche Vorbereitung auf die Osterweiterung: Verkehrte Fronten, verkehrte Welt. Erst wenn das Kind in den Brunnen gefallen ist und nach Schuldigen gesucht wird, steigt die politische Betriebsamkeit wieder!

Die Mär vom Steuerdumping

Die Spanne nominaler Steuerbelastung von Kapitalgesellschaften innerhalb der Europäischen Union ist sehr unterschiedlich. Sie reicht von 12,5 Prozent in Irland bis zu mehr als der dreifachen Höhe von 38,7 Prozent in Deutschland. Die neuen Mitgliedsstaaten im Osten haben eine Spanne von 15 Prozent in Litauen bis 28 Prozent in Tschechien. Eine Vielfalt, die auch auf die Methoden der Gewinnermittlung zutrifft und Transaktionskosten sowie Verwaltungsaufwand bei grenzüberschreitend tätigen Unternehmen erhöht.

Eine Vereinheitlichung der Bemessungsgrundlage in den EU-Mitgliedsstaaten würde die Verwaltung vereinfachen und Gelder bei Staat und Unternehmen sparen. Das wäre gut. Das findet die Bundesregierung auch. Allerdings deswegen, weil sie darin den ersten Schritt zu einer Zwangsvereinheitlichung der Unternehmensbesteuerung sieht. Das wiederum wäre schlecht. Unsere Regierung hat sich im Schulterschluß mit Frankreich, das mit 35,4 Prozent auf dem zweiten Platz liegt, angeblich das Ziel gesetzt, die Finanzprobleme zu lösen, indem sie alle anderen zur selben erfolglosen Finanzpolitik zwingen will.

Eine beeindruckende Logik: Um ein Steuerdumping zu verhindern, müsse man einen Mindeststeuersatz einführen. „Steuerdumping“ hätte eine Wortkreation des Politsatirikers Dieter Hildebrandt sein können. Mit diesem Unwort will man das Unterbieten von Steuersätzen als eine verantwortungslose Bürgerschädigung brandmarken. Das hat schon etwas Komödiantisches, ist aber leider ernst gemeint. Die vordergründig plausible Argumentation ist ebenso unvollständig wie falsch und lenkt im Endeffekt nur von den ewigen Versäumnissen deutscher Politik ab.

Falsch ist, daß es einen rationalen volkswirtschaftlichen Grund gibt, weshalb überall in Europa ein Standort gleich viel wert sein soll. Das ist bekanntlich nicht der Fall und wird auch auf absehbare Zeit nicht so sein. Sofern sich im Laufe der Jahre die Qualitäten der Standorte angleichen, werden sich die Steuersätze entsprechend anpassen. Unvollständig ist daher diese Darstellung, weil sie unterstellt, der Standortwettbewerb finde lediglich über die Höhe der Steuersätze statt. Jeder weiß jedoch – und das gilt auch ganz sicher für die Regierungen Frankreichs und Deutschlands –, daß ein Unternehmen noch ganz andere, mitunter viel wichtigere Kriterien für die Standortwahl heranzieht. Warum sollte sonst – wie erneut im grenznahen Dresden geschehen – ein großer ausländischer Investor eine weitere Chipfabrik hierzulande errichten. Dabei hat vielmehr insbesondere die relativ hohe Verfügbarkeit qualifizierten Personals den Ausschlag gegeben.

Und da kommen wir zum Kern des Problems. Man kann die angemessene Höhe von Unternehmenssteuersätzen gar nicht herausfinden, ohne auch die Ausgabenseite und damit die Politik selbst heranzuziehen. Grundsätzlich gilt: Je besser die Infrastruktur, desto gerechtfertigter sind hohe Steuersätze. Daß Deutschland daher einen höheren Steuersatz ansetzen kann als meinetwegen Polen, geht in Ordnung. Ob er doppelt so hoch sein darf oder vielleicht nur dreißig Prozent höher gerechtfertigt wären, läßt sich weder über bürokratische Methoden ermitteln noch generell sagen. Die Aspekte sind komplex und vielfältig. Die einzige Methode, den Wert eines Standorts zu entdecken, ist der Wettbewerb. Daß Europas Mitgliedsstaaten im Standortwettbewerb miteinander stehen, ist daher gut und auch gewollt.

Die Standortvielfalt im europäischen Binnenmarkt erhöht die Chance für einen Unternehmer, die optimale Kombination der für ihn relevanten Standortkriterien zu finden. Wenn nun Deutschland und Frankreich einen Mindeststeuersatz fordern, versuchen sie nur, den selbstverschuldeten Nachteil zu retuschieren, welcher sich durch die Verschlechterung des

Verhältnisses aus der Qualität der Infrastruktur und den eigenen Steuersätzen ergeben hat. Wenn es den Akteuren darüber hinaus um Angleichung geht, könnten sie ebenso eine Höchstgrenze fordern. Hiervon war aber noch nichts zu hören.

Deutschland hat an Attraktivität verloren, weil seine Bildungs- und Forschungseinrichtungen vernachlässigt worden sind und seine einengende Bürokratie sich gleichzeitig frei entfaltet hat. Hier müssen wir ansetzen, wenn wir den höchsten Standortpreis wieder verdienen wollen. Das Unternehmenssteuerproblem verläuft parallel zu dem der Lohn- und Beschäftigungspolitik. Nur mit zukunftsorientierten Lösungen können Höchstpreise erzielt werden. Das gilt inzwischen auch in der nationalen Finanzpolitik. Der Wettbewerb zwischen den Mitgliedsstaaten erhöht den Druck auf die Politiker, besser zu regieren. Wenn etwas helfen kann, dann das.

Deutschlands Hausaufgabenheft ist voll. Doch anstatt die Zeit auf die Erledigung zu verwenden, werden immer wieder Scheingefechte für den Stammtisch geführt. Daß die Diskussion um die Mindestbesteuerung nicht mehr ist, erklärt sich durch die Tatsache, daß hierfür eine einstimmige Annahme notwendig wäre. Die wird schon allein von den Niedrigsteuerländern vereitelt. Außerdem sprechen die Statistiken eine andere Sprache. Sie zeigen, daß unabhängig von der internationalen Konkurrenz einfache Steuersysteme mit geringen Sätzen mehr Einnahmen bringen als hohe Sätze mit vielen Ausnahmen – von den höheren Verwaltungskosten ganz zu schweigen. Und obwohl sich sachlich hierüber alle Parteien seit Jahrzehnten einig sind, wiederholt sich die Diskussion mit immer neuen Varianten wie in einer schlechten Seifenoper – endlos und ohne Ergebnis.

Privat oder staatlich – wer kann es besser?

Wachstum durch Beteiligung

Die starken Worte der Maikundgebungen 2003 sind im Jahre 2004 verklungen. Die Gewerkschaften haben gespürt, daß ihnen die machtvolle Anhängerschaft fehlt, um das Konzept des Bundeskanzlers nachhaltig verändern zu können. Auch hat sich der Eindruck bestätigt, daß die SPD-Linken gemeinsam mit den Konservativen der Gewerkschaften die Zeit dazu nutzen wollen, dem Kanzler falsche Kompromisse abzutrotzen, die im Ergebnis zu einer Abschwörung der notwendigen Reformschritte führen würden. Dann könnte Gerhard Schröder zwar die Auseinandersetzungen in der SPD überstehen, die Stimmung im Lande durch diese lustlose Gesetzesmaschinerie aber einen erneuten Dämpfer erfahren.

Dazu paßt, daß neben anderen ungeplanten Ausgaben nun doch wieder ein Zuschuß für die Bundesanstalt für Arbeit von satten fünf Mrd. Euro gezahlt werden muß. Die neuen Steuerschätzungen werden ohnehin den Haushalt des Bundes, der Länder und vieler Kommunen zur Makulatur machen. Denn den Schätzungen liegt die illusorische Wachstumsprognose der Bundesregierung von 0,75 Prozent zugrunde. Die Finanzexpertin der Grünen, Christine Scheel, eröffnete deshalb schon vorsorglich die Diskussion um einen Nachtragshaushalt, der die Neuverschuldung von bisher 19 Mrd. auf 31 Mrd. Euro erweitern würde. Unverändert steigen die Arbeitslosenzahlen stetig an. So wird sich das Ganze hinschleppen, bis ein neuer trauriger Rekord erreicht ist. Abermalige Enttäuschungen durch Steuerausfälle sowie die immer konkreter werdende Bedrohung, durch die EU abgestraft zu werden, kommt erschwerend dazu. Der durch Tatenlosigkeit enger werdende Handlungsspielraum wird das Stimmungsbild immer weiter verdüstern.

Wer dieses realistische Szenario vor Augen hat, muß über eine große gemeinsame Anstrengung aller politischen und gesellschaftlichen Kräfte nachdenken. Auf die katastrophalen Folgen einer allgemeinen Spar- und Konsolidierungsstimmung habe ich hingewiesen. Wenn jetzt nicht massiv gegengesteuert wird, ist es nur eine Frage der Zeit bis die deutsche Volkswirtschaft in die Stagnation verfällt und dann ähnlich wie Japan in einen Schrumpfungsprozeß gezogen wird. Welche Möglichkeiten bleiben uns?

Die privaten Investoren werden in Deutschland nichts unternehmen, so lange die politischen Ziele nicht klar formuliert und die Rahmenbedingungen verbessert sind. Eine Investition rechnet sich nicht einfach nur durch niedrige Zinsen, und so läßt sich auch die momentane Krise nicht einfach durch Zinssenkung beleben, wie tief diese auch gehen mag.

Weil die Steuereinnahmen sinken und eine weitere Verschuldung volkswirtschaftlich ein echter Schuß ins Knie wäre, besitzt auch die öffentliche Hand kein Nachfragepotential mehr. Damit fehlt auf breiter Front Kapital. Gleichzeitig existiert aber eine Menge Kapital in den Händen der Bürger, die ihre Altersvorsorge betreiben müssen und aufgrund der Unsicherheiten am Aktienmarkt nach geeigneten Anlagealternativen suchen. Diese Bürger haben also in der Summe jenes Kapital, das auf der anderen Seite so dringend für Investitionen in wachstumsträchtige Bereiche benötigt wird. In einer solchen Situation drängt sich die Überlegung förmlich auf, ob nicht die öffentliche Hand durch eine große Privatisierungsanstrengung versuchen sollte, ihre Handlungsfähigkeit zurückzugewinnen.

Viele öffentliche Dienstleistungen, vor allem im Energie-, Wasserversorgungs- und Abwasserbereich, im Verkehrssektor sowie bei der Abfallbeseitigung, könnten durch Privatisierung 100 Mrd. bis 200 Mrd. Euro frei machen. Mit diesem Geld wäre es möglich, ein umfassendes Investitionsprogramm in

Wissenschaft und Forschung zu starten. Als Altersversorgung wiederum gibt es keine sicherere Anlage als in die Wasserversorgung und Abwasserbeseitigung.

Man muß sich allerdings darüber einig sein, daß die Privatisierungserlöse ausschließlich für zusätzliche zukunftsträchtige Investitionen verwendet und nicht zur zeitweiligen Stopfung der Löcher im maroden System mißbraucht werden. Damit würde sich die Nachfrage zum einen auf wissenschaftliche Hochtechnologie für die Verbesserung der Ausstattung unserer Forschungs- und Bildungseinrichtungen richten, zum anderen auf Investitionen in Informatik zum Aufbau von Kommunikations- und Informationssystemen des öffentlichen Dienstes. Diese sollen die Produktivität der Verwaltung erhöhen und den Abbau von Bürokratie beschleunigen und langfristig durch Personalabbau das hohe Kostenniveau der öffentlichen Hand senken.

Die dann privatisierten Unternehmen im Ver- und Entsorgungsbereich werden unter Wettbewerbsbedingungen mit Investitionen ihre Produktivität steigern müssen und weitere Nachfrage – hier vor allem im Bausektor – erzeugen. So wird eine ganze Kette von zukunftsgerichteten Investitionen neue Impulse schaffen und endlich wieder Licht am Ende des Tunnels erscheinen lassen.

Ein solches Konzept würde schließlich auch unseren Partnern in der EU zeigen, daß wir durch die Mobilisierung unserer letzten Reserven bereit sind, mit gewaltigen Anstrengungen die Voraussetzungen für erfolgreiche Sozialreformen zu schaffen. Nur mit eigenen Anstrengungen zur Wachstumsstimulierung können wir unsere Position am Ende der Europäischen Leistungsskala verlassen.

Der Weg aus der Krise kann nur über Investitionen führen. Die Vorstellung eines Perpetuum mobiles, wonach allein der Konsum automatisch Reichtum und Beschäftigung begründet, vergißt, daß ein hohes Konsumniveau – wie es in Deutschland existiert – nur durch eine entsprechende Produktivität gewährleistet werden kann. Mit der Umsetzung des oben beschriebenen Konzepts würde sich der Impuls nicht auf den Konsum, sondern vor allem auf neue Technologien richten, die unser Innovationspotential und damit auch unsere Produktivität verbessern.

Zugegeben: Das alles ist für Ideologen ungeeignet. Aber man stelle sich einmal vor, wir würden in Deutschland plötzlich alle über ein solches Zukunftsprogramm diskutieren, anstatt um die schlechtesten Zukunftsprognosen wetteifern. Wir müssen uns jedenfalls entscheiden, was uns mehr Lust bereitet: Katzenjammer oder Leistung!

Die Gunst der Stunde nutzen

Während unter dem Druck der leeren Kassen aus den Reihen der Regierungskoalition immer wieder alle Varianten einer Steuererhöhung durchgespielt werden, zeichnet sich eine breite überparteiliche Front ab, die genau das Gegenteil fordert: eine Senkung der steuerlichen Belastung. Durch das Vorziehen der dritten Stufe der Steuerreform von 2005 auf 2004 soll endlich der Impuls auf die Konjunktur ausgehen, auf den Schröder bislang vergebens gewartet hat. Eigentlich war geplant, zu diesem Zeitpunkt erst einmal die wegen der Flutkatastrophe an der Elbe voreilig verschobene zweite Stufe in Kraft zu setzen. Mit der gleichzeitigen Einführung der zweiten und dritten Stufe würde unter anderem der Eingangssteuersatz von derzeit 19,9 auf 15 Prozent, der Spitzensteuersatz von 48,5 auf 42 Prozent fallen.

Keine Frage, das würde ein Zeichen setzen und Kaufkraft und Optimismus in Deutschland stärken – also durchaus die richtige Maßnahme. Man kann nur hoffen, daß die Bundesregierung die aufkommende Stimmungsdynamik schnell aufgreift. Doch darf nicht vergessen werden, daß diese Terminverschiebung, welche die Haushalte der Bundesbürger um immerhin 18,7 Milliarden Euro entlasten soll, Hans Eichels Budget 2004 erheblich belasten wird. Woher soll das Geld kommen? Wo kann gespart werden? Damit stehen wir zunächst einmal vor demselben Problem, das uns auch alle bisher diskutierten Konjunkturprogramme auferlegt haben.

Trotzdem liegt mit der Vorziehung der Steuerreform ein Vorschlag auf dem Tisch, der hoffen läßt, weil im Gegensatz zu allen anderen seine Umsetzung schnell und ohne Verstümmelung erfolgen könnte. Er liegt fertig in der Schublade des Finanzministers. Durch die gleichzeitige Umsetzung der zweiten und dritten Stufe werden für jedermann die Vorteile der Steuerreform spürbar. Das erhöht den Reiz.

Die Konsequenz darf natürlich nun nicht eine simple Schuldenerhöhung, möglichst dann noch mit dem Ziel, die Härte der Reformmaßnahmen aus der Agenda 2010 abzumildern, sein. Da sich die rot-grüne Regierung ja zum Schuldenabbau bekennt, würde die Vorziehung der Stufe drei in letzter Konsequenz also den Reformdruck sogar erhöhen.

Was somit eigentlich zur Diskussion steht, ist die Frage, wie der Bundeshaushalt entlastet werden soll, damit nun diese Chance genutzt werden kann. Auch dazu befinden sich schon seit langem einige Vorschläge in der Diskussion, von denen der Abbau der Subventionen jetzt klar im Mittelpunkt steht. Auch damit bin ich einverstanden. Doch wenn Hans Eichel innerhalb der verbleibenden kurzen Zeit die drohende Neuverschuldung von 40 Milliarden Euro auf wenigsten verfassungskonforme 25 Milliarden Euro drücken will, so wird der Vorschlag der Ministerpräsidenten Peer Steinbrück und Roland Koch, der eine pauschale Subventionssenkung von zehn Prozent innerhalb der nächsten drei Jahre vorsieht, bei weitem nicht ausreichen, um die Lücke zu schließen.

Diese und andere prinzipiell notwendige Maßnahmen wie Bürokratieabbau werden sich zum Teil erst nach Jahren auswirken, auch wenn sie sachverständig, rasch und zügig beschlossen und durchgeführt werden (woran man ja seine Zweifel haben kann).

Hier wird nun ein Punkt im Konzept von Finanzminister Eichel interessant, der nämlich Vermögenswerte des Bundes und der Post sowie Telekomaktien der Kreditanstalt für Wiederaufbau (KfW) zur späteren Privatisierung übertragen will. Und auch Bundeswirtschaftsminister Wolfgang Clement verfolgt nach Besichtigung der britischen Aktivitäten intensiv Konzepte des Public Private Partnership, um damit letztlich den Investitionsbedarf in den Privatbereich zu verlegen. Das ist genau der richtige Weg. Der Bund könnte auch vergleichbar den privaten Banken Beteiligungs- und Darlehensforderungen verbriefen und dem Kapitalmarkt zur Anlage anbieten. Die Kommunen würden bald mit der Privatisierung von Energie-, Wasser- und Abwasserwerken folgen. Wenn man also der KfW den Auftrag erteilt, so schnell wie irgend möglich mit der Privatisierung zu beginnen, kann man zum einen das kurzfristige Ziel eines verfassungskonformen Haushalts erreichen und zum anderen auch mittel- und langfristig von der Überführung in wettbewerbliche Lösungen profitieren.

Zugegeben, es ist nicht alles gut, was unter dem Stichwort Privatisierung läuft. Knebelverträge wie sie etwa die Stadt Lüneburg und ein paar andere verzweifelte Gemeinden mit amerikanischen Unternehmen im Rahmen eines Corss-Boarder-Leasing abgeschlossen haben, darf es nicht geben. Diese Beispiele belegen aber lediglich die Bedeutung von Sorgfalt und Kompetenz bei der Umsetzung und dürfen nicht zu einer generellen Privatisierungsaversion führen. Privatisierung muß dort und nur dort vorgenommen werden, wo die Kräfte des Wettbewerbs in irgendeiner Weise wirken können. Auf diese zu verzichten, kann sich ein Staat auf Dauer ebensowenig leisten, wie die dauerhafte Alimentierung ganzer Industrien.

Der zähe Reformverlauf der letzten Monate hat gezeigt, daß wir nicht nach den Sternen greifen können. Bleiben wir also auf dem Boden und greifen nach den Früchten, die sich von dort aus pflücken lassen. Die dritte Stufe der Steuerreform ist eine solche Frucht, und sie ist reif. Die Anstrengung aller verantwortungsvollen Parteien sollte daher ohne Einschränkung schleunigst in die Konzeption einer seriösen Finanzierung gehen. Die sozialstaatlichen Reformen jedenfalls kann die vollständige Umsetzung der Steuerreform nur begünstigen und sollte als Blockierungsargument eigentlich untauglich sein.

Fast richtig!

Die Regierung hat sich zügig zu einer Entscheidung durchgerungen und will die Stimmung nutzen, um durch das Vorziehen der Steuerreform einen deutlichen Konjunkturimpuls in die Gesellschaft zu geben. Das ist gut! Doch obwohl nun der Kanzler und sein Finanzminister sowohl Subventionen abbauen als auch Privatisierungen auf den Weg bringen wollen, ist die Gegenfinanzierung der vorgezogenen Steuerreform trotzdem zum größten Teil über eine Neuverschuldung geplant. Das ist schlecht! Damit würden wir im dritten Jahr in Folge die Neuverschuldung erheblich steigern. Das paßt nicht zu den Bekenntnissen dieser Regierung, die immerhin in ihrer ersten Regierungsperiode eine stetige Senkung erreicht hatte. Bliebe es bei den jüngsten Überlegungen, würde im Jahr der zweiten und dritten Stufe der Steuerreform 2004 im Vergleich zum Mindeststand in 2001 die Neuverschuldung fast verdoppelt. Das ist nicht ehrgeizig genug, und die Bundesregierung wird ihren ersten Wurf aus zwei Gründen unbedingt verbessern müssen.

Erstens wird es bekanntlich überhaupt erst dann zu einer vorgezogenen Steuerreform kommen, wenn auch der Bundesrat seine Zustimmung gibt. Der wird von der Union beherrscht, die bereits ihren Unmut bezüglich der geplanten verfassungskritischen Verschuldungshöhe angemeldet hat. Zweitens ist die Regierungskoalition mit dem angekündigten Finanzierungskonzept im Begriff, einen weiteren Bruch ihrer grundsätzlichen Linie zu verursachen, was im Endeffekt nicht zu dem Mehr an Politikvertrauen führen wird, das man für einen Neuaufschwung benötigt und mit der geplanten Maßnahme neben den materiellen Effekten auch zu erzeugen hofft.

Um die Neuverschuldung zu senken, braucht die Regierung mehr Mut zur Privatisierung. Sie muß die Schatzkammer nach allen Gegenständen absuchen, die aus ordnungstheoretischer Sicht dort nicht oder nicht unbedingt hingehören. Hierüber wurde bislang zu wenig diskutiert, und man sollte sich von vornherein hüten, die Möglichkeiten ideologisch zu begrenzen. Ist eine schnelle Veräußerung nicht durchführbar, weil die Marktlage momentan ungünstig ist oder verwaltungstechnisch eine längere Zeit benötigt wird, so ließe sich das durch einen kurzfristigen Zwischenkredit regeln, der ausdrücklich nur den Zweck hat, die Zeitspanne bis zum Verkauf zu überbrücken. Dabei müßte dann der spätere Privatisierungserlös zwingend zur Tilgung verwendet werden. Ein solcher Kredit hätte somit lediglich die Qualität einer kurzfristigen Kontoüberziehung und wäre kein echter Bestandteil der Verschuldungsdebatte. Bei der vorangegangenen Steuerentlastung entsteht ja kein neues strukturelles Defizit, weil die Wirkung für 2005 ohnehin eintritt. Es geht also um eine Einmalfinanzierung des Steuerausfalls im Jahr 2004.

Die Einwände gegen ein Vorziehen der Reform beginnen bereits wieder von allen Seiten wahllos auf die Bürger nieder zu regnen und produzieren erneute Verunsicherung. In dieser Phase muß der Bundeskanzler den Überblick bewahren, um die guten Argumente herauszufiltern, auf sie einzugehen und zügig eine Einigung mit dem Bundesrat herbeizuführen. Nur so kann den Bürgern auch glaubhaft der aufkeimende Optimismus bewahrt werden und sich weiter entfalten.

Ortsbestimmung: Mit der Senkung der Steuern, dem allgemeinen Abbau von Subventionen und dem Verkauf von privatisierbarem Staatsvermögen befinden wir uns unbestreitbar auf dem Weg zu einer geringeren Staatquote. Ein Ziel, für das es im Bundestag und in der Bevölkerung eine überwältigende Mehrheit gibt. Die unbezahlbar gewordenen Sozialversicherungssysteme, welche die Arbeitskosten belasten und allgemein als einer der Hauptverursacher der Arbeitslosigkeit gelten, können durch die flächendeckende Steigerung des verfügbaren Einkommens stärker in die Eigenverantwortung überführt werden und hierdurch sowie durch die damit ausgelösten dynamischen Effekte zu einer echten Belebung des Arbeitsmarkts führen. Eine geringere Einmischung des Staates und die dadurch ermöglichten Steigerungen des Nettoeinkommens ist somit die unverzichtbare Basis für mehr Eigenverantwortung, mehr Wettbewerb und mehr Entscheidungsfreiheit. Auch dieser Zusammenhang sollte endlich die Diskussion erreichen und gegen die Reformängste der Bevölkerung verwendet werden.

Gelingt es Bundeskanzler Schröder also, noch einen Schritt weiter zu gehen und das Privatisierungsthema zur Einschränkung der Staatstätigkeit mit der Steuer- und Haushaltsreform zu verknüpfen, dann besteht eine berechtigte Hoffnung, daß dies eine Kettenreaktion an Reformen auslöst, die mittel- und langfristig Wohlstand und den Abbau der Arbeitslosigkeit fördert. Das ist der richtige Weg – ein Weg, den im Prinzip auch die Opposition immer gehen wollte. Sie sollte folglich ihre Aufgabe darin sehen, auf eine Nachbesserung in Richtung weniger Neuverschuldung und Erhöhung des Privatisierungsdrucks auch bei Ländern und Kommunen zu drängen. Auf keinen Fall sollte sie jedoch die Maßnahme an sich blockieren. Eine Vereitelung würde die konjunkturelle Stimmungslage mit Sicherheit noch verschlechtern. Das kann keiner wollen, der eine Politik für Deutschland macht.

Höchstpreise für die erste Reihe

Die öffentlich-rechtlichen Rundfunkanstalten erheben mittlerweile eine Gebühr von jährlich über 193 Euro. Und die Intendanten Plog (ARD) und Schächter (ZDF) wollen diese im Jahr 2005 weiter erhöhen. Das paßt nicht in die politische Diskussion um Einsparungen und Zurückhaltung im Bereich öffentlicher Einrichtungen, und so ist es auch nicht überraschend, wenn wenigstens der ein oder andere Politiker sich klar gegen eine Gebührenerhöhung ausspricht. Edmund Stoiber etwa hat die Medientage in München dazu genutzt, der geforderten Gebührenerhöhung den Kampf anzusagen.

Gleichzeitig pfeift der Wind aus Richtung Privatsender. Angespornt durch die Kritik des Medienmoguls und neuen Pro7-Sat1 Mehrheitsbeteiligten Saban formuliert sich der Unmut der Privatbranche massiver denn je. Man sieht sich im Wettbewerb stark benachteiligt. Trotz eines satten Jahresgebührenaufkommen der Öffentlich-Rechtlichen von 6,62 Milliarden Euro – fast das Doppelte der Werbeeinnahmen aller Privatsender zusammen (3,7 Milliarden) – konkurriert man noch um Werbung und Sponsoring.

Dieser Vorwurf, verbunden mit der Gebührendiskussion, wirft ein paar grundsätzliche Fragen auf: Worin besteht der eigentliche Auftrag des öffentlich-rechtlichen Fernsehens? Welche Struktur bringt letztlich das beste Angebot? Welche Regelungen vertragen sich am besten mit einer freien Gesellschaft? Und wo liegen die Einsparpotentiale? Sinn macht der Schutz des Staates zum einen dort, wo man eine ausgewogene und vielfältige Nachrichtenversorgung gewährleisten will. Die marktführenden Nachrichtensendungen aus ARD und ZDF erfüllen da ihren Auftrag sehr gut, auch wenn sie mit ungleich höherem finanziellen Aufwand zustande gebracht werden. Doch ist das Geld hier wenigstens gut angelegt. Vertreten kann man ebenso die Hintergrundberichte der Magazine, welche zur Förderung der politischen Bildung und Urteilsfähigkeit von demokratischen Staatsbürgern grundsätzlich geeignet sind.

Zum anderen gibt es den Bereich des Kulturellen oder vielleicht genauer: des kulturellen Anspruchs. Es ist sicherlich nicht immer einfach zu bewerten, was kulturell wertvoll ist und was nicht. Klar aber ist, daß wichtige gesellschaftliche Werte auch von Institutionen außerhalb des Markts geschaffen und aufrecht erhalten werden müssen. Zu den Mitteln gehört auch ein Fernseh- und Radioangebot, das nicht von Einschaltquoten bestimmt wird, sondern von den Idealen unserer Gesellschaft. Für diese Bildungs- oder Erziehungsfunktion ist eine staatliche Unterstützung dann auch gerechtfertigt.

Wozu aber brauchen Sendungen vom Format eines „Wetten, daß“, Serien wie „Verbotene Liebe“ oder gar solche Kommerz-Happenings wie „Die deutsche Stimme“, die inzwischen einen Großteil der Ersten-Reihe-Programme ausmachen, den besonderen Schutz des Staates? Man muß befürchten, daß die Fülle an anspruchslosen Sendungen dem Programmauftrag der Öffentlich-Rechtlichen geradezu entgegenwirkt. Sie verdrängen – allein dem Gesetz des Markts folgend – die kulturell wertvolleren Beiträge auf die unattraktivsten Sendezeiten. Jüngst haben sich die prominentesten deutschen Verleger, von Bertelsmann bis Rowohlt, zusammen getan und die ARD dazu aufgefordert, ihren Programmauftrag zu erfüllen. Mit der weiteren Verschiebung von Kulturmagazinen in den späten Abend nehme die Marginalisierung der Kultur im deutschen Fernsehen endgültig ihren Verlauf.

Sie haben Recht. Seit dem Auftreten der Privatsender folgen ARD und ZDF zunehmend dem Diktat der Einschaltquoten, womit sie sich auf den falschen Wettkampf eingelassen haben. Und mehr noch: Mit den anspruchsvollen Zusatzsendern Arte und Phönix haben sie sich zwar ein Alibi verschafft, doch gehört deren Kernprogramm eigentlich in die Hauptsender. Wie sauber und interessant jenseits der privaten Konkurrenz der Programmauftrag erfüllt werden kann, beweist auch das Beispiel „Deutschlandfunk“ aus dem Bereich des Hörfunks: seriöse Nachrichten, informative Hintergrundberichte und Reportagen, Foren sowie die Ausstrahlung anspruchsvoller Konzerte – rund um die Uhr und alles ohne Werbung.

Unerträglich teuer werden ARD und ZDF erst durch Sendungen, die dort gar nicht mehr hingehören. Doch wer in Deutschland für den zweifelhaft gewordenen Programm-Mix der Öffentlich-Rechtlichen lieber auf die erste Reihe verzichten und die hohe Gebühr einsparen möchte, der darf gar kein Fernsehen mehr schauen. Sobald man nämlich ein Fernsehgerät nur aufstellt, muß man zahlen. Auch das paßt nicht zu einer freiheitlichen Gesellschaft. Warum überlassen wir also die Art der Unterhaltung, die ein reines Produkt der Marktforschung ist, nicht der Privatwirtschaft?

Dort ist sie gut aufgehoben und sorgt unter fairen Wettbewerbsbedingungen für ein vielfältiges und preisgerechtes Unterhaltungsangebot, von Free TV mit Werbung bis zu Pay TV ohne. „Wetten, daß“ wird dann wahrscheinlich immer noch ausgestrahlt – nur eben auf Sat1, RTL oder Kabel1 und vielleicht mit weniger gigantischen Gagen. Das auf das Wesentliche konzentrierte Programm aller öffentlich-rechtlichen Sender und Tochtersender wäre um ein Vielfaches günstiger und sollte im Idealfall dann steuerfinanziert werden. So könnte auch der riesige Verwaltungs- und Kontrollaufwand der GEZ vermieden werden. Das erforderte aber wie in so vielen anderen Bereichen auch eine Neuordnung des Steuersystems. Doch das ist ein viel zu weites Feld...

Warten auf die Konjunktur

Deutschlands stille Depression

Ein Gespenst geht um in Deutschland. Es heißt Konsolidierung. In Zeiten anhaltend schwacher Konjunktur sieht jeder nur noch den Weg in die Konsolidierung – Unternehmen wie Haushalte, private wie öffentliche. Man begibt sich in die Wartehaltung. Haushalte warten mit größeren Ausgaben auf bessere Aussichten und sparen. Unternehmen gehen in die Defensive und streichen ihre Kosten zusammen, versuchen auf kleiner Flamme die Durststrecke zu überleben. Banken werden wesentlich vorsichtiger bei der Kreditvergabe.

Einzelne Unternehmen brauchen von Zeit zu Zeit ihre Konsolidierungsphasen, wenn sie konkurrenzfähig bleiben wollen. Das steht außer Frage. Einer ganzen Volkswirtschaft hingegen eine konzertierte Konsolidierung zu verordnen, ergibt aus ökonomischer Sicht keinen Sinn. Was in Deutschland derzeit passiert, können Psychologen vielleicht besser erklären als Ökonomen. Phlegmatisch ergibt sich die Nation den unergründlichen Gesetzen der Konjunktur.

Was ist das eigentlich:„Konjunktur"? Sie ist weder ein Naturgesetz noch kann sie staatlich verordnet werden. Viele Bürger und Politiker jedoch halten Konjunktur für etwas außerhalb unseres Einflußbereichs, etwas, das in Amerika produziert wird. Die Tatsache, daß die Vereinigten Staaten von Amerika wegen des großen Binnenmarkts und des hohen Bruttosozialprodukts auch einen größeren Einfluß auf die Weltkonjunktur haben als andere, verleitet die kleinere Volkswirtschaft Deutschland dazu, sich passiv zu verhalten. Und genau diese fatalistische Haltung führt auf sicherem Weg in einen dauerhaften wirtschaftlichen Abstieg.

Wir glauben inzwischen, die Weltkonjunktur ereigne sich als Folge der Globalisierung. Langsam gewöhnt man sich an den Zustand, daß die Konjunkturbelebung eben nicht kommt. Bald glaubt man dann, ein bißchen Abstieg müsse man halt verkraften und die Folgen nur gerecht verteilen. Nach dem Motto: Es kann uns schließlich nicht ewig so gut gehen, irgendwann muß eben mal Schluß mit dem Wachstum sein.

Falsch! Schluß ist erst dann, wenn man aufhört, das zu tun, was zum Erfolg geführt hat. Man kann die Errungenschaften wirtschaftlicher Entwicklung nicht bewahren, ohne die Maschinerie, die sie bewirkt hat, ständig in Bewegung zu halten. Stillstand bedeutet Rückgang. So gesehen ist die schlechte Konjunktur lediglich eine „Sich-selbst-erfüllende-Prophezeihung".

Was waren das noch für Zeiten, als der Lieblingsschlager der Deutschen hieß: „Jetzt wird wieder in die Hände gespuckt, wir steigern das Bruttosozialprodukt"! Wir wollten die Wirtschaft mit eigenem Einsatz beleben. Heute dagegen wartet man auf die Konjunktur, die einen von allen Problemen erlösen soll.

Still und unreflektiert sind wir Schritt für Schritt in eine Depression gerutscht, die eben nicht einfach mit weltwirtschaftlichen Daten zu rechtfertigen ist. Während sich die USA und unsere europäischen Nachbarn bereits auf dem Weg der Besserung befinden, können die Deutschen noch kein Licht am Ende des Tunnels erkennen. Und das Schlimme ist, daß sie sich nicht einmal einig darüber sind, in welcher Richtung der Ausgang liegt – nicht einmal innerhalb einer Partei. Wir stehen mitten im Tunnel und gehen ein paar Schritte in die eine Richtung, um uns nach hundert Metern frustriert wieder umzudrehen usw.

Andrew Salomon, der Berater des ehemaligen amerikanischen Präsidenten Bill Clinton, gilt als Experte für Depressionen. Sofern es nicht durch eine geschickte Politik gelänge, eine Depression im Vorfeld zu verhindern, ist Salomons Beobachtung nach der anglo-amerikanische Weg ein probates Mittel zur ihrer Überwindung. In Amerika sei die natürliche Reaktion auf eine Wirtschaftskrise, den Gürtel enger zu schnallen, härter und länger zu arbeiten und, wenn es sein muß, auch zwei Jobs zu machen. Das werde ermöglicht durch ein starkes Gefühl der Eigenverantwortung und eine ausgeprägte Arbeitsmoral. In Deutschland aber schnallt man zwar den Gürtel enger, was lediglich eine Verringerung der Nachfrage zur Folge hat. Eine gleichzeitige Erweiterung und Intensivierung der Arbeit aber scheitert hierzulande schon an den vollkommen unflexiblen Arbeitsmarktregelungen.

Zur Abschwächung einer konjunkturellen Delle wäre eine Orientierung am Salomonischen Rat sicherlich empfehlenswert. Zur echten Belebung der Wachstumsraten in Deutschland ist statt dessen eine Intensivierung der Innovationstätigkeit noch viel wichtiger. Was uns zu einem der wohlhabendsten Länder der Welt gemacht hat, ist zum einen der Forschungsgeist und zum anderen Risikobereitschaft und Willenstärke. Was den Forschungsgeist anbelangt, so ist der sicherlich noch nicht versiegt. Aber die Pisa-Studie und andere Anzeichen geben Anlaß zur Besorgnis, ob dieser auch in Zukunft noch ausreichend gefördert wird.

Schlimmer verhält es sich mit der Risikobereitschaft, die man braucht, um neue Wege zu gehen. Die war nach dem Elend und der Zerstörung des Zweiten Weltkriegs außerordentlich hoch. Für die deutsche Gesellschaft gab es nur zu gewinnen. Dieser Umstand war einer der makabren Erfolgsfaktoren der beispiellosen wirtschaftlichen Entwicklung der jungen Bundesrepublik. Doch schon längst ist die Risikobereitschaft aus Deutschland emigriert und mit ihr die Innovationskraft, welche die Bundesrepublik so produktiv gemacht hat. Maschine kaputt?

Sicher, es gibt Produkte, die nach wie vor in der Welt gefragt sind. Volkswagen beispielsweise konnte gerade noch seine Bilanz retten, weil das aufstrebende China ihm die Kleinwagen abnimmt, auch wenn man sich dort noch mehr versprochen hat. Doch wie lange wird es dauern, bis die Chinesen selber bauen können, was sie heute noch beim Automeister Deutschland kaufen? In Zukunft muß es wieder Produkte geben, die wir weltweit in Länder exportieren, weil sie dort zwar nachgefragt, aber noch nicht gebaut werden können. Doch wer sich auf neue Gebiete vorwagen will, braucht Mut zum Risiko. Das wird bei der ganzen Diskussion um Innovationen gern verdrängt. Ich fürchte, damit steht es in Deutschland nicht gut.

Wir haben bei aller Sorge um die Besitzstandswahrung vergessen, daß die Waren, die wir in der Vorratskammer horten, ein Verfallsdatum haben. Wir müssen uns wieder trauen, die warme Höhle zu verlassen und die Risiken einer Jagd in Kauf zu nehmen. Anders können wir keine Beute machen. Chance und Risiko sind ein unzertrennliches Paar. Wer nichts wagt, kann auch nichts gewinnen. Eine Binsenweisheit, die unsere Gesellschaft wiederentdecken muß. Von Innovationen gut zu reden, ist eine Sache, sie zu machen, eine andere – nach dem Motto: Es gibt keine gute Innovation, es sei denn, man macht sie! Der neue politische Slogan darf nicht mehr länger „keine Experimente“, sondern „Mut zum Risiko“ heißen.

Können wir von China lernen?

An der Chang Jiang Business School, einer der erfolgreichsten privaten Hochschulen Chinas, war ich im Herbst 2003 eingeladen, einen Vortrag über die Wirtschaftssituation in Deutschland und die Möglichkeiten einer Intensivierung der industriellen Kooperation beider Länder zu halten. Meine Erläuterungen über das Reformprogramm für die Bundesrepublik Deutschland mußte ich kurz fassen, weil die Probleme und Hindernisse bei der Flexibilisierung des deutschen Arbeitsmarkts kaum verstanden wurden und bei meinen Zuhörern nur ungläubiges Staunen hervorriefen. So erfuhr ich bereits in einem Gespräch am Vorabend in Xi'an vom Provinzsekretär der Kommunistischen Partei, daß der Arbeitsmarkt Chinas selbstverständlich so gestaltet werde, daß optimales Wachstum möglich sei – in seiner Provinz Shaanxi erwarte er schon neun bis zehn Prozent.

Also konzentrierte ich mich darauf, die hochentwickelte deutsche Technologie im Bereich von Energieanlagen, Verkehrstechnik, Automobilindustrie, Optik, Chemie- und Pharmaproduktion darzustellen und die vielfältigen Möglichkeiten zu erläutern, die diese Entwicklungen für den großen chinesischen Markt mit seiner wachsenden Nachfrage und seinem Potential an preiswerten Arbeitskräften böten. Ich erläuterte die Probleme des Rechtsschutzes von Lizenzen und Patenten und lobte die Dynamik der chinesischen Wirtschaft.

Letzteres wäre gar nicht nötig gewesen. Selbstbewußt stiegen die „Studenten", von denen sich ein großer Teil als Unternehmensführer entpuppte, die am Abend in der Business School ihre theoretischen Wissenslücken füllen und ihre Examen nachholen, in die Diskussion ein und ließen keinen Zweifel an ihrem Ehrgeiz, sich auf Dauer von der Abhängigkeit des technologischen Wissenstransfers deutscher und europäischer Firmen zu befreien. China sei daran gegangen mit großen Programmen, die Kapazität seiner Hochschulen und Forschungseinrichtungen auszubauen, um den technologischen Rückstand aufzuholen. Viele chinesische Fachleute und Wissensträger würden aus dem Ausland zurückkommen und mit ihren Erfahrungen bei der raschen Entwicklung der chinesischen Wirtschaft helfen. Partnerschaften werden begrüßt, und alle seien eingeladen, in den boomenden Markt Chinas zu investieren. Chinesische Firmen könnten außerdem ausländische Firmen kaufen und deren Technologie nach China holen. Der harte Wettbewerb sei für alle gut.

Nicht nur das Selbstbewußtsein dieser Menschen aller Altersklassen beeindruckte mich, sondern vor allem der unbändige Wille, durch persönlichen Einsatz, den sie auch von allen ihren Mitarbeitern erwarten, das Land voran und auf lange Sicht an die Weltspitze zu bringen. Dann auf dem Heimflug kam ich ins Grübeln: Sozial gerecht geht es bei diesem berauschenden Entwicklungstempo wohl kaum zu. Aber bei Wachstumsraten von sieben Prozent über Jahre und Jahrzehnte wird sich der Lebensstandard aller Chinesen so gewaltig verbessern, daß es keine Verlierer geben wird. Wer die Städte, selbst die in der Provinz, als riesige Baustellen erlebt, die von lautem, buntem Leben erfüllten Straßen und Plätze, kann sich der Faszination dieser Entwicklung nicht entziehen. Und wer beobachtet, wie auch der Kellner und das Zimmermädchen im Hotel durch Freundlichkeit und sichtbare Anstrengung die zweifellos noch vorhandenen Schwachstellen in der professionellen Arbeitsgestaltung ausgleichen, spürt, daß das ganze nicht mehr die Veranstaltung einer selektiven Elite ist, sondern offensichtlich das gesamte Volk einbindet.

Wirtschaftserfolg ist abhängig von der Stimmung. Und die Hälfte ist Psychologie. Das war schon die Meinung von Ludwig Erhard. Das spürt man hier, und das bleibt auch haften, wenn man im nebeligen Herbst wieder in Frankfurt landet.

Der Wille zur gemeinsamen Anstrengung ohne vorher für jede Interessengruppe die Teilnahmebedingungen aushandeln zu müssen, ist das, was unserer satten Gesellschaft fehlt. Es ist vor allem dieser Wille, mit dem selbstverständlich von allen mehr Anstrengungen oder sogar Verzicht auf schon sicher geglaubte Errungenschaften gefordert wird.

Vielleicht konzentrieren wir uns zu wenig auf das Ziel, das wir alle erreichen wollen und das wir nur gemeinsam erreichen können, und verlieren all unsere Kraft und Zuversicht im Streit um den optimalen Weg und das angenehmste Marschtempo. Die deutsche Diskussion um die Reformgesetze zeigt jeden Tag deutlicher, daß die Ziele der großen politischen Parteien zumindest aus der Sicht von Pragmatikern (Ideologen mögen das anders sehen) nicht weit auseinander liegen. Aber wir wissen auch, daß nur durch eine Lösung, die sich alle als Erfolg anrechnen können, der notwendige gemeinsame Ruck durchs Land gehen wird.

Ob der Wille auf allen Seiten reicht, eine solche Lösung zu finden, muß sich erweisen. Nicht umsonst wird in diesem Zusammenhang von so manchem Politiker in letzter Zeit das Wort Patriotismus erwähnt. Ob dieses Wort in richtiger Weise beschreibt, was das Land braucht, weiß ich nicht. Wenn damit gemeint ist, als Schicksalsgemeinschaft einen festen gemeinsamen Willen zu entwickeln, um die Zukunft unseres Landes zu retten, soll es mir recht sein. Die Chinesen jedenfalls haben im kapitalistischen Wettbewerb einen gemeinsamen Willen gefunden, der stärker ist, als er das zu kulturrevolutionären Zeiten jemals war. Und wir Deutschen...?

Zukunft gestalten

Wenn wir in dieser Zeit der wirtschaft- und sozialpolitischen Krise die Zeitung lesen, halten wir gerne Ausschau nach den neuesten Konjunkturdaten. Wie eine verlassene Seefahrerbraut schauen wir auf das offene Meer und sehnen das Schiff aus der Ferne herbei, das uns alles Glück wieder zurück bringt. Von Aktienkursen bis zum Geschäftsklimaindex werden sämtliche Informationen beinahe täglich zusammengeführt, um darüber zu entscheiden, ob man hoffnungsvoll sein darf oder von düsteren Zukunftsvisionen geleitet wird. Nach wie vor gilt der Blick nach Amerika als wichtigste Informationsquelle für die konjunkturelle Entwicklung. Dollarkurs, amerikanische Notenbank und amerikanische Wachstumsraten scheinen über unser Schicksal in Deutschland zu entscheiden. Doch das tun sie nur dann, wenn wir uns ihnen fatalistisch ergeben. Und das wäre falsch!

Wann lernen wir endlich wieder, die Zukunft unseres Landes selber zu gestalten? Vieles liegt in unserer Hand. Wer etwas über die zukünftigen Chancen – und damit meine ich nicht am nächsten Tag oder im nächsten Monat – erfahren will, der muß sich in der Zeitung nach anderen Informationen umschauen als nach vergangenheitsbezogenen Statistiken. Eine zentrale Rolle spielt vielmehr die Gestaltung im Bereich des Wissenschaftsbetriebs. Er sollte nicht immer wieder als sekundäres Problem herabgestuft werden. Wir können nicht nach dem Motto vorgehen: Erst muß es Deutschland wieder richtig gut gehen, bevor wir es uns leisten können, Verbesserungen in Forschung und Lehre vorzunehmen. Das ist in etwa so, als wollten wir einer abgemagerten Kuh erst dann wieder etwas zu essen geben, wenn sie endlich mehr Milch gibt.

Doch Ursache und Wirkung verlaufen natürlich anders herum: Erst die Investition, dann der Ertrag! Dabei bedeutet

Investition nicht automatisch, daß der Staat einfach mehr Geld in bestehende Strukturen schießt, sondern daß er insbesondere für besser funktionierende Strukturen sorgt. Das freilich kostet für gewöhnlich mehr Anstrengungen als die üblichen Steuer- und Schuldenerhöhungen bei gleichzeitiger Kürzung der Bildungs- und Forschungsausgaben. Auch aktuell beschäftigen wir uns lieber mit Heide Simonis Vorschlag, zur Kittung der Sozialversicherungslöcher die Mehrwertsteuer zu erhöhen, anstatt etwas Zukunftweisendes auf den Weg zu bringen. Höhere Steuern jedenfalls weisen uns mit Sicherheit keine Zukunft.

Vielleicht kann eine aufmerksamere Verfolgung dieser Thematik durch die deutsche Öffentlichkeit dazu führen, daß für die verantwortlichen Politiker der leichtere Weg zum schwereren wird. Immerhin hat der Vorstoß von Bundesforschungsministerin Edelgard Bulmahn, eine Handvoll Eliteuniversitäten aus dem Boden zu stampfen, vielleicht dazu beigetragen, diesem zentralen Thema mehr Geltung im politischen Wettbewerb zu verschaffen. Das wäre gut. Doch ist der vorgeschlagene Weg selbst weniger gut, weil er abermals – wie auch in anderen Bereichen – die deterministischen Steuerungsmöglichkeiten des Staates überschätzt.

Der Konstanzer Philosophieprofessor Jürgen Mittelstraß hat sich in letzter Zeit indes verstärkt um die Aufdeckung einer Fehlentwicklung des – unter anderem von Humboldt so einzigartig geprägten – deutschen Universitätswesen bemüht. Seine Botschaften sollten stärkere Beachtung finden und im Durcheinander der Reformvorschläge zu einer besseren Orientierung verhelfen. Einer seiner zentralen Kritikpunkte richtet sich auf die Verantwortungsfeindlichkeit im Lehr- und Forschungssystem. Die Organisationsstrukturen deutscher Universitäten seien so ausgelegt, daß sie Verantwortlichkeiten derart zerlegten, daß Verantwortung im strengen Sinne nirgendwo mehr möglich sei. Das System müsse daher so verändert werden, daß auf der Seite der Professoren die Verantwortung für die Qualität einklagbar und der Nachwuchs, entgegen jetziger Praxis, zu früher Selbständigkeit gebracht werde.

Immerhin hat der föderale Wettbewerb in Verbindung mit den verbleibenden Freiheiten im Bildungssektor jüngst dazu geführt, daß Hessen einen vielversprechenden Modellversuch beschlossen hat. Die in gutem Ruf stehende Technische Universität Darmstadt ist mit weitreichenden Befugnissen zur Selbstverwaltung ausgestattet worden. Das Ausmaß der Autonomie ist einzigartig in der deutschen Hochschullandschaft und reicht bis zur Übertragung der Personalhoheit. Die TU Darmstadt hat nun die Chance, zentrale Elemente der Fehlorientierung des deutschen Hochschulwesens exemplarisch zu korrigieren. Sie darf künftig nicht nur ihre Professoren selbst aussuchen, sondern auch über leistungsgenerierte Bestandteile des Gehalts bestimmen. Das reicht sogar soweit, daß das Land auf die Verbeamtung der Hochschullehrer verzichten will. Des weiteren besitzt die Technische Universität für die Jahre 2005 bis 2009 auch die Bauherrschaft und darf jährlich 20 Mio. Euro für Neubau und Restauration dort ausgeben, wo sie es für richtig hält.

Die hierdurch gewollte Zusammenführung von Entscheidung und Verantwortung ist ein bemerkenswerter Schritt auf dem richtigen Weg, welcher freilich noch viele Fallen birgt. Inwiefern der Modellversuch ein erfolgreiches Vorbild für die anderen Universitäten sein wird, hängt davon ab, ob es innerhalb der neuen weitreichenden Autonomie den nun Verantwortlichen gelingt, mit Augenmaß ein ausgewogenes Verhältnis sowohl zwischen Lehre und Forschung als auch zwischen erkenntnisorientierter Grundlagenforschung und einer kommerziellen anwendungsorientierten Forschung zu organisieren. Ich wünsche uns viel Glück!

Die Last der stillen Verschuldung

Der Kampf des Finanzministers um die Einhaltung des europäischen Stabilitätspakts scheint vorerst beendet. Der Haushaltsausschuß des Bundestags hat den Etat für nächstes Jahr beschlossen. Eichel will für 2005 erstmals nach drei Jahren mit 2,9 Prozent ein Defizit an die EU-Kommission melden, das wieder unter der bestehenden Höchstgrenze von drei Prozent des Bruttoinlandsprodukts liegt. Ironie des Schicksals ist, daß Brüssel mit drohenden Bußgeldern von bis zu zehn Milliarden Euro nicht nur einen erheblichen Druck auf Deutschlands Haushaltsgebaren ausübt. Die EU-Kommission hat Hans Eichel ebenso überhaupt erst in die Lage versetzt, einen Haushalt für 2005 aufzustellen, der nicht von vornherein die Regeln des seinerzeit von Deutschland so vehement geforderten Stabilitätspakts abermals mißachtet. Es war nämlich die Entscheidung derselben Kommission, welche die Landesbanken dazu verdonnerte, erhaltene Subventionen den Bundesländern wieder zurück zu bezahlen. Nach Eichel seien diese Gelder ein ganz wesentliches Element für die Schließung der Finanzlücke gewesen.

So gesehen waren die Subventionen im nachhinein eine gute „Anlage“ für kostbare Steuergelder vergangener Jahre. Wer weiß schon, wo das Geld sonst hingeflossen wäre. Mit Absicht – so läßt sich jedenfalls stark vermuten – wäre es wohl kaum in der Rücklage für schlechte Zeiten gelandet. Dieser Konsolidierungsteil keynesianischer Konjunkturpolitik, wonach der Staat nicht nur in schlechten Zeiten die Wirtschaft ankurbeln, sondern sie auch in Boomzeiten bremsen und die gewonnen Steuergelder zur Konsolidierung abzweigen sollte, ist in Deutschland nie wirklich angewendet worden. Zu groß ist stets die Versuchung gewesen, überschüssige Mittel aus wirtschaftlich starken Jahren hauptsächlich zur Ausweitung der öffentlichen Verwaltung sowie für teuere Wahlgeschenke zu nutzen.

Das Bittere daran: Wir werden an diesem sorglosen Selbstbetrug der Vergangenheit noch lange zu knabbern haben. Der hohe Schuldenberg, der sich im Laufe von Jahrzehnten durch diesen freizügigen Umgang mit Steuergeldern beharrlich aufgetürmt hat, erschwert uns – selbst für den Fall, daß wir sofort reagieren – für viele Jahre die politischen Gestaltungsmöglichkeiten. Doch wenn wir in absehbarer Zeit die Lage wieder verbessern wollen, müssen die öffentlichen Haushalte jetzt konsequentere und radikalere Einschränkungen anstreben. Wir sollten aus den Sünden vergangener Tage lernen. Zu wenig erscheinen sie in den aktuellen Diskussionen als eine der wesentlichen Ursachen für die schwierige Lage.

Noch immer wird so getan, als sei unser einziges Problem, die Zeit bis zum nächsten Aufschwung zu überbrücken. Neueste Konjunkturdaten legen die Vermutung nahe, daß wir in der kurzfristigen Betrachtung das Beste bereits wieder hinter uns haben. Es hat uns nicht geholfen. Langfristig gesehen steht uns das meiste noch bevor. Wir müssen unsere Anstrengungen darauf verwenden, am Anfang eines tiefen Reformprozesses die Weichen richtig zu stellen. Andernfalls werden wir aus dem Tunnel nicht wieder herauskommen, nicht einmal das Licht an seinem Ende erblicken können. Die letzten Reserven zusammenzukratzen, um den nächsten Haushalt noch hinzubiegen, reicht einfach nicht aus. Das ist nicht der Weg, der uns aus der Misere führt. Er verlagert lediglich das Problem nach dem üblichen Muster auf unsere Kinder und Enkel. Doch auf die kommen schon genug Forderungen zu. Der Konsolidierungsdruck auf die öffentlichen Kassen ist nämlich deutlich höher, als in den Diskussionen, die hierüber geführt werden, bislang eingestanden wurde.

Nach einer detaillierten Auflistung der Pensionslasten des Bundes von 2004 bis 2040, die das Berliner Finanzministerium jetzt erstmalig zusammen stellte, lassen sich die zu erwartenden Zahlungen an unsere Beamten einschließlich Soldaten sowie Post- und Bahnbeamte ablesen. Die Summe aller Pensionsleistungen innerhalb der nächsten 35 Jahre sind demnach kaum weniger als eine Billion Euro schwer. Rechnet man diesen enormen Finanzbedarf der Zukunft auf den heutigen runter, so würden immer noch fast 400 Milliarden Euro jetzt und hier benötigt, damit der Bund in Zukunft ohne weitere Schuldenaufnahme die Pensionen unserer Beamten bezahlen kann. So steht fest, daß die reale Staatsschuld des Bundes nicht bei 40 Prozent, sondern bei 60 Prozent des Bruttoinlandsprodukts liegt, also um satte 50 Prozent höher als ohne die Berücksichtigung der Pensionslasten.

Leider ist damit immer noch nicht alles berücksichtigt. Schon 2001 warnte der Sachverständigenrat vor einer Verdoppelung der Versorgungsleistung bis 2025 und anschließender Stagnierung. Ähnlich trifft es die Gemeinden, deren Pensionslasten sich in den nächsten 30 Jahren um 60 Prozent erhöhen sollen. Wenn man dann noch, unter der Annahme sicherer Renten, die zukünftigen Zuzahlungen in die gesetzlichen Rentenkassen einrechnet, kommt man laut Sachverständigenrat zu einer impliziten Gesamtverschuldung von 270 Prozent des Bruttoinlandsprodukts. Ausgewiesen ist hingegen nur die explizite Staatsschuld von gut 60 Prozent. Und die reichen uns schon längst. Über diesen Zahlen darf man durchaus ins Grübeln geraten, ob wir für den notwendigen Reformkurs gerüstet sind, wenn wir schon zu Beginn sämtliches Pulver verschießen. Anstatt damit fortzufahren, die Lasten von morgen zu produzieren, sollten wir endlich damit anfangen, die Fehler von gestern zu korrigieren.

In der Schuldenfalle

Der Wunsch nach schneller Beendigung der deutschen Wirtschaftskrise beschwört wieder die alten Geister herauf. Als Schützenhelfer dient zur Zeit unser Nachbar Frankreich, dessen Wachstumsraten seit 1995 immer über den unsrigen lagen. Auch seit Ende 2003, als sich die Wachstumslinien beider Nationen kurzzeitig fast berührt haben, driften die Trends wieder auseinander. Der Grund dafür scheint im inländischen Konsum zu liegen. Der ist in Deutschland seit 2002 gerade einmal um 0,1 Prozent gestiegen. In Frankreich hingegen lag er aufgrund verschiedener wirtschaftspolitischer Maßnahmen bei 1,5 Prozent und wird wohl weiter auf 1,7 Prozent steigen.

Aus diesem Vergleich zieht etwa Joachim Volz vom Deutschen Institut für Wirtschaftsforschung (DIW) die Lehre: „Frankreich ist das beste Beispiel dafür, daß noch weitere Lohnzurückhaltung nichts bringt."

Ein Lohnzuwachs im Rahmen der Produktivitätssteigerung sei vertretbar. Deutschland liege deutlich darunter. Dem muß man zunächst einmal erwidern: Die permanente Ausschöpfung der Produktivitätszuwächse hat ihren gehörigen Anteil daran, daß in Deutschland die Arbeitslosigkeit im unteren Lohnsektor stetig zugenommen hat. Anstatt Unternehmern durch die Beibehaltung einer gewissen Differenz Anreize zu Neuanstellungen zu geben, hat man die Rationalisierungsschraube bei jeder Tarifrund angezogen. Dies mit Blick auf die hohe Arbeitslosigkeit einmal nicht zu tun, ist sicherlich kein Fehler. Eine Wirkung wird das freilich erst mit der Zeit haben können.

Des weiteren ist bekannt, daß der Konsum sich nicht einfach aufgrund einer leichten Lohnerhöhung steigern läßt. Gerade die sympathisierenden Keynesianer müßten wissen, daß der hier entscheidende Faktor sich im Kopf und nicht im Geldbeutel der Menschen abspielt. Es ist letztendlich die

Erwartung, die über eine Erhöhung der privaten wie auch gewerblichen Ausgaben entscheidet. Solange wir die auf dem Tisch liegenden Probleme nicht mit glaubwürdigen Reformen angehen und so die Erwartungen verbessern, wird es auch keinen neuen Konsumrausch geben. Um allerdings in verschiedenen unter Druck geratenen Industrien durch Lohnkürzungen keine Ausbremsung des laufenden Konsums zu bewirken, war meine Empfehlung immer, nicht den Monatslohn zu kürzen, sondern die Wochenarbeitszeit zu erhöhen. Ich halte das nach wie vor für einen guten Ansatz, der sich ja auch bei den Lösungen der Betroffenen abzeichnet.

Was aber ist von dem französischen Weg an sich zu halten? Sind uns in Sachen Wirtschafts- und Tarifpolitik die Franzosen tatsächlich einen Schritt voraus oder hinken sie uns in Wahrheit einen Schritt hinterher? Anders gefragt: Ist die breitangelegte Anheizung des privaten Konsums ein Weg, der in die Zukunft führt? Für Deutschland ist er es sicherlich nicht, und er führt auch Frankreich in die Sackgasse. Die einfache Forderung nach Ankurbelung des privaten Konsums, damit in dessen Folge die Unternehmen wieder investieren, mehr Gewinne machen, mehr Mitarbeiter anstellen, die dann mehr Geld zur Verfügung haben und wiederum mehr ausgeben und immer so weiter stand seit jeher dem persönlichen Erfahrungsschatz des durchschnittlichen nicht keynesianisch gebildeten Bundesbürgers entgegen. Eine Schraube, die sich theoretisch endlos nach oben drehen ließe, ist nicht nachvollziehbar. Daß dies irgendwann zu ernsthaften Problemen führen müsse, verwundert derzeit die wenigsten.

Statt dessen werden wir uns langsam der Tatsache bewußt, daß unsere Gesellschaft ganze jahrzehntelang über ihre Verhältnisse gelebt hat. Spätestens seit den siebziger Jahren geht die rasante Steigerung unseres Konsums nämlich mit einem ebenfalls außerordentlichen Anstieg der öffentlichen Verschuldung und einer stetig wachsenden Belastung der Sozialversicherungskassen einher. Gleichzeitig wucherte die öffentliche Verwaltung und hat auf diese Weise das Wachstum der Arbeitslosigkeit quasi versteckt. Der enorm wichtigen Leistung in der Kindererziehung haben wir uns im Durchschnitt durch einen massiven Geburtenrückgang entzogen und obendrein verdrängt, daß wir alle für das Alter noch entsprechende Rücklagen, nicht zuletzt für die Pensionen der Beamten, benötigen.

Die außergewöhnliche Belastung der Wiedervereinigung schließlich muß man ebenfalls in Rechnung stellen. Doch ist auch hier ein Großteil der Gelder in konsumorientierte Wahlgeschenke verpufft. Der wirtschaftliche Part der Wiedervereinigung war vollkommen verfehlt und ist demselben Konsummärchen aufgesessen. Konsumfeier mit beliebiger Verschuldung statt Vermögensaufbau durch zeitweiligen Verzicht.

Das letzte Teil im Puzzle bringen Zahlen von der privaten Verschuldung der Deutschen. Das Geschäft mit den Konsumentenkrediten, als letzter Versuch bei der Konsumparty mitzufeiern, blüht. Nach den neuesten Zahlen hält der Schuldentrend deutscher Verbraucher ungebrochen an und wird wohl auch 2004 wieder einen neuen Rekord erreichen. Die Halbjahresbilanz liegt bereits bei insgesamt 981 Milliarden Euro und rekordverdächtigen knapp 900 000 Fällen gerichtlicher Zwangsmaßnahmen. Wer kann bei alledem noch ernsthaft behaupten, in einer Konsumsteigerung läge unsere Zukunft? Natürlich müssen die Deutschen Geld ausgeben, wenn ihre Wirtschaft florieren soll. Doch muß sich auch im privaten Bereich die Ausgabenstruktur ändern. Weg von fremd finanzierten Autos, Fernsehgeräten und Urlaubsreisen und hin zu mehr investiven Ausgaben im Bereich Gesundheit, Bildung und Altersvorsorge.

Mit Nullrunden durch die Hartz-Täler

Das Wort „Nullrunde" hat alle Chancen zum Wort oder auch zum Unwort des Jahres 2004 gewählt zu werden. Der Vorstandsvorsitzende des Verbands deutscher Rentenversicherungsträger hat erklärt, daß die wachsende Zahl der derzeit 19,5 Millionen Rentner in Deutschland auch im kommenden Jahr nicht mit einer Erhöhung ihrer Bezüge rechnen können. Es werde im besten Fall eine „Nullanpassung" geben.

Im Tarifstreit bei Volkswagen verlangt das Unternehmen von seiner Belegschaft, zur Sicherung der Arbeitsplätze in Deutschland mindestens Nullrunden bei der Lohnentwicklung zu akzeptieren – und zwar gleich für die nächsten beiden Jahre. Im öffentlichen Dienst werden durch Arbeitszeitverlängerungen und Kürzungen bei den Bezügen der Beamten, Angestellten und Pensionäre im Grunde bereits Nullrunden gefahren. Sowohl die gegenwärtigen Wachstumsraten als auch die schon wieder nach unten korrigierten Schätzungen für 2005 lassen selbst dann, wenn die Flexibilisierungsbemühungen am Arbeitsmarkt greifen sollten, vorerst ein Nullwachstum bei der Beschäftigung erwarten. Und wahrscheinlich bewegen sich auch die Steuereinnahmen wegen des Nullwachstums der Binnennachfrage auf eine Nullrunde zu.

Wie immer, wenn die nackten Zahlen die von der Politik genährten Hoffnungen zerstören, wirft die jeweilige Regierung die Nebelmaschine an, um die Wahrheit zu verhüllen. Das ist nichts Neues. Schon mein alter Freund Norbert Blüm plakatierte „Die Renten sind sicher" zu einem Zeitpunkt, als die Hochrechnungen für das Rentensystem die Krise schon unübersehbar anzeigten. Jetzt wird uns erzählt, nach Inkrafttreten der Hartz IV-Gesetze würde alles wieder besser. Als wenn mit der restriktiveren Versorgung von Arbeitslosen die Sozialkassen schon ausreichend entlastet wären. Die Verantwortlichen wissen nur allzugut, daß bei den jetzigen Wachstumsraten unter anderem auch noch weitere Hartz-Runden, das heißt Kürzungen in anderen Bereichen vorprogrammiert sind.

Zurück zur Rentenversicherung. Für 2004 hat die Bundesregierung eine Steigerung der Bruttoentgelte von 1,4 Prozent kalkuliert. Noch nicht einmal die Hälfte, nämlich 0,6 Prozent werden es sein, wie wir heute schon wissen. Berücksichtigt man die Abschläge, die wegen der Riester-Rente und dem sogenannten Nachhaltigkeitsfaktor bestehen, sind wir im Ergebnis eigentlich schon bei dem, was man – mit Rücksicht auf die Wähler und in Anlehnung an das Unwort „Minuswachstum" – als eine „Minusrentenerhöhung" bezeichnen könnte. Aber so weit wird es nicht kommen, da es eine gesetzliche Sicherungsklausel gibt, die den Rentnern die Nullrunde rettet. Garantiert wird diese also durch den Steuerzahler. Und damit wächst die Haushaltsmisere, als wäre sie nicht schon schlimm genug.

Wenn wir die gegenwärtigen Tarifverhandlungen beobachten, spricht nichts für eine Besserung in 2006. Die nächste Nullrunde (die dritte) droht. Machen wir uns also nichts vor: Die Nullrunde wird zum Regelfall – und das ohne Inflationsausgleich. Wenn die Rentner nun noch ihren, schon bereits festgelegten zusätzlichen Eigenanteil zur Stabilisierung der Gesundheitskosten erbringen müssen, stehen real sogar Minusrunden an. Hartz IV werden also Hartz V und Hartz VI folgen müssen. Wahljahre werden aus politischen Gründen „hartzfreie" Jahre sein. Nur so kann sich der Sozialstaat langsam und einigermaßen sozialverträglich gesundschrumpfen. Die Schecks der kurzfristigen Versprechungen sind noch längst nicht gedeckt.

Das gilt ebenso für die Verheißungen im Gesundheitswesen. Die Krankenkassen werden gedrängt, ihre Beiträge 2004 unter 14 Prozent und mittelfristig unter 13 Prozent zu senken. Dabei bleibt völlig unbeachtet, daß einige Kassen schon beim jetzigen Stand Schulden angehäuft haben, die bis beinahe 1000 Euro pro Mitglied reichen. Die unterschiedliche Verwaltungseffizienz der Krankenkassen mag zum Teil für manch schlechte Bilanz verantwortlich sein. Doch Ende 2003 schrieben nur ein Drittel aller Kassen schwarze Zahlen, was ebenso darauf hinweist, daß eine weitere Beitragsreduzierung nur durch Leistungsreduzierung erreichbar wird. Da muß man sich offen für eine Alternative entscheiden.

Hartz IV ist wichtig, doch es wird selbstverständlich nicht sämtliche Probleme lösen. Es kann nur ein Baustein in einem Reformprogramm sein, das auf allen Ebenen wieder mehr Dynamik und Selbstverantwortung ins System bringt. Ein solcher Umbau wird – sofern wir ihn entschlossen angehen – ein Jahrzehnt in Anspruch nehmen. Darauf muß man die Gesellschaft einstimmen. Ein realistisches Ziel kann in dieser Zeit nicht sein, weitere Zuwächse bei Lohn und Rente zu realisieren. Wenn wir alles richtig machen und die Sache gut läuft, werden wir es schaffen, vornehmlich mit Nullrunden – also ohne Kürzungen – davonzukommen. Die Zeit, sich über geringe Zuwachsraten zu beschweren, sollte vorbei sein. Zehn Jahre zur Revitalisierung der gesellschaftlichen Kräfte hat man aber nur dann zur Verfügung, wenn die Verantwortlichen endlich die Courage und Geschlossenheit aufbringen, die Bürger mit der ungeschminkten Wahrheit zu konfrontieren und sie auf eine notwendige und zum Teil entbehrungsreiche Wanderung durch die Hartz-Täler einzustimmen. Da mag es vielleicht unvermeidbar sein, in den Wahljahren eine hartzfreie Phase zu tolerieren. Mehr Verschnaufpausen aber verkraften wir nicht.

Rückkehr zur Verantwortungsgesellschaft

Jetzt hat das Hartz IV Jahr begonnen. Die EDV klemmte beim Einstieg etwas, aber wer kennt dieses Problem nicht? Inzwischen sind alle versorgt, kein Grund für Mißmut. Auch wenn es immer noch Proteste gab, so waren sie recht gering. Die Akzeptanz der Reform scheint an Boden zu gewinnen. Das ist gut. Für manche bedürftige Empfänger der Arbeitslosenhilfe II hat das neue System ja sogar mehr übrig als das alte. Es gibt aber durchaus auch die anderen, die geschockt darüber sind, daß sie jetzt gar nichts mehr bekommen, weil sie beispielsweise Lebenspartner haben, die zur Fürsorgepflicht berufen werden oder weil der Antragsteller selbst noch ausreichend Vermögenswerte besitzt, die eine Selbsthilfe prinzipiell ermöglichen. Auch wenn konkrete Beispiele von Betroffenen, die jetzt erhebliche Einschnitte in ihrem Lebensstandard erleiden, Mitleid hervorrufen können, läßt sich bei einer Umstellung eine gewisse Härte nicht vermeiden.

Ludwig Erhard warnte schon vor fast einem halben Jahrhundert die deutsche Gesellschaft, es widerspreche der marktwirtschaftlichen Ordnung, private Initiative, Selbstvorsorge und Eigenverantwortung selbst dann auszuschalten, wenn der einzelne materiell durchaus zur Selbstversorgung in der Lage wäre. Eine freiheitliche Wirtschafts- und Gesellschaftsordnung könne – so Erhard – auf Dauer nur gewährleistet werden, wenn man ihr eine „gleichermaßen freiheitliche Sozialpolitik“ zur Seite stelle. Hartz IV ist ein Schritt in diese Richtung und soll letztendlich die Anreizsysteme so verändern, daß alle Bürger sich weniger auf den Staat verlassen als zuvor. Hartz IV setzt vielleicht eine Art Entwöhnungsprozeß in Gang, der die Abhängigkeit des deutschen Bürgers vom Vater Staat deutlich senkt. Das ist ein wichtiger Baustein für eine Bürgergesellschaft, die nicht durch weniger Solidarität, sondern durch weniger Paternalismus gekennzeichnet ist.

Es geht bei Hartz IV also um mehr als um kurzfristige finanzielle Einsparungen in den öffentlichen Haushalten. Die aktuelle finanzielle Not gab nur endlich den Ausschlag für die Korrektur einer schon lange anhaltenden Fehlentwicklung. Zur Diskussion stehen im Grunde die ethische Basis der offenen Gesellschaft – Grundwerte, die auch das Konzept der Sozialen Marktwirtschaft ausmachen. Es geht um Prinzipien wie individuelle Freiheit, persönliche Verantwortung und Menschenwürde. Alle drei Prinzipien der offenen Gesellschaft gehen auf den Eigenwert des Menschen zurück. Hierin sind sich vermutlich Gegner wie Befürworter von Hartz IV noch einig.

Doch die Interpretation der Prinzipien verläuft zwischen den sozialpolitischen Fronten sehr unterschiedlich. Dabei machen die selbsternannten Retter des Wohlfahrtsstaats einen Fehler. Sie verkennen, daß die drei Prinzipien Freiheit, Verantwortung und Würde dicht miteinander verwoben sind und sich nicht beliebig auseinander dividieren lassen. Verantwortung kann ein Mensch für seine Taten etwa nur dann übernehmen, wenn er die freie Wahl zwischen Alternativen hat. Je weniger Entscheidungsfreiheit dem einzelnen Mitglied der Gesellschaft gewährt wird, desto weniger Verantwortung kann es auch für das, was geschieht, übernehmen. Der einzelne ist vielmehr seinem Schicksal ausgeliefert und gewöhnt sich daran, seine Bedürfnisse als Ansprüche gegenüber dem Staat zu formulieren. Die Würde des Menschen wiederum erwächst primär nicht aus seinem Vermögen oder seiner Konsumfähigkeit. Würde entsteht allein dort, wo man Verantwortung übernimmt – wo eben jemand bereit ist für die Folgen einer freien Entscheidung selbstverpflichtend geradezustehen. Dort, wo ich Menschen der Eigenverantwortung entbinde, nehme ich ihnen daher die Chance auf ein echtes würdevolles Leben.

Mit anderen Worten: Ohne Freiheit keine Verantwortung und ohne Verantwortung keine Würde. Das klingt schon ganz anders als die Ansicht der hartgesottenen Verteidiger des Versorgungsstaats. Diese sehen die Würde des Menschen nur dort bedroht, wo Mitbürger unter relativer Armut leiden. Ein würdeloses Leben führt dieser Ansicht nach jemand, der mit einem deutlich geringeren Lebensstandard auskommen muß als der Durchschnitt. Dementsprechend wird die Lösung des Problems von den Verteidigern des eskalierten Wohlfahrtsstaats in der Garantie einer Versorgung gesehen, die sich an dem üblichen Lebensstandard orientiert. Doch damit zerstört man sukzessive die Grundlage für ein würdevolles Leben. Und darin steckt die gesamte aktuelle Problematik unserer Anspruchs- und Sicherheitsgesellschaft. Die Versorgungsphilosophie greift auf der einen Seite im selben Maß zu kurz, wie sie auf der anderen Seite zu weit geht.

Immer wieder werden die verantwortlichen Politiker auf das Mißverhältnis von Arbeitsplätzen und Arbeitssuchenden angesprochen. Daran, so meinen viele Skeptiker, könne doch auch Hartz IV nichts ändern. Gewiß, wer an die Beurteilung der Reform mit einem Rechenschieber herangeht, der wird zu keiner befriedigenden Prognose gelangen können. Doch die Dynamik, welche sich hinter der Entfaltung der ethischen Werte der offenen Gesellschaft und ihrem Wirtschaftssystem verbirgt, wird in dieser Rechnung überhaupt nicht berücksichtigt, obgleich sie seit Beginn der Aufklärung stets die Grundlage für die wohlständigen Gesellschaften des Westens war.

Es wird sich deshalb schon bald herausstellen, daß Hartz IV richtig ist und das weitere Schritte auch auf anderen Ebenen folgen müssen, damit wir wieder lernen, Verantwortung für unser Leben zu übernehmen. Dann und nur dann können wir auch Würde und Wohlstand bewahren.